天津市哲学社会科学规划重点项目（TJLJ17-002）

XINSHENGDAI
NONGMINGONG

新生代农民工
城镇稳定居留机制研究

刘洪银　田翠杰 ◎ 著

中国财经出版传媒集团

经济科学出版社

Economic Science Press

图书在版编目（CIP）数据

新生代农民工城镇稳定居留机制研究/刘洪银，田翠杰著.
—北京：经济科学出版社，2019.6
ISBN 978 - 7 - 5218 - 0557 - 4

Ⅰ.①新… Ⅱ.①刘…②田… Ⅲ.①民工 - 城市化 -
研究 - 中国 Ⅳ.①D422.64

中国版本图书馆 CIP 数据核字（2019）第 095745 号

责任编辑：周国强　周胜婷
责任校对：王肖楠
责任印制：邱　天

新生代农民工城镇稳定居留机制研究

刘洪银　田翠杰　著
经济科学出版社出版、发行　新华书店经销
社址：北京市海淀区阜成路甲 28 号　邮编：100142
总编部电话：010 - 88191217　发行部电话：010 - 88191522
网址：www. esp. com. cn
电子邮件：esp@ esp. com. cn
天猫网店：经济科学出版社旗舰店
网址：http://jjkxcbs. tmall. com
固安华明印业有限公司印装
710×1000　16 开　15 印张　250000 字
2019 年 6 月第 1 版　2019 年 6 月第 1 次印刷
ISBN 978 - 7 - 5218 - 0557 - 4　定价：72.00 元
（图书出现印装问题，本社负责调换。电话：010 - 88191510）
（版权所有　侵权必究　打击盗版　举报热线：010 - 88191661
QQ：2242791300　营销中心电话：010 - 88191537
电子邮箱：dbts@ esp. com. cn）

序

　　新型城镇化对农民工问题研究提出了新的要求。一是城市产业转型升级需要吸引和留住高端人才，高端人才对优质社会服务业产生偏好，而社会服务业发展依赖于人口集聚规模。留住农民工既是城市产业扩张需求，也是城市产业升级的基础。二是进城农民工难以进入体制内单位，灵活就业、自雇佣就业和创业成为主流就业形式，这种不稳定就业状态给市民化施加了约束。当前，农民工群体已占城市产业工人队伍的2/3，新生代农民工逐渐成为城镇产业的主力军。2014年3月5日，国务院总理在第十二届全国人民代表大会第二次会议所作的政府工作报告中提出，要推进以人为核心的新型城镇化。着重解决好现有"三个1亿人"问题，即促进约1亿农业转移人口落户城镇，改造约1亿人居住的城镇棚户区和城中村，引导约1亿人在中西部地区就近城镇化。"三个1亿人"问题解决要求进城农民工长期居留城镇，实现从流动性就业到稳定性居留的转变，从稳定居留到有序市民化转变。

　　2015年12月中央经济工作会议提出，"要加大投资于人的力度，使劳动者更好适应变化了的市场环境"。人力资源是第一资源。供给侧结构性改革需要从人力资源入手，提高劳动力素质和劳动供给质量，激发劳动者积极性、主动性和创造性，以此培育发展人力资本动能。2017年1月21日，国务院副总理马凯提出要以新生代农民工为重点，大力促进农民工就业创业。农民工人力资本动能培育需要调动人力资本投资积累、流动配置和使用的能动性，推动农民工城镇创造性就业。在当前结构调整期和动能转换期，推进新型城镇化迫切需要培育新生代农民工就业动能，通过稳定就业创业实现城市长期居留和生活。本书以城镇新生代农民工就业、创业、居住为研究对象，通过培育人力资本动能和就业动能激活新生代农民工市民化。研究试图回答以下问题：

第一，动能转换时期如何通过人力资本再生实现新生代农民工从雇佣劳动向创造性就业转变？

第二，影响新生代农民工创造性就业的因素有哪些？如何培育新生代农民工创造性就业意识、能力和动机？

第三，政策如何调整才能培育和释放新生代农民工人力资本动能和城镇创业动能，培育城镇产业和就业新业态？

第四，新生代农民工城镇居留影响因素有哪些？如何构建就业动能提升及城镇稳定居留机制？

围绕以上问题，本书作者采用理论模型、问卷调查和深度访谈等方法，对研究主题进行了有益的探索。

（1）提出"创造性就业"概念。农业与非农业都存在雇佣和自雇佣劳动。自雇佣劳动包括创办企业和个体经营等，属于创造性劳动。创造性就业是相对于传统就业方式而言，包括灵活就业、个体经营、创办企业和企业经营管理等。传统就业目标是完成岗位要求的工作任务，而创造性就业是根据市场需求自主决定经营项目，创造就业岗位。新常态下创造性就业更加适应市场环境变化。

（2）提出禀赋性激励理论。传统激励注重工作业绩，属于结果性激励。禀赋性激励注重人力资本和心理资本等自身禀赋价值补偿，依据禀赋价值大小给予一定待遇和声誉，属于过程性激励方式。禀赋性激励既能对人力资本形成产生作用，也能影响人力资本产出水平。前者属于结果性激励方式，后者属于过程性激励方式。

（3）构建就业动能生成机理和经营性就业机制。就业动能包括人力资本投资和使用动能。就业动能产生源于就业预期收益。人力资本投资积累阶段，预期社会声望、禀赋性价值构成人力资本投资收益，预期净收益对人力资本投资产生结果性激励作用。人力资本流动配置和使用阶段，禀赋性收益产生过程性激励作用。

（4）揭示新生代农民工城镇稳定居留机理。农民工稳定居留分两个层次，即生存型居留和发展型居留。从生存型居留向发展型居留的转变是农民工人力资本投资积累的结果。实证分析发现，现阶段城镇新生代农民工处于生存型居留状态。市民化政策应着力缩小城乡住房保障水平差距，促进农民工人力资本投资，提高农民工城镇居留能力。

近几年来刘洪银教授带领的研究团队先后主持并完成了多项国家社科基金、教育部、中国科协等研究课题。为了探索和把握新型城镇化规律和进城农民创业就业路径，他先后带领团队赴长三角、珠三角和京津冀地区进行实地调研和访谈，本书中的大量数据和资料都是源于他第一手的调查。作者对研究对象追踪研究作出的一些判断和分析发现是独到的，对于研究该问题的各界同仁是有参考价值的。

期望本书的出版能够推动新型城镇化理论研究，并为政府相关部门和公共管理者提供政策支撑和理论指导。

周立群
2019 年 4 月于南开园

目 录
CONTENTS

| 1 |
引　言

1.1　研究背景和意义

经济社会发展进入新常态，国际经济竞争日趋激烈，国内经济处于长周期的低谷，投资、出口和人口红利驱动正在削减，新常态下去产能将降低工业企业就业吸纳水平，加剧劳动力尤其农村劳动力失业，农民可持续就业和增收面临挑战。在物化资源约束下，供给侧结构性改革需要从活化资源入手，提高劳动力素质和劳动供给质量，激发劳动者积极性、主动性和创造性，以此培育就业新动能，提升传统动能。当前，农民工群体已占城市产业工人队伍的2/3，新生代农民工逐渐成为城镇产业的主力军。新型城镇化的本质是人的城镇化，即农民工市民化。新型城镇化是中国经济增长的新引擎，农民工只有市民化才能成为稳定的城市产业工人队伍，城市产业才有持续健康稳定发展的人力资源保障。但农民工频繁工作转换和打工地流动既不利于产业工人队伍的稳定性，增加了招聘等人力管理成本，也不利于城市社会管理。积极稳妥推进城镇化要求进城农民工长期居留城镇，实现从流动性就业到稳定性居留的转变。城市居留与市民化是两个层次的概念。农民工实现了城市稳定居留，不一定能够落户城市；但如果落户城市，则需要在城镇稳定就业和稳定居留。在大城市落户困难的情况下，农民工市民化的重点应该是促进实现稳定就业和稳定居留，提高常住人口城市化水平。因此，稳定居留是农民工取得居住证或城市落户的基础，也是常住人口市民化的题中之义。居住是就业引致的结果，居留稳定性取决于就业的稳定性。稳定就业是稳定居留的前提，在不利的经济环境下，农民工城镇稳定居留不但需要培育产业动能，还要发挥市场在人力资源配置中的决定作用，培育发展创业就业新动能。这就需要调动新生代农民工人力资本投资积累、流动配置和使用的能动性，培育农民工人力资本动能，激发城镇创业就业动能，促进农民工城镇创造或就业，积淀城镇稳定居留的基础。

1.2 文 献 综 述

目前在专门针对"农民工居留"问题的研究中，大多并没有对农民工居留的含义进行深入剖析与明确的界定，只有少量关于"农民工居留"意愿的研究，但是从不同角度或采用不同说法对农民工居留问题的研究成果则非常丰富。主要是从城市定居、住房与居住、市民化、城市融合、社会融合、城镇迁移、留城与返乡等方面讨论了农民工居留城市的现状、影响因素及相应对策。因此，本书首先简要梳理"新生代农民工居留""农民工居留"含义和居留意愿的研究成果，农民工居留现状和影响因素的梳理主要从农民工进城或留城定居、城市住房与居住、稳定就业与创业等方面进行。

1.2.1 新生代农民工就业质量的相关研究

1.2.1.1 新生代农民工就业质量与特点的研究

林竹（2013）在对新生代农民工就业质量的含义进行界定的基础上，从工资福利、劳动关系、职业发展、工作环境、权益保护及参与管理、心理感受六个方面对江苏省八个城市进行问卷调查；张海枝（2013）根据武汉市农民工社会保障问题研究课题小组的调查数据，从就业稳定性、劳动合同的签订、工资水平、职业声望和职业发展五个方面统计分析了目前新生代农民工就业质量的现状；张卫枚（2013）等认为当前新生代农民工就业特点主要表现为：期望工资偏高，劳动关系和谐度低，参与就业培训积极性不足、受教育和职业技能培训水平相对传统农民工有所提高，就业层次低，工作环境差，工作时间长、收入低，工作稳定性差（曾江辉、陆佳萍等，2015），劳动合同签订率低，社会保障水平低，职业发展机会缺失等；王进（2014）认为，后人口红利时代新生代农民工就业存在期望值高、融入城市迫切等问题。

1.2.1.2　新生代农民工就业趋势的研究

张玉鹏（2013）等认为新生代农民工就业呈现择业标准多元化、择业方式自由化、就业形式短工化、流向多层次化等趋势；柳建平、孙艳飞（2014）利用四次社会调查数据，对新生代农民工的择业动机、意愿、就业状况、收入水平等进行了分析，结果表明：新生代农民工的择业观念正发生着一些积极的变化，就业状况有了一定程度的改善，收入水平有了较大幅度的提高，这将为其市民化创造有利的条件。

1.2.1.3　新生代农民工就业质量的影响因素研究

综合学者们的研究，新生代农民工的就业质量的影响因素可以概括为自身因素与外界因素两大类。自身因素主要包括人力资本（文化水平、职业技能）、心理素质、未来预期和社会资本（人脉关系）等；外界因素主要包括企业环境、竞争对手、社会和政治法律环境，如城乡二元户籍制度、社会保障制度、就业培训与援助等公共服务情况。学者们对自身因素的研究较多。比如，魏婧华、罗湛（2013）基于广东、福建、上海等9省市的数据分析结果表明，新生代农民工的文化教育、培训对就业收入具有显著的正向影响。郑毅敏、张冉冉（2014）通过对西北地区新生代农民工市民化问题的调查分析结果表明，教育培训对新生代农民工的稳定就业、收入提升及向上职业流动具有正向影响。樊茜、金晓彤等（2018）基于全国11个省份4030个新生代农民工样本，采用多元 Logistic 模型和有序 Probit 模型，对教育培训与新生代农民工就业质量之间的关系进行实证研究；结果表明，受教育程度和技能培训会对新生代农民工就业单位选择、工作满意度和就业稳定性产生不同程度的影响，特别是不同类型的技能培训对新生代农民工工作满意度和就业稳定性的影响存在较大差异。谌新民、袁建海（2012）利用区间回归模型分析了就业稳定性对工资的影响，劳动合同期限、工作转换次数与工资水平分别呈正向和负向关系。张昱、杨彩云（2011）利用上海市的调查数据，验证了新生代农民工的社会资本存量匮乏，就业质量偏低，同时证明了网络阶层分布越广，工作收入越高，工作满意度也越高。王国猛等（2011）采用相关分析、回归分析和结构方程建模等分析方法得出，社会网络特征对新生代农民工工作搜索策略、再就业质量与工作满意感有正向影响，工作搜索策略在社会网络特征与再就业质量之间具有完全中介作用，在社会网络特征与工作满意感之间具有部分中介作用。

在对外界因素的研究中，苟畅、方印（2014）利用 SWOT 分析了四川省新生代农民工的人力资源特征，并从就业保障制度的角度提出新生代人力资源开发体系。夏静雷、张娟（2014）从劳动力市场和就业管理、就业岗位等制度和政策方面深入剖析了新生代农民工劳动就业权益保障缺失的主要原因，提出完善就业环境和劳动力市场软硬件设施的建议。许丽英、王跃华（2014）认为新生代农民工劳动就业面临的就业受歧视、保障体系缺失等问题，其原因主要是制度"缺陷"及政府角色"错位"所致。王绍芳、王岚等（2016）认为城乡二元结构制约、保障机制不健全等制约新生代农民工市民化进程中就业技能的提升。

1.2.1.4 新生代农民工就业困境与成因研究

综合学者们的研究成果，这类研究可以分为两大类，即多层面的概括性研究和某一角度的具体研究。这些研究所涉及的层面很多，目前尚未形成一个统一完整的体系。具体研究主要涉及政策制度、职业价值观、就业机会与途径、就业能力、就业质量、职业流动六个方面。

就业制度方面。相关研究表明，现行二元结构的户籍、社会保障、劳动就业等制度带来的"制度排斥"使农民工陷入"边缘"困境，他们既融入不了城市，又不愿意退回农村，成为"边缘人"，处于社会就业、社会保障、社会归属的边缘困境中。

职业价值观方面。新生代农民工职业价值观直接影响其就业选择和行为，国内许多研究表明，新生代农民工职业价值观发生改变，其就业动机处于生存型动机与发展型动机之间，其就业期望值更高，其择业选择性更强、择业标准更高，这些新特点在现实中却难以满足，最终导致职业选择上"高不成低不就"。

就业机会方面。国内研究表明，与城市市民相比新生代农民工就业机会相对不公，具体表现为就业渠道窄、就业途径受限和就业信息获取渠道断裂。王艳等对西安部分农民工进行调查后发现，在就业获取渠道上，社会资本中的家庭、家族网络、扩展的关系网络占主导地位，但是仅仅依靠社会关系网并不能完全解决问题，依然有大量农民工的工作得不到落实。李红艳（2011）认为新生代农民工在就业信息获取渠道中存在 3 种断裂现象：乡村社会信息系统与城市信息系统之间、农民工的社会关系网络与城市关系网络之间、农民工管理组织和大众媒介信息传播之间，这使得新生代农民工处"弱信息"地位。

就业能力提升方面。一些学者通过问卷法、访谈法进行研究，结果表明现阶段新生代农民工由于人力资本投资不足，缺乏职业培训、职业指导、继续教育，就业发展能力提升乏力，最终导致农民工较低技术含量的劳动不能满足对于技能条件要求较高的工作岗位的需求，即农民工"结构性的失业"。李东福、汪杰锋（2013）针对当前二元社会结构下新生代农民工结构性就业能力缺乏、可持续性就业能力降低及宏观政策约束问题，建议加强自我能力提升意识，构建社会支持网络等提升新生代农民工就业能力，促进其尽快融入城市。吕凤亚（2013）认为，新生代农民工就业能力低，导致其收入低、就业机会少，从宏观、中观、微观三方面提出提升农民工就业能力的建议。另外，通过研究文献发现，除了培训缺失之外，传统的培训教育主要针对职业技术知识，而对于新生代农民工就业心理与健康的培训较少。还有少量学者运用定量模型对就业能力进行评价，从而发现其存在的问题。孙友然、焦永纪（2014）认为，新生代农民工就业能力提升中存在的主要问题是缺乏职业生涯规划意识，法律意识和就业权益保障能力仍有待提升。陈至发、张玲等（2014）基于 1613 个样本数据进行实证分析的结果表明，新生代农民工就业能力总体上偏低，但是随着年龄的增长、受教育程度的提高、外出务工时间的增加和接受政府培训次数的增加，新生代农民工就业能力水平随之提高。

就业质量方面。就业满意度较低，就业质量不高。就业质量是一个涉及多方满意程度的综合概念，主要涉及工作特征、工作环境的性质、主观的工作满意度等方面内容。彭国胜（2008）等通过问卷调查法研究了新时代农民工就业质量基本状况，发现新时代农民工收入水平普遍比较低，职业地位不高，职业发展机会少，工作时间长、劳动强度大、休息权利无保证等状况。

1.2.1.5 摆脱新生代农民工就业困境的对策研究

新生代农民工所面临的就业困境既有内生性的也有外生性的。针对上述困境，国内专家学者提出了解决农民工就业困境的框架、思路：一是职业现实提升；二是降低职业期望或者诉求。

创新制度。加快以户籍制度为核心的相关制度改革，构建与新生代农民工群体新特征、新需求相适应的、公平公正的制度。就目前研究来看，制度改革已经达成共识，但对于如何进行改革和创新尚待进一步深入研究。

提升能力。学者们普遍认为，应该加大人力资本投资，以提高新生代农民工的就业能力，有针对性地进行就业分层教育培训服务。具体措施主要是从创新培训形式与模式，完善培训体系等方面进行研究。关于新生代农民工就业培训模式的研究趋于多元化，但主要集中在具有代表性的三种培训模式，即以政府为主导的公共就业培训模式、以市场为主导的培训模式（典型的是以企业为主导）、以社会为主导的培训模式。在培训体系方面，刘秀艳等指出，要构建"四位一体"的新生代农民工就业培训体系，即由政府有关部门、企事业单位、农民工个人及社会各方面共同组成的体系。王学红从新生代农民工就业培训运行机制出发，在建立完善组织协调机制、加强资金投入机制、完善教育培训机制、提升就业服务机制四个方面详细论述了我国新生代农民工就业培训体系的建设；她还认为在培训体系要素方面，除了开展专业技能培训，还应加强新生代农民工自身素质培训。纵观国内关于新生代农民工就业培训体系的研究，在总体上缺乏针对不同层次、群体种类特色的基层新生代农民工就业培训的理论指导，也没有凸显新生代农民工就业培训特色的一套完整的理论体系。因此，如何有效结合我国时代发展需要，借鉴国外有关发展经验，从实践出发，探索符合我国新生代农民工培训自身特色，且带有创新性的理论体系，应是今后新生代农民工就业培训研究的重点。

加大保障。学者们普遍认为应该建立健全新生代农民工社会保障和福利制度，提供均等化的公共服务。石宏伟、刘润（2013）认为新生代农民工就业存在竞争力不足、就业信息渠道有限、就业起点与自身理想差距较大、劳动权益保障不足等问题；必须以新生代农民工的发展权为指导，通过完善新生代农民工劳动权益保障机制、就业培训机制、拓宽就业信息渠道等措施，切实解决新生代农民工就业保障问题。

维护权益。针对新生代就业质量不高，合法权益常常受到侵害的困境，国内学者认为应从加强新生代农民工合法权益保障和提高其维权意识入手。

扩充渠道。针对就业信息和渠道"弱势"的困境，学者们认为政府和企业应该加强信息服务，加强对新生代农民工自主创业的扶持。杨瑞（2013）提出以职业中介机构、公共就业服务机构、非营利组织和政府部门以及城市社区为平台的农民工就业管理服务框架，为农民工就业提供服务。

构建支撑体系。赵泽洪、李传香（2011）基于麦尔·伏吉特的就业能力模型对新生代农民工就业能力进行了分析，并从政府、社会、个体三个层面构造了新生代农民工就业能力再造系统；罗恩立（2010）在述评西方就业能力研究文献基础上，提出基于微观个体、中观环境及宏观需求与政策因素三者互动的新生代农民工就业能力研究理论框架，并进行因素整合分析，提出提升新生代农民工就业能力的相关建议。基于社会资本理论的研究，安彩英（2013）认为应在社会资本理论的指导下，从微观、中观和宏观三个层面改善新生代农民工社会资本结构的劣势，进一步扩宽其就业途径。

1.2.1.6　新生代农民工择业问题研究

2013年以来，有学者开始关注新生代农民工就业区域与行业选择问题。胡远华、柯慧飞（2013）运用杭州地区新生代农民工的调查数据研究发现，就业经济因素、就业保障因素是影响区域就业吸引力的重要影响因素，但社会保障和文化因素影响不显著。吕效华（2014）通过对安徽省新生代农民工的调查分析，发现新生代农民工的市民化意愿为78%，而80%以上的经济欠发达地区农民工选择的就业区域是沿海城市或其他发达城市。与老一代农民工相比，新生代农民工就业更加注重就业地区向社会上层流动的机制是否畅通，更加注重城市户籍准入条件，更加注重政府、企业对农民工的人文关怀，更加注重工作环境和文化精神生活。黄莉芳、王芳等（2018）利用江苏地区的农户调查数据，采用 Logistic 模型分析了服务业就业及雇佣模式选择的关键影响因素。结果表明，以受教育程度为主的个人人力资本是影响服务业特别是现代服务业就业的关键因素，社会资本有助于传统服务行业就业，稳定的婚姻关系、良好的沟通意愿、丰富的家庭资本和潜在社会资本有助于传统服务业自雇佣就业模式的形成。

1.2.1.7 新生代农民工就业质量研究展望

通过对文献的梳理发现，2010 年以来，尽管学者们对新生代农民工就业问题的研究有了很大的进展，但是研究不够深入和完善，许多方面仍待深化和补充。

从研究方法上看，缺乏研究方法和工具上的创新。过去国内研究，以文献分析为主的定性研究较多，而定量研究相对较少，并且在定量研究中，研究工具主要以调查问卷和数据统计为主。在统计模型中，对就业的影响因素的分析最多，采用的方法主要有最优尺度分析方法、区间回归模型、Logistic 回归模型、AHP 法、相关分析、回归分析和结构方程建模；对就业能力的评价采用的方法主要是 AHP 法、Delphi 咨询法、模糊综合评价法；对就业质量的评价采用的主要是因子分析法；只有罗恩立（2012）应用二分 Logistic 回归分析方法探讨就业能力对于这一群体城市融入（身份和社会地位、城市感情和市民意愿融入）的影响。因此，在今后的研究中，应更加注重方法和工具的创新。要注重研究方法的综合，除了侧重文献研究，还应该更新和完善其他研究方法，如采取调查法、叙事法、个案法、实验法等。运用多种研究方法，能更深入全面地揭示其本质特征。

从研究性质上看，缺乏预测性研究。以前的研究主要以描述性、解释性研究为主，对于新生代农民工就业趋势等的预测性研究较少。所以，有必要加强对新生代农民工未来就业趋势的预测性研究。

从研究内容上来讲，缺乏就业质量的深入研究。一是目前国内对新生代农民工内涵和特征存在明显分歧，为了方便进一步研究，有必要对其进行澄清；二是就业心理、质量、能力、就业机制等内容尚处于探索阶段，需要进一步补充和完善；一些领域研究还不够深入，很多方面尚未形成统一的意见，比如如何提高新生代农民工培训积极性、如何增强培训效果、如何建立新生代农民工稳定就业的长效机制等。基于此，应该进一步加大对新生代农民工就业质量的研究。

从研究视角与理论框架来看，就总体研究成果而言，研究视角多样，但就个别研究而言，多数学者的研究视野狭窄。新生代农民工稳定就业机制是一个系统工程，需要用到多学科的理论知识，但只有少数学者以一定理论为依据，且存在理论依据比较单一的问题；大量的基础性研究、政策性研究、行为模式研究的成果大多停留在经验总结方面，没有真正地把感性经验上升到理性认识，缺乏统一的分析框架，没有形成一套较为完善的、符合我国特色的基本理论体系。

研究模式空泛化。关于新生代农民工就业问题，很多研究者都采用相似的研究模式，都是从其现状、困境到政策建议方面的研究。即使有的研究倾向于重点说明其中的某个问题，但在具体实践的研究中又陷入前面所提到的"空泛化模式"之中，于是出现"泛论"研究多、"精细"研究少的现象。以上问题都说明新生代农民工就业问题在理论体系构建上的薄弱性与非规范性。因此，建立时代化与个性化的新生代农民工就业理论体系势在必行。

1.2.2　农民工创业视角的相关研究

农民工创业从创业地点来看，主要有返乡创业和留城创业两种。学术界和政府早期对农民工返乡创业研究较多，近年来，社会各界对农民工留城创业的关注逐渐增多。以往学者主要从农民工创业意愿和创业特征两个方面展开相关研究。

1.2.2.1　农民工创业意愿及其影响因素的研究

已有研究表明，农民工创业意愿主要受到其个体特征、拥有的创业资源和外部环境等因素的影响。

（1）农民工个体特征、家庭特征对其创业意愿的影响。

农民工个体特征主要包括其人口学特征及人力资本情况、进城务工经历等。从人口学特征来看，农民工的年龄、性别、婚姻状况会影响其创业意愿（才凤伟，2013）。张广胜、柳延恒（2014）通过调查分析得出，23～27岁新生代农民工创业意愿最强烈，其发生比是 18 岁以下农民工的 2.06 倍；其次，是 18~22 岁的农民工，其创业意愿的发生比是 18 岁以下农民工的 1.83 倍；而年龄超过 28 岁的新生代农民工，其创业意愿可能会下降。因为随着年龄的增长，伴随社会资本、人力资本的提升，他们能够获取较好的就业岗位，从而工资水平得以提高，其创业动力就会下降；加之，随着年龄增长，其风险偏好也会趋向稳定保守，不愿意进行创业尝试。关于性别对新生代农民工创业意愿的影响，张广胜、柳延恒（2014）与朱红根等（2010）的研究结论相反，从二者研究成果的时间来看，可能说明女性农民工创业意愿逐渐增强，超过了男性，其可能的解释是，随着农民工进城的举家迁移，女性农民工逐渐从家庭负担解脱出来，时间更充足，从业技能和经验日益丰富，加之近年来关爱女性成长的小额信贷政策使其比男性农民工更容易获得金融机构的信贷资金，有利于女性农民工开展创业活动。

从其人力资本情况来看，农民工的受教育程度和拥有技能的情况对创业意愿有重要的正向影响（朱明芬，2010）；但是进城前是否有技术对新生代农民工创业型就业意愿的影响不显著，其可能的原因是，与农民工在职流动过程中接受更多的培训、掌握了更多的技能相比，进城前相对有限的技术就显得薄弱，很可能对当期进行创业选择的影响不显著。参加过培训与创业型就业显著负相关，参加过培训对提高当期的农民工工资水平有显著的正影响，而伴随工资水平的提高，创业的动力和意愿就会明显下降。另外，那些接受所在岗位免费培训的农民工，很可能受到单位用工制度的限制，即使有创业型就业意愿也得从长计议，这使其在相当一段时间内创业型就业意愿明显下降。

从家庭特征来看，相关研究表明，家庭人口数、家庭人均纯收入、家庭承包耕地面积等对农民工创业意愿具有重要的影响（朱明芬，2010）。张广胜、柳延恒（2014）的研究也表明，新生代农民工家庭拥有耕地面积与新生代农民工创业型就业意愿显著正相关。家庭耕地面积每提高 1 个层次，农民工创业型就业意愿发生比将增加 8.5%，这是因为家庭耕地面积更高的家庭减轻了家庭生活成本，从而减弱了农民工创业选择时的后顾之忧，同时作为最主要的物质资本，也能为创业积累一定的原始积累，有利于农民工选择创业。

（2）农民工拥有的创业资源（社会资本）对其创业意愿的影响。

从农民工拥有的创业资源来看，潜在创业者的亲友创业情况、每月话费、常联系朋友数、社会网络状况等社会资本对创业行为都有显著的影响（赵浩兴等，2011）。外出务工的朋友数量、有亲朋好友担任公务员、教师、医生以及与当地人的融洽相处等变量与新生代农民工创业型就业意愿显著正相关（张广胜、柳延恒，2014）。林雯、郭红东（2012）认为社会交往能力显著影响农民工回村创业意愿，农民工的社会交往能力主要表现在进城务工过程中逐渐积累的超越血缘、地缘及熟人而结成的职业或行业关系网络、生产交换网络、基于契约的信任网络的规模和质量。

芮正云（2017）提出用农民工"创业幸福感"分析农民工创业现状，并且提出新生代农民工没有老一代农民工那样强烈的乡土依恋情怀，更倾向于留城创业，而且通过对206份调查问卷进行实证检验，发现：城市社会网络嵌入的规模和质量对农民工创业幸福感具有显著的正向影响，机会开发和组织合法性均在两者间起到中介作用；创业激情可以增强社会网络嵌入对机会开发和组织合法性的促进作用；但是，两代农民工留城创业幸福感的影响因素存在一定的差异。

（3）外部环境对农民工创业意愿的影响。

陈锡萍（2015）认为创业需求包括创业动机、方式、地点等。调查显示大部分（76%）新生代农民工有城市创业的想法，且大部分（77%）选择在城市创业，仅有22%想返乡创业；认为大部分新生代农民工打工不仅仅是为了赚钱养家，更想通过创业实现自我价值；其创业成功与制度环境、创业机会、个人素质等方面具有直接关系，而完善的社会支持系统（包括政府、社区、民间团体以及个人网络支持四个方面）能促进和帮助他们尽快适应城市并实现创业。

1.2.2.2　农民工创业特征及其成因的研究

（1）新生代农民工创业理论和技能匮乏，面临发展性障碍。

黄兆信、吴新慧等（2012）通过对多个新生代创业农民工调查的分析，认为新生代农民工群体由于缺乏专门的职业教育和培训，其所掌握的职业理论和技能远远达不到结构转型和产业升级对现代产业工人的要求，这使得他们无法满足企业发展和劳动力市场的需求，大量从业于加工制造业、零售批发商业等劳动密集型行业。其创业活动具有过程的渐进性、路径选择的盲目性、价值取向的多样性的特征，同时其创业活动还受到起点低、资金少、技术弱等先天因素的制约和城市融合不充分、创业理论和技能匮乏的发展性障碍。社会需要构建面向新生代农民工创业的职业教育体系，为新生代农民工传递科学的自主创业新理念，提供多门类、多层次的培训内容和富有个性化和针对性的创业指导。

（2）农民工创业多是非正规经济，与当地正规经济形成共生关系。

朱华晟、刘兴（2013）以苏州市胥口镇建筑装饰业的外来农民工创业者为例，分析了农民工非正规创业的动力（创业动力其实属于影响创业的因素）来自个体自身、迁入地和迁出地三个方面。其自身创业愿望强烈，人力资本方面学历虽然不高，但务工年限较长（7~8年居多），积累了丰富的技能和管理经验，但是由于物质资本欠缺，不适合正规创业，因此多选择非正规创业。迁入地的市场需求旺盛、利润空间大，基于业缘关系而重构的社会网络，尤其是凭借与苏州本地同行在业务合作经历中结成的、以信任和信用为基础的弱关系，他们不仅能得到初始资金和经验，而且在业务机会、销售服务、客户资源等方面，创业者对本地的依赖性也不断加强，并逐渐融入本地产业网络。而其迁出地制度成本高、市场机会有限，导致农民工返乡创业动力不足，同时，迁出地的返乡创业政策主要是针对发展较好的正规创业者，而非正规创业者很难获得实质性的返乡创业的支持。另外，朱华晟、刘兴（2013）还分析了农民工非正规就业与当地正规经济形成的共生关系，这种共生关系需要借助中间人如准职业中介人或专业的建筑劳务公司等。另外，由于非正规创业者与当地正规企业相比，缺乏竞争力，从而转向细分产业领域，导致当地产业的分工细化与专业化，与此同时，农民工产业进入具有群体性特征，而且是先进入群体优先进入利润较高的产业环节，而后进入群体则只能进入利润较低的环节，被作者称之为籍群分工，这种籍群分工对当地产业链的深化与完善产生了重要的作用。但是也存在非正规企业违规作业现象和劳务纠纷困境的问题，需要当地政府部门加强管理与规范，引导非正规经济正规化。

（3）农民工的社会关系网络及其创业自我效能使其创业活动表现出扎堆

创业的特征。

以往研究发现，个人经验、他人经验、社会劝导（周围人对创业的评价）、自身能力判断都会影响创业自我效能，农民工的个人经历、知识能力与其他城市创业主体差异较大，创业自我效能及对创业的影响也会有所差异。普冀喆等（2016）从创业自我效能角度入手，设计农民工创业自我效能量表，利用调研数据描述分析农民工创业自我效能的特征，结果表明：农民工创新管理、资源获取、机会识别和风险管理自我效能使得农民工创业活动沿着血缘、亲缘、地缘等社会网络关系原子式扩散，结果上表现为创业行为与社会网络的重合，最终逐渐演变发展成地域、行业聚集与垄断，从而使其创业活动表现出乡群聚集、扎堆创业的特征。才凤伟（2014）认为乡村社会网络中家人和亲属的支持构成新生代农民工创业最持久、最稳定的支持网络。在新生代农民工创业的过程中，无论创业前、创业中还是创业后，都会动用一定的社会资本去完成自己的目标，而这些都和具体情境的社会网络紧密相关。在新生代农民工离开乡村，进入城市创业的过程中，乡村中"原生"的社会网络通过乡情和血缘关系发挥了重要作用。乡村的社会关系网络还会通过"老乡"的形式、非正式交往以及加入地缘团体组织（如老乡会和地方商会等），得到进一步扩大①。芮正云（2017）进一步证实了社会互动可以促进城市创业农民工的双元创业学习和创业绩效（包括生存绩效和成长绩效），但是社会互动的网络规模和互动频率起到了不同的作用，城市创业农民工应加强社会互动，提高网络规模和互动频率，并根据所处具体情境选择合适的学习方式，以提高创业学习有效性。

（4）新生代农民工城市创业存在困难的根本原因在于体制和政策障碍。才凤伟、王拓涵（2012）专门对新生代农民工城市创业及相关政策进行了梳理，认为，新生代农民工城市创业政策缺失。

第一，表现为缺乏专门针对新生代农民工的城市创业政策。虽然自2009年开始国家和地方相继出台了关于鼓励引导农民工回乡创业的相关政策，但是对城市创业的政策少有涉及，也都没有将新生代农民工列入政策目标。才

① 才凤伟. 乡村社会网络："原生"和"再生"：新生代农民工城市创业的网络构型［J］. 中国青年研究，2014（7）：83－88，119.

凤伟、王拓涵（2012）认为，新生代农民工已经占农民工群体的大多数，他们的受教育程度及技能培训等均明显高于第一代农民工，加之他们缺乏务农经验和向往城市生活，他们创业的动力更足，从资源占有情况看，也比第一代农民工更有能力去创业，因此应该出台专门促进新生代农民工城市创业的政策。

第二，有关农民工的社会政策都没有将农民工真正纳入城市化进程。表现为相关法律政策没有将新生代农民工纳入其中，农民工丧失了很多职业选择的机会[1]。再比如，2010 年，对符合条件的创业人员进行的税收减免政策中，符合条件的创业人员包括的是城镇登记失业人员和高校毕业生中的自我创业者，并不包括新生代农民工中的创业者。

第三，相关政策手续繁杂或难以贯彻落实。比如，新生代农民工进城后，必须办理《暂住证》和《外来人员就业证》，育龄妇女还必须办理《外来人员婚育证》或《暂住人口计划生育证》。如果是个体创业的小规模经营，到所在辖区的工商所办理《个体工商户营业执照》。因为行业的不同，有可能还需要办理其他的证照。办理完营业执照一个月内，必须持营业执照副本和身份证等相关证件到税务局（国税和地税）办理《税务登记证》。在整个"生存和创业合法化"的过程中，耗去了新生代农民工大量的人力、财力和物力，整个流程下来创业者基本上已经身心疲惫。再比如，贷款政策而规定借贷方必须有贷款担保，虽然符合规范，但新生代农民工很难落实，他们脱离了农村，失去了农村原有社会网络的支持，在城市里却还未建立新的社会关系，他们虽然可以贷款，但是实际执行中落实难度相当大[2]。

第四，社会服务政策相对缺失。新生代农民工进城后面临着角色调整和心理调适的问题，心理压力较大，需要社会工作者提供心理咨询等精神服务。但是，现实中，对新生代农民工提供的多是形式上的行政管理服务，没有真正的服务至上理念的精神服务。

因此，才凤伟、王拓涵（2012）提出，在创业之初、创业之中以及与创业相关的各个层面，要为新生代农民工城市创业提供立体式的、多层次保障；

---

① ② 才凤伟，王拓涵. 新生代农民工的城市创业与国家政策 [J]. 经济与管理，2012，26（7）：29 – 33.

并且简化创业之初的审批程序、加大创业过程中的金融支持、健全创业相关的社会服务。

1.2.3　新生代农民工城镇居留含义研究

1.2.3.1　"新生代农民工"的含义与特征研究

2001 年中国社会科学院王春光提出"新生代农村流动人口"的概念，从代际认同角度分析了农民工的分化，改变了国内学术界长期将农民工群体整体化研究的思维定式，为分层分化研究的深入展开提供了新的条件和契机。除"新生代农村流动人口"和"新生代农民工"外，也有学者将其称为"第二代农民工""青年农民工""新一代农民工"等。关于新生代农民工的定义，国内学者存在着争议，大致可以概括为 1980 年以及以后出生、有一定的务工经历、仍保留着农村户籍的人，其中对于年龄划分学者们看法基本一致。同老一代相比，新生代农民工有了"新"的特征，学者们就其自身素质、思想倾向、心理特点、择业观念、利益诉求、就业需求与意愿等不同角度进行了分析，主流观点认为其"新"特征主要体现在"四高一低"，即受教育程度高、职业期望值高、物质和精神享受要求高、维权意识高、工作耐受力低。

1.2.3.2　"居留"的含义研究

综合现有研究成果来看，农民工"居留"主要有以下几种含义。

第一，普遍认为农民工居留即是留城定居或是在城市长期稳定的居住。如，罗恩立（2012）认为农民工在城市稳定的长期居住是其真正融入城市、实现城市化的前提。

第二，稳定就业与创业是农民工居留城市的必要条件。要实现农民工城市永久定居，包括两个要件：一是安居，二是就业。从劳动力迁移历程来看，就业和居住是他们在迁移中必然要面对的两个问题（杨肖丽、韩洪云等，2015）。郭正模、李晓梅（2014）认为新生代农民工的需求和愿望基本上是按照"就业—定居—社会融入"的三个层次递进，因此，新生代农民工在城市的就业、定居和社会融入的实现，是人口城市化的必然要求。王绍芳、王岚等（2016）认为新生代农民工就业技能提升是促进其市民化的基础和内在动力，是推动其融入城市社会的重要条件。曹科岩（2017）认为就业质量提升是破解新生代农民工市民化困境以及推进新型城镇化发展的关键。

安居才能乐业，稳定的居所和良好的居住环境，是农民工在城市稳定就业的必要条件。提升就业质量，实现农民工在城市稳定就业，是农民工市民化、居留城市的关键（曹科岩，2017）。杨河清、肖红梅（2014）利用2008年珠三角地区农民工调查数据，运用判别分析和Logistic回归进行实证分析结果表明，就业越稳定的新生代农民工，其城镇化的倾向越明显。

第三，农民工市民化与城市融合是其长期居留城市的最终目标。

1.2.4　农民工进城或留城定居视角的相关研究

1.2.4.1　农民工城镇居留意愿的研究

在关于居留意愿的研究中，仅有3篇是关于"新生代农民工"居留意愿的研究。杨巧、李鹏举（2017）利用2014年流动人口动态监测数据，借助Logistic回归分析了家庭发展能力对新生代农民工城市居留意愿的影响，认为新生代农民工城市居留意愿强于老生代；家庭发展能力中的经济能力、社会交往能力对新生代农民工城市居留意愿的影响强于老生代；反映家庭发展能力的各项指标中，家庭收入、子女现居地、住房属性和养老保险对新生代农民工城市居留意愿的影响较大，而且这一影响并不存在不同工作类型和不同流动范围的差异，只是在不同迁移模式的家庭中存在一定的差异。谢东虹（2016）分析了个人留守经历对新生代农民工城市居留意愿的影响。他利用2015年北京市的调查数据，在使用倾向得分倒数加权法纠正样本的选择性偏差以后发现，留守经历对新生代农民工的城市居留意愿产生显著的正向影响，而且针对不同的留守形式以及留守时间的影响程度有所差异，其中，完全留守的正向影响大于部分留守，长期留守的正向影响大于短期留守。李振刚（2014）使用2013年流动人口社会融合专题调查数据，在综合社会融合理论和人类福祉理论的基础上，提出了新生代农民工居留意愿影响因素的分析框架，研究结果显示结构融合和社会文化融合对居留意愿有显著影响，而且在控制社会融合因素后，生命历程和流动范围也对新生代农民工居留意愿有显著影响。可见，目前研究主要认为新生代农民工留城意愿强于老一代，其影响因素主要是家庭发展能力、个人留守经历、社会融合、生命历程和流动范围。

在关于农民工居留意愿的研究中，学者们主要认为个人特征、流动特征、就业能力、社会融合会对农民工居留城市的意愿产生显著影响，而且比对"新生代农民工"居留意愿的研究更深入和细致。如罗恩立（2012）对个人就业能力进行了细分，基于上海市 1026 份农民工的调查问卷数据，应用 Logistic 回归法，分析了就业能力对农民工长期居留城市意愿的影响。他认为就业能力中的受教育程度、就业服务享有、社会网络以及职业类型对农民工的城市居留意愿具有显著影响，而工会参与因素不具有显著影响。雷阳阳（2016）则对社会资本类型进行了细分，利用北京市农民工的调查数据，通过二元 Logistic 回归法分析了社会资本对农民工城市居留意愿的影响。研究发现，"整合型"社会资本对农民工城市居留意愿具有反向阻碍作用，而"跨越型"社会资本对农民工城市居留意愿具有正向促进作用。此外，年龄、受教育水平、收入和在京务工年限等对农民工城市居留意愿也具有显著影响。构建和谐的企业员工关系和更好地融入当地社会，有利于农民工城市居留意愿的提升（雷阳阳，2016）。李树茁等（2014）则对农民工务工类型进行了细分，认为自雇与受雇农民工在城市居留意愿上存在显著差异，自雇者比受雇者更倾向于留在城市；并且使用 2012 年流动人口动态监测调查数据，运用多元 Logistic 回归方法进行分析，结果显示影响自雇与受雇农民工城市居留意愿的因素存在着显著差异。自雇者居留意愿更多受到经济因素影响，如收入水平对自雇者和受雇者居留意愿均有显著影响，但是对自雇者的影响强度更大；而受雇者更多受到社会、文化、心理因素和职业阶层的影响。其中，文化融合、社会交往、心理融合、婚姻和流入时间对两者的居留意愿均有显著影响，但对受雇者的影响概率更大；职业阶层则仅对受雇者影响显著，对自雇者不存在显著影响[①]。

① 李树茁，王维博，悦中山. 自雇与受雇农民工城市居留意愿差异研究［J］. 人口与经济，2014（2）：12-21.

1.2.4.2 农民工城镇定居意愿的研究

早期研究结果表明，农民工留城定居意愿不强，但正在呈现逐渐加强的趋势。如陈文哲（2008）利用 2002 年和 2006 年在福建省 4 个人口主要流入城市进行的两次流动人口定居意愿调查资料，通过对这两个时点的数据进行对比分析，观察了流动人口定居意愿的变化情况。分析结果表明，大部分流动人口尚未有在流入地长久定居的打算，但与 2002 年相比，2006 年打算在流入地定居的流动人口所占的比重有所上升，同时，流动人口内部在定居意愿及其变化上存在较明显的差异。近期研究成果验证了陈文哲的研究结论。杨龙、白南风等（2014）通过对 6232 名农民工的调查结果显示，农民工进城意愿较强，但住房问题阻碍了其进城步伐。28.2% 的农民工明确表明，无论如何都要留在城里；27.7% 的农民工表示可以两边跑；相信情况会改变的农民工占 23.6%。这表明，假如没有户籍、社保诸多因素的限制，一旦有机会进入城镇，农民工希望留在城镇定居，至少他们不排斥城镇。只有 20.5% 的人明确表明不会定居城镇，当前在城镇仅仅是为了工作。

1.2.4.3 农民工留城定居影响因素的研究

在关于农民工居留意愿的研究中，主要是对农民工居留意愿影响因素的研究。这些影响因素大致可以分为两大类，一类是自身因素，另一类是社会因素。其自身因素又分为个体特征、家庭特征和经济特征三个方面。

在个体特征中，一般认为年龄、性别、受教育程度、婚姻状况、健康状况、流动时间和职业类型对农民工居留意愿都具有显著影响（李强、龙文进，2009；秦立建、王震，2014；梅建明、袁玉杰，2016）。

在家庭特征中，一般认为子女的数量、年龄、性别、子女的教育期望和养老压力对农民工城市居留意愿有显著影响（王玉君，2013；孙友然等，2015；汪润泉，2016）。

在经济特征中，一般认为农民工流入地的经济发展状况和产业结构（王春超、吴佩勋，2011）、农民工个人和家庭收入状况（孟颖颖、邓大松，2011）、农民工住房支付能力都对农民工城市居留意愿有显著影响（高波、李国正，2015）。

在社会因素中，一般认为农民工社会融合状况、城市户籍政策和社会保障特征均显著影响其城市居留意愿（杨守玉，2012；张鹏、郝宇彪、陈卫民，2014；孙学涛、李旭、戚迪明，2016）。

（1）个人及家庭因素，主要包括个人受教育年限、夫妻共同外出或家庭整体迁移。

个人受教育年限与农民工留城意愿显著正相关，人均受教育年限每增加1年，农民工愿意留城的概率会增加1.59个百分点（邓江年、郭沐蓉，2016）。杨肖丽等（2014）也认为受教育程度越高的农民工，年老后定居城市的可能性越高。这主要是因为其受教育年限越长，对城市文化的接受能力越强，发展机会也就越多，留城定居城市的意愿也就越强烈（陈文哲，2008）。但也有研究认为，个人受教育程度对农民工留城意愿没有显著影响（肖昕如，2009）。

性别方面，与女性农民工相比，男性更偏向于年老后回农村居住（杨肖丽等，2014）；夫妻共同外出对农民工留城意愿具有显著的正向影响，共同外出的夫妻比居住分离的夫妻愿意留在城市的概率会增加11.38个百分点（邓江年、郭沐蓉，2016），这应该是家庭经济理性选择和核心家庭地位心理归属感的体现。因为夫妻共同外出既可以提高家庭收入又可以节约支出，同时家庭中心转移到城市增强了其心理归属感（杨菊华，2015）。子女随迁对农民工留城意愿具有显著的正向影响（肖昕如，2009）。

（2）经济因素。

经济因素对农民工留城意愿并没有显著的影响，可以认为单纯的经济因素对农民工的留城意愿的影响呈现出弱化趋势（邓江年、郭沐蓉，2016）。农民工在选择是否外出务工时，经济因素起决定性作用，但是一旦进入城市后，决定是否留在城市时，经济因素不再起决定性作用，还要考虑城市文明与发展机会、子女教育等非经济因素（文军，2001）。

流入地与流出地经济发展水平的差距以及流入地城市类型，对农民工留城意愿有显著影响。尉建文（2008）认为，流入地经济发展水平越高，其收入预期越高，加之这样的城市文化更开放、社会制度管理更完善，因此农民工留城意愿越高；邓江年、郭沐蓉（2016）实证检验的结果表明，在二线和一线城市工作的农民工相对于三线城市的留城意愿分别高出8.67个百分点和

9.41 个百分点。杨肖丽、景再方（2014）认为，在县城务工的农民工比在省城务工的农民工更可能在年老后定居城市。

（3）居住状况。

城市住房和居住情况显著影响农民工城市居留意愿和留城定居决策，主要包括住房的产权拥有程度或住房类型、住房价格、住房环境与条件等。

邓江年、郭沐蓉（2016）利用中山大学珠三角外来务工人员的问卷调查数据，运用 Logit 模型，对影响农民工留城意愿的因素进行实证分析后发现：住房的产权拥有程度与农民工的留城意愿显著正相关，例如，个人租房比单位租房农民工的留城意愿高 8.16 个百分点，而自购住房比单位租房农民工的留城意愿高 29.87 个百分点。这种现象被国外学者解释为"迁移锁定效应"。他们认为，城市住房需求是家庭在城市居住欲望的重要反映，这会导致自有住房者要比租房者流出的可能性低（Helderman et al，2006）；家庭迁移决策不仅依赖于工作前景，也取决于住房的相对成本，高的流动成本产生锁定效应会导致自有住房者相对于租房者流动性更低，进而偏向于在原地作出定居决策（Modestino，2013）。

谢宝富等（2015）指出居住条件越好，并与家人共同居住，对居住环境越满意，定居意愿也越强。宋月萍、陶椰（2012）认为新生代农民工与父辈相比，更注重自身发展的未来趋向，其流动模式已经逐渐转变为"专职非农"，家庭一般呈整体迁移趋势，居住条件的好坏已成为其是否在城镇稳定生活的重要影响因素。毛丰付（2009）认为，良好的居住条件能够增强流动人口对城市的归属感和认同感，并最终促使这一群体融入和接纳所在城市。有研究指出，住宅价格下跌或者利率上升等信贷约束等会减少而不是增加劳动力流动性，促进迁移者定居行为的形成（Ferreira et al，2010）。

杨肖丽、景再方（2014）基于 497 份辽宁省农民工抽样调查数据，采用 Logit 模型分析农民工在城市的居住环境与其年老后的定居方式选择之间的关系。其结果表明：农民工在城市的居住环境越好，越倾向于年老后在城市定居；随着农民工在城市的住房质量和人均居住面积的提高，年老后定居城市的概率上升。陈春、冯长春（2011）通过对重庆市农民工的问卷调查表明，居住状况对农民工留城意愿影响显著，且其影响程度高于年龄、受教育程度、务工年限等人力资本变量的影响。

也有研究认为居住环境（包括物质环境和社会环境）对于人力资本的积累、社会资本的质量以及信息的可获得性会有显著的影响（郑思齐等，2009）。居住环境一般包括物质环境和社会环境，物质环境包括拥挤水平、居住质量等，社会环境则主要通过社会互动的机制发挥作用，社区是社会互动发生最为频繁和知识外溢密集发生的空间范围①，作为社会互动的对象，邻居的状况也会通过"同群效应"影响劳动力的技能、信息和社会机会。有研究表明，与同事、朋友及周边邻里关系处理得越好，农民工的社会融洽度越高，在务工城市定居的可能性也越大②。还有学者认为从人口城乡迁移的过程看，农民工定居城市的意愿会随着"进城"过程中人力资本、物质资本、社会资本积累和环境的改变不断发生变化。在这一过程中，如果农民工就业收入和居住环境不断利好，城市居住时间越长越会增强其留城的意愿③。

还有学者采取因子分析法对农民工居住质量进行评价后发现，农民工在城市务工的居住环境显著影响他们对年老后定居地的选择，总体上，城市务工的居住环境越好，农民工越倾向于年老后定居城市。从反映居住环境的三个具体指标——住房质量、人均居住面积和邻居类型来看，随着农民工在城市的住房质量和人均居住面积的提高，年老后定居城市的概率会上升，但邻居类型对农民工未来定居方式没有显著影响。

（4）权益制度等社会因素。

参加城镇职工养老保险对农民工的留城意愿具有显著性影响，参保农民工比不参保农民工留城意愿的概率高7.18个百分点（邓江年、郭沐蓉，2016），这主要是因为在城镇职工养老保险未实现全国接续转移的情况下，会增加农民工的迁移成本。

还有学者认为农民工是否留城定居取决于其偏好选择。王春蕊、杨江澜、刘家强（2015）将农民工居住偏好划分为能力主导型、家庭主导型和环境主导型偏好。能力主导型偏好即农民工个人能力禀赋越高，定居城市的意愿越

① Glaeser E L. Learning in cities [J]. Journal of Urban Economics, 1999, 46 (2): 254-277.
② 刘磊，朱红根，康兰媛. 农民工留城意愿影响因素分析：基于上海、广州、深圳724份调查数据 [J]. 湖南农业大学学报：社会科学版，2014 (2)：41-46.
③ 王春蕊，杨江澜，刘家强. 禀赋异质、偏好集成与农民工居住的稳定性分析 [J]. 人口研究，2015，39 (4)：66-77.

强，其居住状态越稳定。家庭主导型偏好即在城市获得家庭网络支持越多，留居城市的资本越富足，长期留居城市的意愿越强烈，居住状态越稳定。环境主导型偏好是指农民工城市适应性越强，与市民交往越频繁，其市民化程度越深，越倾向长期留居城市①。

1.2.5 农民工城市住房与居住视角的相关研究

有大量学者从居住稳定性的角度研究了农民工的城市居住行为，主要是就农民工居住现状、问题、居住稳定性的影响因素、对策的研究。

1.2.5.1 农民工居住现状与特征的研究

有大量学者对农民工居住现状、特点和问题进行了研究，可以分为客观现实和主观感受两个角度。客观现实的描述主要是从居住形式与模式、获取方式、居住面积和设施条件、居住稳定性等方面进行分析。主观感受方面主要对农民工居住满意度进行了分析。

农民工居住地点呈现城市边缘化聚居特点，徐兰（2013）认为新生代农民工较老一代农民工具有更强烈的融入城市生活的愿望。但是该群体在城市中的居住问题普遍表现为：居住空间、居住质量、聚居区社会管理和公共服务等方面被边缘化。熊兢（2018）认为农民工居住呈现边缘聚居化的格局，即在城郊或城中村形成一种类似于"村落型"的聚居模式，魏立华、阎小培（2005）同样认为"聚居"是外来人口进城后长期主要的居住模式，而且指出了这种居住模式占主导的重要原因。居住模式还呈现出拆分型居住的特点，即目前农民工群体呈现出"就业—购房"和"居住—购房"的双重分离，使其流动方式从原来的"就业城市—原籍村庄"间的双向流动演变成"原籍村庄—购房城市—就业城市"间的三向复杂互动（晋军，2018）。

农民工居住环境差（包括人文环境）（任焰、梁宏，2009），设施简陋，缺少独立的厕所、厨房和洗浴设施，人均居住面积小（熊兢，2018；韩克庆、

① 王春蕊，杨江澜，刘家强. 禀赋异质、偏好集成与农民工居住的稳定性分析［J］. 人口研究，2015，39（4）：66－77.

林欣蔚，2014；国家统计局上海调查总队课题组，2013）。还有学者认为，农民工在城市内部迁居频繁，而且以短距离迁居为主，但搬家并没有使他们的居住状况得到较大的改善。但是，近年来，新生代农民工的居住面积和设施条件较过去有所改善（周加欢，2017）。

早期研究普遍认为，农民工居住形式低档化，多是单位提供的宿舍和工棚或个人租赁，居住方式以聚居为主（宛恬伊，2010 等）。但是，近年来的研究结果表明，农民工居住形式受流入地、职业类型与行业、企业规模等的影响，表现出一定的差异性。从全国平均水平来看，农民工选择租住私房的比例上升，而且在各种居住方式中，所占比例最高，其次才是自购商品房、单位提供的免费住房，保障性住房比例很低（车若语、高书平，2017）。从具体地区来看，则略有差异，北京、上海、广州 3 个城市的农民工享受单位住房的比例在全国平均水平之上，而这 3 个城市的农民工购买住房的比例较全国水平低很多，其主要原因是这 3 个城市的房价过高。从不同企业规模来看，大中型企业提供单位集体宿舍的比例较高，小微企业和自谋职业的农民工一般合租或群租住房（车若语、高书平，2017）。李健、刘永功（2011）使用了深度个案的研究策略，跟踪调查了一个北京的建筑施工队的居住选择模式，研究社会网络对于农民工住房选择的影响。研究认为，施工队的社会网络所具有的封闭性、二重性、工人强势和亲友关系导向以及工人个人的社会网络结构决定了施工队共居的居住模式，但是他们只局限在了施工队的社会网络对选择的影响，没有分析其他工种。

还有学者专门对比了新生代农民工与老一代农民工的居住状况，发现新生代农民工居住在单位宿舍/工棚的比例显著高于老一代农民工。两组人群在居住水平上存在一定差异，非租房来源下，两代农民工的居住水平整体偏低，新生代农民工略好于前者。租房来源下，新生代农民工的合租比例较高，其租住的房屋类型和房屋设施优于老一代农民工。在不同住房来源下，两组人群在房租支付水平上无显著差异（宛恬伊，2010）。

还有学者从主观感受的角度，通过分析农民工居住满意度推断其居住现状。史学斌（2018）利用调查数据，运用多元线性回归方法，对重庆市外来农民工公租房居住满意度及其影响因素进行了分析。认为农民工对重庆公租房总体比较满意，但仍有较大提升空间。影响农民工公租房居住满意度的因素主要有：月收入、租金、建筑面积（而不是人均居住面积）、社会关系网络与满意度呈现正相关，文化程度与满意度呈现负相关。

总体来看，农民工居住水平和居住质量总体偏低，而且逐渐呈现出群体分异的特征。整体来看，女性居住状况好于男性；已婚农民工比未婚农民工居住条件更好；外出务工时间越长或者年龄越大，购买政策性保障房或商品房、自建房的比例明显上升；随着农民工受教育水平的提高，购买商品房的比例也有所上升；东部地区农民工购买商品房和自建房的比例最低，环渤海地区比例最高（杨龙、白南风、李萌，2014）。

1.2.5.2 农民工居住存在的问题

众多学者利用不同城市的农民工居住状况的调查数据，分析了农民工居住存在的问题。普遍认为城市低成本住房缺失，农民工收入低，难以支付城市的高房价，同时受到制度缺失、住房保障水平低、社会歧视等因素影响，面临居住隔离问题（侯慧丽、朱静，2010）。

宁波市计生委认为许多农民工因收入低、缺少住房保障等原因，大多住在面积较小、环境较差的出租屋里，相关改革滞后导致农民工城镇住房保障权缺失。白天亮（2013）认为城市房价太高是农民工买不起房的最主要原因，占到了71.9%。娄文龙、高慧等（2013）认为受益于住房公积金制度的农民工并不多，降低了农民工城市住房购置能力：一是用工单位基于成本考虑，不愿意为农民工缴纳住房公积金，即使一些企业缴纳了住房公积金，比例也较低；二是住房公积金制度对私营企业缺乏一种强制性规定，即使政府有规定，企业往往也是能逃则逃、能少缴则少缴；三是住房公积金转移制度有待建立，手续多、提取难、转移难，影响了农民工参加流入地住房公积金制度的积极性。

朱磊（2013）认为新生代农民工在居住上存在着居住权利的排斥、居住空间的隔离、居住选择的非自主性以及居住条件的绝对劣势等问题；其基本特征是居住在共同体之外以及居住的价值剥离。他认为居住不仅可以满足人类基本生活需要，还可以提供情感、归属感、自尊以及自我实现等更高层次需求。其本质价值在于它为人们提供了身份认同感、社区归属感、过去和将来感以及舒适感，是将个体整合进入其所属共同体的重要纽带，是个体获得生存意义的重要途径。居住的多重价值得以实现的前提条件是居住的相对稳定性，以及在其基础上自然形成的持续有力的社会团结力量。然而农民工因为居住的不稳定性导致他们很难融入社区并获得社区归属感，使住房仅剩下空洞的物理形式，朱磊（2014）将其称之为"无根性居住"。杨菊华、朱格（2016）等使用8城市的调查数据分析认为，半数流动人口面临着居住隔离的问题，其中有流动人口受自身因素影响而自我选择的原因，但他们本身还是愿意与本地人为邻，只是受到制度、经济和住房结构等束缚和桎梏，导致其事与愿违，面临着居住隔离问题。谢永祥（2018）以上海市为例，分析了上海市廉租房、经济适用房与公共租赁住房的申请条件，前两种适用人群主要是本市城镇居民，农民工只能申请公共租赁住房，但条件又极为苛刻，对大多数农民工来说是有名无实，根本无法兑现。该研究认为这种差别化的住房保障待遇对农民工是一种住房制度的排斥，此外，农民工由于无法参与形成公共住房政策还遭受着严重的政治排斥。因此，该研究从社会排斥范式的角度，提出通过身份治理将农民工全面地纳入城市住房保障体系，从而赋予农民工的城市居住权。

1.2.5.3　农民工居住状况的影响因素研究

近年来，学者们还对农民工购房选择、居住环境等城市居住行为的影响因素进行了分析。如高波（2015）利用 Logistic 回归综合分析了农民工购房选择的影响因素，主要包括以婚姻、年龄和工作年限为表现的生命周期因素，以月收入、教育程度和就业身份为表现的经济能力因素和区位因素。结果显示，性别、婚姻、年龄、工作年数、个人月收入、受教育年数、就业身份、地区等对农民工是否在城镇购房产生显著性影响，但收入水平对农民工在务工地城镇购房并没有显著影响。在农民工购房的地区差异中，东北和中部地区购房的可能性要要高于东部和西部。因为东北和中部地区经济能力和农民工收入水平比较均衡；而东部虽然农民工的收入水平较高，但是地区房价高昂，阻碍了农民工的购房选择；西部城市虽然房价较低，但是农民工收入水平也较低，难以负担购房成本。

王春蕊、杨江澜等（2015）认为农民工的城市居住行为是能力禀赋、家庭禀赋、环境禀赋综合集成偏好支配下的外显反映，受不同禀赋条件的制约，其居住行为表现出状态的非稳定性和方式的多样性。技能型就业和高收入水平能明显地降低农民工两栖流动概率，家属随迁且耕地长期流转显著增强农民工城市居住稳定性。高波（2015）基于2013年中国流动人口动态监测数据，通过对新型城镇化过程中农民工居住现状及住房选择行为进行分析，发现生命周期变量、就业性质和教育程度为代表的市场能力以及作为客观条件的地区因素等对于农民工住房选择具有显著影响。同时，当前农民工居住花费在整体消费中占较小比例，农民工的收入与房价升降并没有对其居住状况产生显著影响。

农民工在城市住房的消费能力，不仅受流入地收入、居住环境、住房价格、城市行政级别的影响，而且家乡的住房投资预期、迁移形式等对其城市住房消费也有显著影响。相对于中小城市，在大城市务工的农民工居住状况相对较差（董昕、张翼，2012）。在务工地就业稳定的农民工具有更强的永久性迁移预期，更倾向选择稳定的住房形式和更高质量的住房环境（郭新宇、薛建良，2011）。同时，住房的供给方式也是影响农民工居住稳定性的重要因素。另外，城市住房体系准入门槛的高低、标准的多元化以及政府的重视程度，亦是影响农民工居住的重要因素①。

柴海瑞（2008）指出农民工群体居住面积小、环境差、设施条件简陋。户籍制度、城市土地政策、城市外部环境、政府管理等因素是影响新生代农民工居住的原因，住房保障缺失导致农民工群体住房难甚至是无住房。陈云凡（2012）通过对长沙25个社区的调查提出社区环境和居住条件直接影响住房状况，收入状况、教育程度、婚姻状况、住房类型和工作行业间接影响住房状况。

杨肖丽、韩洪云、王秋兵（2015）运用辽宁省调查数据，定量研究新老两代农民工居住环境差异及其影响因素，结果表明：新老两代农民工的居住物质环境和社会环境存在显著差异，新生代农民工的物质环境显著好于老一代；新生代农民工与市民混居概率更高，老一代与非同乡聚居概率更高；已婚农民工与同乡混居的可能性更大；受教育程度越高，居住物质环境越好，

---

① 王春蕊、杨江澜、刘家强. 禀赋异质、偏好集成与农民工居住的稳定性分析 [J]. 人口研究，2015，39（4）：66-77.

与市民混居的可能性越高；家属随迁及随迁家属中在学子女数，均对农民工居住的物质环境有正向影响，并提高了其与市民混居的概率；务工时间越长，物质环境越好，与市民混居的概率也越高。此外，职业类型、迁移距离也对居住物质环境和社会环境有显著影响。

1.2.5.4　解决农民工居住问题的对策研究

学者们在对农民工居住问题进行剖析的基础上，普遍认为，政府应完善城镇住房保障体系，增强农民工的社区归属感，营造良好生活环境，多渠道多形式解决农民工住房问题。

熊兢（2018）认为应在尊重农民工留城意愿的基础上，重点通过完善阶梯式多层次居住模式和建立多元保障性住房供给系统等方式来实现其永久定居。要构建以"经济适用房、公租房、农村土地置换房以及限价商品房"为主"四位一体"的住房保障体系，在农民工群体中真正贯彻落实住房公积金制度，要多渠道、多形式地解决当前农民工的城镇住房问题；改善社区管理与服务方式，建设共享共融的新型社区，增强农民工的社区认同感和归属感。

郝俊英、张煜洺（2009）认为政府应多渠道为农民工提供住房保障，如政府为农民工修建廉租房或免费公寓，用人单位应为其发放租金补贴或是直接建造农民工公寓等。车若语、高书平（2017）根据2013年国家卫生和计划生育委员会对全国流动人口的调查数据，对农民工的居住选择进行了全面的、分城市及分行业的研究后，提出政府应加快建立多主体供给、多渠道保障、租购并举的住房制度，企事业单位应尽可能提供免费住宿或有偿租房，以促进农民工保障住房的早日实现。韩克庆、林欣蔚（2015）通过描述性分析和Probit回归的方法，发现农民工对于住房保障政策了解不够，同时地方住房保障政策主要针对本地户籍人口，提出应该加强对农民工住房保障政策的普及，鼓励企业对农民工住房公积金的缴纳。

但也有学者提出不同观点，丁富军、吕萍（2010）通过建构改进的杜布林冲突分析模型，分析了解决冲突的五种不同方式的可行性和政策预期效果，认为建立农民工住房保障体系和取消城乡二元结构都不是最优政策，应当制定改革户籍制的长远目标，并在此框架下坚持改革和创新。

1.2.6 研究评价

以往研究采用理论与实证相结合的方法深入细致地剖析了农民工城镇就业质量问题、城镇创业问题、城镇居留、定居与住房问题，对农民工城镇稳定居留问题研究提供了有效支撑。但由于所采用样本的差异性，实证分析结论差异较大。农民工城镇居留相关理论研究主要集中在影响因素和影响效果方面，对农民工主体动能培育、潜能挖掘研究不够充分。从以往相关文献看，从人力资本视角研究农民工城镇居留问题的文献多数集中在教育培训等人力资本投资方面，农民工人力资本激励方面的研究并不多见。新型城镇化对农民工问题研究提出了新的要求。一是城市产业转型升级需要吸引和留住高端人才，高端人才对优质社会服务业产生偏好，而社会服务业发展依赖于人口集聚规模。留住农民工既是城市产业扩张需求，也是城市产业升级的基础。二是进城农民工难以进入体制内单位，灵活就业、自雇佣就业和创业成为主流就业形式。这种就业方式迫切需要培育就业动能，尤其新生代农民工。2017年1月21日，国务院副总理马凯提出要以新生代农民工为重点，大力促进农民工就业创业。2015年12月中央经济工作会议提出，"要加大投资于人的力度，使劳动者更好适应变化了的市场环境"。在当前结构调整期和动能转换期推进新型城镇化，迫切需要培育新生代农民工市场化就业动能，通过稳定就业创业实现城市长期居留和生活。本书以新生代农民工就业动能生成释放和城市居留为研究对象，通过激发农民工人力资本生成和创造活力促进新型城镇化和全社会创业水平。研究试图回答以下问题：

第一，动能转换时期如何通过人力资本再生实现新生代农民工从雇佣劳动向创造性就业转变？

第二，影响新生代农民工创造性就业的因素有哪些？如何培育新生代农民工创造性就业意识、能力和动机？

第三，政策如何调整才能培育和释放新生代农民工人力资本动能和城镇创业动能，培育城镇产业和就业新业态？

第四，新生代农民工城镇居留影响因素有哪些？如何构建就业动能提升及城镇稳定居留机制？

1.3　研究思路和方法

1.3.1　研究思路

以市场为门槛，就业（包括创业）动能分为人力资本积累储备和进入市场后价值创造两个阶段。首先在历史变迁和现状、问题、原因把握基础上研究就业动能生成和提升机理以及农民工城市稳定居留机理，在机理研究基础上，通过建立计量经济模型，模拟并选择作用变量，构建治理结构，在此基础上引入政策安排，构建就业动能提升与稳定居留梯次治理机制。最后在战略框架内通过国内外比较借鉴和案例分析，提出政策建议。研究的技术路线如图 1.1 所示。

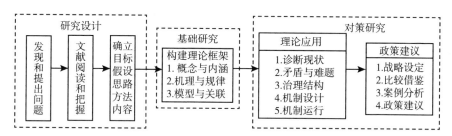

图 1.1　本书技术路线

1.3.2　研究方法

本书主要采用系统动力学及 AMOS 法、理论模型法、问卷调查法和统计分析法、深度访谈和案例分析法、政策建议法。

（1）系统动力学及 AMOS 路径分析。动能机理研究中运用社会系统动力学方法，建立变量之间因果关系图和流图，进一步建立系统动力学方程。在 SPSS 统计分析基础上运用 AMOS 路径分析，建立结构方程模型，分析变量间因果关系的显著性。

（2）理论模型法。就业动能提升机理和城市稳定居留机制研究采用理论模型方法。运用机理模型抽象出变量之间内生作用机理，构建机制模型诠释政策干预的作用机制。理论模型研究从具体到抽象，案例分析从抽象到具体。本书建立基于贝叶斯学习的 DLMS 创造性就业机制。

（3）问卷调查和统计分析法。调查时间为 2018 年 7～9 月，调查对象为进入城镇打工仍为农村户籍的新生代农民工，调查目的为获取城镇新生代农民工人力资本投资与创造性就业的激励约束因素、就业创业稳定状况、城市居留状况、居留影响因素、政策期望等。调查地区以东部地区为主，涉及中西部地区。发放问卷 1150 份，回收有效问卷 1023 份，其中，北京市 107 份，天津市 199 份，山东省 156 份，长三角 209 份，珠三角 67 份，黑龙江、吉林、辽宁东北三省 76 份，中西部地区 209 份。

（4）深度访谈与案例分析法。深度访谈 30 人，访谈对象选择进城创业农民工（7 人）、农民职业经理人（6 人）、稳定居留城市农民工（8 人）、职业培训专家（5 人）、政府相关部门分管领导（4）等。访谈地区选取浙江义乌青岩刘村、河北高碑店白沟村、天津市职业教育部门以及北京、天津、浙江和上海的部分进城创业农民工和稳定居留农民工。在深度访谈基础上，选取浙江省进城新生代农民工就业创业和城市稳定居留实践进行案例分析。

（5）政策建议法。本书以咨询报告形式向中央和地方政府相关部门提出政策建议。

1.4 总体框架和主要内容

1.4.1 总体框架

本书总体框架如图 1.2 所示。

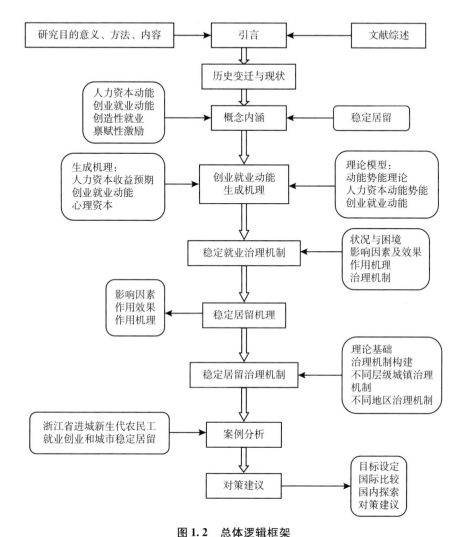

图 1.2　总体逻辑框架

1.4.2　主要内容

（1）文献和政策评述。

梳理国内外农民工创造性就业和城市稳定居留相关理论和学术研究，把握理论和研究前沿，确定本书研究空间。梳理新型城镇化中进城农民工就业创业、城市定居落户的相关法规政策，发现政策演进路径和不足，拟定本研究的政策导向和目标。

（2）历史变迁与现状。

通过文献阅读和实地访谈，分阶段梳理新生代农民工城镇就业创业历程及城市居留稳定性的演进，以及相应的政策安排和政策实施效果。描述进城新生代农民工创造性就业状况以及城市居留状况，发现约束农民工城市灵活就业、自雇佣就业和创业以及城市长期居留约束问题，剖析问题的原因，为问题的解决寻找切入点。

（3）新生代农民工城镇创业就业动能生成机理。

主要研究动能和势能理论、人力资本动能和势能理论，创业就业动能和势能的生成与转化，新生代农民工城镇稳定就业机理。通过建立理论模型，从人力资本收益预期、创业动能和心理资本视角剖析就业动能的产生。从人力资本收益预期提出禀赋性价值与禀赋性激励理论，以及市场价值与业绩性激励理论；从创业动能提出就业动能和就业势能概念。就业动能是劳动力使用过程中所形成的劳动生产力，就业势能是劳动力预期能够创造的社会价值。从心理资本提出风险偏好、主动性人格、自信和坚韧性等人格特征对就业动能生成的影响。本部分研究得出如下结论：

第一，提出就业二次分化与"创造性就业"概念。新常态下农民就业形态发生第二次分化。第一次分化是产业分化，即从农业生产分化为农业劳动与非农劳动；第二次分化为就业方式分化，即就业方式分化为雇佣劳动和自雇佣劳动。农业与非农业都存在雇佣和自雇佣劳动。自雇佣劳动包括创办企业和个体经营等，属于创造性劳动。创造性就业是相对于传统就业而言的。传统就业是完成岗位任务，而创造性就业是根据市场需求自主决定经营项目。创造性就业更加适应市场环境变化，创造市场需求的产品。创造性就业包括灵活就业、个体经营、创办企业和企业经营管理等。

第二，提出禀赋性激励理论。传统激励注重工作业绩，属于结果导向的激励。禀赋性激励注重人力资本和心理资本等自身禀赋价值，依据禀赋价值大小给予一定待遇和声誉，属于过程导向的激励方式，如持股计划等。在激励作用下，一定禀赋人力资本创造价值产出是必然的。禀赋性激励既能激励人力资本形成，也能激励人力资本产出。前者属于结果导向激励，后者属于过程导向激励。

第三，构建就业动能生成机理模型。就业动能包括人力资本投资动能和流动使用动能。就业动能生成源于就业预期收益。人力资本投资积累阶段，预期社会声望、禀赋性价值为人力资本投资收益，投资收益与投资成本相比较产生预期净收益，预期净收益对人力资本投资产生结果导向的激励作用。进入市场后，即为人力资本流动配置和使用阶段，如果消除准入歧视，获得平等竞争资格，禀赋性收益产生过程导向激励作用，业绩性收益产生结果导向激励作用。

（4）新生代农民工城镇稳定就业治理机制。

主要研究新生代农民工城镇就业状况及演进趋势、新生代农民工城镇就业面临的困境与挑战、新生代农民工城镇稳定就业影响因素及作用机理、农民工城镇稳定就业影响因子作用效果、新生代农民工城镇稳定就业治理机制。实证分析中，构建二元 Logistic 回归模型，从个体特征、打工地、劳动条件三个二级指标诠释选择变量对农民工城镇稳定就业的影响效果，根据影响效果确定作用变量，并阐述变量对城镇稳定就业的作用机理以及新生代农民工城镇稳定就业治理机理。

（5）新生代农民工城镇稳定居留机理。

采用理论研究与实证分析相结合的方法，主要研究新生代农民工城镇稳定居留影响因素及作用机理，新生代农民工城镇居留稳定性影响因子作用效果，新生代农民工城镇稳定居留机理。利用问卷调查数据，通过建立 Logistic 和多重定类 Logistic 模型，从个体特征、家庭状况、打工状况、所在城市状况四个二级指标诠释选择变量对城市居留稳定性的影响效果，根据影响效果确定作用变量，并解释变量对城市居留稳定性的作用机理以及农民工城市稳定居留机理。

（6）新生代农民工城镇稳定居留治理机制。

主要研究市民下乡与农民进城的经济逻辑关系、新生代农民工城镇稳定居留治理机制、不同层级城镇农民工稳定居留治理机制、东中西部地区农民工稳定居留治理机制。农民工就业动能生成是城市稳定居留的基础，政策干预应先行激发流动性就业农民工就业动能，再鼓励已实现稳定就业创业农民工在城市长期定居。

（7）国内外比较与借鉴。

国外比较英国、美国、日本和德国等发达国家农民创造性就业和城市定居实践经验，国内比较浙江嘉兴、上海青浦区、广州光明新区新型城镇化中协同推进进城农民工就业创业和城市定居实践探索。以浙江省为案例，分析浙江省进城农民工就业创业和居留落户状况、相关政策、作用成效和不足之处。

（8）对策建议。

提出对策建议，并以咨询报告形式提交给政府相关部门，作为协同推进新型城镇化战略与乡村振兴战略行政决策和政策制定的参考依据。

| 2 |

历史变迁与现状

2.1 农民工政策的历史变迁与现状

关于农民工政策演进的研究成果很丰富，学者们对政策变化过程的阶段特征的概括意见基本一致，只是具体时间段的划分略有差异。大部分学者都认为，我国改革开放以来农民工流动政策的变化经历了"严格控制—政策松动、允许流动—控制盲目流动—引导有序规范流动—公平流动与城市融入"几个大的阶段。

2.1.1 农民工政策演进过程及其规律

近十年，学者们对政策演进规律的分析，很全面细致，尤其是徐增阳、付守芳（2019）以 1978～2017 年 985 份中央层面的农民工政策为样本，创建了农民工政策文献数据库。其成果非常有借鉴价值，因此，对主要研究者关于政策演进的阶段划分进行总结，便可对我国农民工政策演进过程有清晰明确的认识。学者对农民工政策的阶段划分与演进规律分析如表 2.1 所示。

表 2.1　　　　　　学界对农民工政策的阶段划分与演进规律的分析

文献	项目	1978~1982年	1983~1984年	1985~1988年	1989~1991年	1992~1999年	2000年	2001年	2002~2005年	2006~2009年	2010年以后
徐增阳 (2019)	阶段	严格控制	允许流动		控制盲目流动	限制管理			规范管理	服务	
	政策范式	控制				管理				服务	
王小章 (2018)	阶段	严格控制到松动			紧缩阻遏到规范流动				共享发展公平流动		
	认识	问题农民工			农民工问题				农民工终结		
陈森斌 (2013)	阶段	关卡松动，潮流涌动			允许流动				制度疏通、推动公平		
	政策思路	堵 管理 单纯解决问题							疏 服务 构建和谐社会		
喻名峰 (2012)	阶段	严格控制		控制盲目流动					逐步规范		
	政策目标	流动控制				生存保护					发展促进
阳芬 (2009)	阶段	控制盲目流动				引导有序流动			为农民工进城创造良好环境		
	价值取向内容	城乡分割发展 关注农民工生存							城乡协调发展 关注农民工发展		

资料来源：根据相关文献整理。

　　阳芬、肖定舟（2009）对农民工政策演变的基础、价值取向、内容、路径等进行了分析，认为改革开放以来我国农民工流动政策演变的基础是社会转型，农民工流动政策是伴随我国社会由计划经济向市场经济、有农业社会向工业社会转型过程而形成的，家庭联产承包责任制、乡镇企业、统筹城乡发展等都要求制定与之相适应的农民工流动政策；农民工政策演变的价值取向由城乡分割发展转向城乡协调发展；农民工政策演变的内容由关注农民工生存转向关注农民工发展；农民工政策演变的路径是分阶段、渐进式的；农民工政策体系的决策主体由政府决定转向政府主导。

喻名峰、廖文（2012）依据政策的战略目标把农民工社会政策变迁过程划分为三种模式，并分析了每种模式下政策的建构逻辑，流动控制模式阶段的政策目标是控制农民工流动，以保护城镇人口就业和维护城市管理秩序，强制性控制理念占主导地位，缺少服务理念，但也经历了由严格控制到逐步放开的过程；2000～2009 年的生存保护模式阶段，农民工社会政策的目标是为农民工争取与城市居民平等的就业机会和就业环境，主要是注重农民工生存的基本保护；2010 年以来的发展促进模式阶段，农民工社会政策的目标是促进农民工在城市就业、定居并最终融入城市生活成为真正意义上的市民，更加注重农民工发展权的保护和建立城乡一体化的社会政策。

陈森斌（2013）对农民工政策演进特点进行了总结，认为改革开放以来我国农民工政策经历了由堵到疏、由管理到服务、由人治到法制化、由单纯解决问题到纳入和谐社会构建的大背景的历史变迁。

王小章、冯婷（2018）根据政府对农民工群体的认识，把改革开放以来的农民工政策划分为"问题农民工""农民工问题""农民工终结"三个阶段。改革开放初期，认为进城务工的农民思想上都有问题，因此相关政策基本上是反复清退、驱离城市等管理措施；20 世纪 80 年代中期开始，大量农民进城打工，政府不再认为进城的人有问题，而是认为这一现象有问题，开始将农民工问题单纯看作是一个"农村剩余劳动力"转移的问题，也主要是从城市经济发展需要的角度来处理这一问题，这一时期的政策都将农民工看作是一群在总体上不能、不会成为城市永久居民，其中的大部分终有一天必将、必须回归乡下老家的特殊暂住人口；2012 年，党的十八大以后，农民工政策开始进入了一个通过推动大规模的、实质性的农民工"市民化"而走向"农民工终结"的新阶段，相关政策着力于如何有序地撤除阻碍这些"农业转移人口"进入普遍性的城市公共服务体系的户籍身份壁垒，推动他们和城市原住居民一样平等地共享城市经济、社会、文化生活的机会。但是，"农民工终结"并不意味着对人口涌入城市失去调节和控制，而只意味着控制和调节的方式由依赖于"身份壁垒"而转变为借助于"市场性门槛"。为了"市场性门槛"的正常作用，政府需要在提供基本社会保障、健全市场性秩序、均等城乡公共服务、土地制度改革等方面承担起责任（王小章、冯婷，

2018）。

徐增阳、付守芳（2019）基于政策范式的理论框架，对 1978～2017 年 985 份中央层面的农民工政策样本进行分析后，将我国农民工政策划分为控制范式、管理范式和服务范式三个阶段。每个范式阶段的政策目标、价值取向、工具、主体、对象都有显著差异。政策目标从管控到规范管理，再到保障合法权益与促进城镇融入；政策价值取向经历农村偏好到城市偏好，再到城乡统筹；政策工具从单纯的行政命令到行政、市场、法律等多管齐下，且政策工具的精准度不断提升，由解决眼前问题的短期应对政策向着眼于长远的发展规划转变，形成稳定的政策预期；政策主体从中共中央、国务院为主逐步扩大至职能部门，并且职能部门的职责随政策目标不同而转变；政策对象的称谓从歧视话语到正面话语，从具有劳动力价值到具有城镇化意义，从农民工个人扩展到随迁家属和留守家属（徐增阳、付守芳，2019）。

综合学者们的研究结论，可以看出，我国农民工政策是适应经济社会发展阶段的特点和需要不断调整的，呈现出渐进性的阶段特征。结合我国经济发展阶段和本研究的主要目的，可以将我国改革开放以来的农民工政策分为三个阶段。

（1）1978 年到 2000 年左右，农民工流动管理阶段。

这一时期伴随农村和城镇经济改革，出现了农民工的大量流动，国家也适应城乡经济发展需要对农民工流动进行管理，基本上是在确保城市就业的前提下允许农民进城，也体现了当时优先发展城镇的发展思路。改革开放初期，由于农村实行了家庭联产承包责任制，确立了农民既作为生产主体也作为分配主体的独立地位，意味着农民获得了劳动的经营权和收益权，将会有大量的剩余劳动力从农业中解放出来，提供充足的劳动力供给；同时，随着市场化改革的深入，党和政府开始对农村多种经营予以肯定和支持，乡镇企业蓬勃发展，工业化和城镇化也快速发展，必将产生大量劳动力的需求。供给的推力和需求的拉力作用，必将会出现大量农民向非农产业和城镇地区流动，但是，初期城镇发展较缓慢，而且需要安置知青返城和待业人员，农村劳动力的大量涌入必将会加大城镇的压力，随着城市就业压力的缓解以及工业化和城镇化的加速发展，城镇对农村剩余劳动力的吸纳能力逐渐增强，甚至从 20 世纪 80 年代中期到 2000 年初期，出现了刘易斯二元经济的农村劳动力无限吸收阶段。

这一时期的农村转移劳动力主要是第一代农民工，他们主要是为了到城市赚取更多的经济收入。因此，这一时期的农民工政策主要是对农民工流动的管理，从最初的控制到有序引导。比如，1981 年国务院发布的《关于严格控制农村劳动力迁向城市和农业人口转为非农业人口的通知》是当时严格限制农民向城市流动的政策，要求城市的劳动、财政、公安等部门严格限制农民向城市流动。

1984 年的中央一号文件和国务院发布《关于农民进入集镇落户的通知》提出的"允许农民自带口粮进入城镇落户"；1985 年《中华人民共和国居民身份证条例》提出的"实行居民身份制度"，1985 年《关于城镇暂住人口管理的暂行规定》提出的"对流动人口实行《暂住证》《寄住证》制度，允许暂住人口在城镇居留"，打开了农民工向城市流动的闸门。

20 世纪 80 年代末期，由于农业经济效益连年下滑，农业收入与非农收入差距进一步扩大，乡镇企业发展出现困难导致就地非农转移路径受阻，因此农民跨区流动激增，出现了 1989 年的"民工潮"。国家为了防止大量农村劳动力不计成本盲目流入城市，适时采取控制农民工盲目流动的措施，1989 年 3 月，国务院办公厅发出了《关于严格控制民工外出的紧急通知》，要求各级人民政府采取有效措施，严格控制当地民工外出；同年 4 月，民政部、公安部又发出了《关于进一步做好控制民工盲目外流的通知》，要求各地政府采取有效措施，严格控制当地民工盲目外流；国务院 1990 年 4 月发出通知，要求对农民进城务工实行有效控制、严格管理，建立临时务工许可证和就业登记制度。

1992 年以后，为了增加农民收入，同时确保城市就业，国家开始放宽农民进城务工的条件，对农民工的管理政策也由"控制盲目流动"调整为"鼓励、引导和实行宏观调控下的有序流动"，合理引导农村劳动力进城务工。如 1993 年党的十四届三中全会《中共中央关于建立社会主义市场经济体制若干问题的决定》提出，要鼓励和引导农村剩余劳动力逐步向非农产业转移和地区间有序流动；随后，1994 年劳动部颁发了《农村劳动力跨省流动就业暂行规定》，1995 年中共中央办公厅发出了《关于加强流动人口管理工作的意见》，同年国务院转发了《关于加强流动人口就业证和暂住证制度》①。

（2）2000 年左右到 2011 年，农民工生存保障阶段。

这一时期，我国工业化发展趋于稳定，非农产业产值逐渐接近并维持在 90% 左右，对农村剩余劳动力的吸纳能力逐渐下降并趋于饱和，但城镇化水平还远低于工业化水平，因此，我国经济发展重心有所转变，转变城镇发展思路的同时兼顾农村发展，力图通过重振乡镇企业和加快小城镇建设统筹城乡发展。但是，随着计划生育政策效果的显现，我国农村适龄劳动人口增长趋缓。我国农村劳动力无限供给特征逐渐趋于弱化，有进入刘易斯拐点的迹象。同时，经过近 20 年的农村劳动力向城市的转移，截至 2000 年，我国农民工数量已经达到 2 亿人以上。一方面，他们不仅为过去城镇化和工业化的发展做出了巨大贡献，还将成为未来城镇化发展的主力军；另一方面，农民工事件的频发，引起了社会广泛关注。因此，农民工的生存状况受到中央政府的高度重视，出台了一系列统筹城乡发展和促进公平就业的政策措施。

这一时期，政府的政策重心逐渐转向农业和农村，加大对农业、农民和农民工的保护力度，主要是为了提高和确保这些群体的收入，为他们争取与城市居民平等的就业机会，改善他们的基本生存环境，这一时期也开始出现新生代农民工群体。2000 年，劳动部发布《做好农村富余劳动力流动就业工作的意见》《中共中央国务院关于促进小城镇健康发展的若干意见》，提出取消各种歧视性政策，并首次提出要保障农民工的合法权益。2001 年全国人大发布《中华人民共和国国民经济和社会发展第十个五年计划纲要》，提出要打破城乡分割体制，取消农民工就业的不合理限制，建立一体化的城乡劳动力市场；同年，国家计委取消了面向农民工的 7 项收费，以减轻农民工务工成本②；同年 3 月，国务院还批转公安部《关于推进小城镇户籍管理制度改革意见》的通知，要求县以下放开户口限制，我国小城镇户籍制度改革全面

---

① 王春雷. 我国农民工政策取向的演变历程 [J]. 商业时代, 2013 (17): 123 - 124.

② 喻名峰, 廖文. 城市化进程中农民工社会政策的变迁与建构逻辑 [J]. 湖南社会科学, 2012 (4): 86 - 89.

铺开；同时，在大中城市，国家开始逐步放宽购房迁移限制。2002 年中共中央国务院第一次提出了针对农民进城务工的"公平对待，合理引导，完善管理，搞好服务"的十六字方针，提出取消对农民工进城务工就业的不合理限制，切实解决拖欠和克扣农民工工资问题，改善农民工生产生活条件，做好农民工培训，多渠道安排农民工子女就学，加强对农民工的管理。2003 年，国务院第一次专门关于农民工发出了中央综合性文件《国务院办公厅关于做好农民进城务工就业管理和服务工作的通知》对农民工的平等就业权、劳动报酬权、休息休假权、受教育权等合法权益做了全面系统的规定。2004 年的中央一号文件《中共中央国务院关于促进农民增加收入若干政策的意见》对农民工的身份进行客观的界定，指出"进城就业的农民已经成为产业工人的重要组成部分"，并对农民工对于城市建设和社会发展的作用做了较为合理的评价。2005 年中央一号文件《中共中央国务院关于进一步加强农村工作提高农业综合生产能力若干政策的意见》和 2016 年中央一号文件《中共中央国务院关于推进社会主义新农村建设的若干意见》，明确鼓励农民进城务工，以提高农业边际生产效率，增加农民收入，清理取消各种歧视农民工规定。2006 年，《国务院关于解决农民工问题的若干意见》提出要逐步建立城乡统一的劳动力市场和公平的就业制度，建立农民工权益保障政策体系，建立惠及农民工的城乡公共服务政策制度①。2007 年 8 月 30 日通过的《中华人民共和国就业促进法》规定：国家实行城乡统筹的就业政策，建立健全城乡劳动者平等就业的制度，引导农业富余劳动力有序转移就业；县级以上地方人民政府引导农业富余劳动力有序向城市异地转移就业；劳动力输出地和输入地人民政府应当互相配合，改善农村劳动者进城就业的环境和条件；农村劳动者进城就业享有与城镇劳动者平等的劳动权利，不得对农村劳动者进城就业设置歧视性限制。2008 年 10 月 12 日召开的十七届三中全会又一次指出：统筹城乡劳动就业，加快建立城乡统一的人力资源市场，引导农民有序出外就业，鼓励农民就近转移就业，扶持农民返乡创业。

---

① 喻名峰，廖文. 城市化进程中农民工社会政策的变迁与建构逻辑［J］. 湖南社会科学，2012（4）：86－89.

（3）2012 年至今，农民工市民化的发展权保障阶段。

党的十八大以来，在继续推进城乡统筹发展的基础上，国家提出新型城镇化战略。2013 年，我国常住人口城镇化率为 53.7%，户籍人口城镇化率只有 36% 左右①，户籍人口城镇化率远低于常住人口城镇化率，需要使更多农民转为市民，尤其是农业转移人口。在此背景下，国家 2014 年印发了《国家新型城镇化规划（2014—2020 年）》，共 8 篇，其中，第 3 篇专门列出了"有序推进农业转移人口市民化"规划，提出以人的城镇化为核心，到 2020 年实现 1 亿左右农业转移人口和其他常住人口在城镇落户。此后，"农民工市民化"频繁出现在一系列的政策文件中，出台实施了一系列配套举措。

这一时期的政策特点已不再是局限于具体的农民工问题本身，而是将农民工纳入整个城市发展规划，力图通过改造现有的城乡政策体系，保障农民工的发展权，创造有利于促进农民工在经济、政治、文化等方面发展的社会政策环境，实现农民工的价值和尊严，让农民工更充分地共享改革发展成果，促进流动人口尤其是新生代流动人口尽快融入城市社会。比如，国务院 2014 年印发的《国务院关于进一步做好为农民工服务工作的意见》《关于进一步推进户籍制度改革的意见》和 2016 年印发的《关于实施支持农业转移人口市民化若干财政政策的通知》《国务院关于统筹推进县域内城乡义务教育一体化改革发展的若干意见》，国务院办公厅 2016 年印发的《推动 1 亿非户籍人口在城市落户方案》，人社部会同国家发改委等部门 2015 年印发的《关于做好进城落户农民参加基本医疗保险和关系转移接续工作的办法》，2016 年的《文化部　国务院农民工工作领导小组办公室　全国总工会关于进一步做好为农民工文化服务工作的意见》以及 2016 年 1 月 1 日开始施行的《居住证暂行条例》，等等②。这一时期的政策主体以中共中央、国务院为主，逐步扩大至各职能部门。比如，在中央加大对农民工市民化的财政支持政策的指导下，2013 年，中共中央要求建立财政转移支付同农业转移人口市民化挂钩机制；2016 年，财政部设立农业转移人口市民化奖补资金；2016 年，国务院划

---

① 资料来自《国家新型城镇化规划（2014—2020 年）》。
② 王小章，冯婷. 从身份壁垒到市场性门槛：农民工政策 40 年［J］. 浙江社会科学，2018（1）：4 - 9.

定了农民工市民化的财政保障子女教育、医疗保险和就业等扶持重点；2017年，财政部规定了各地享受的均衡性转移支付公式①。

2.1.2 农民工政策现状与发展趋势

（1）农民工歧视性政策逐渐取消，保障农民工权益促进其市民化的政策日益丰富和完善，政策效果还需要更长的时间才能逐渐显现。

进入21世纪以来，国家出台了很多政策措施保障农民工生存权与发展权，限制农民工进城的相关政策逐渐取消，比如城乡分割的户籍制度、暂住证制度都逐渐改革为户籍管理制度和居住证制度，规定在城市长期居住的农业转移人口与市民享有同等的住房、教育、医疗等公共服务，将农业转移人口纳入城镇乃至整个社会发展规划。但是，由于农民工的弱势特征是诸多因素长期相互作用的结果，相关政策的实施时间不长，效果还不明显。加之政策执行过程中，还会面临许多障碍，存在政策执行不彻底的现象，因此要想让农民工真正融入城市社会，需要更长时间的努力，不但要不断完善相关政策，还要加强政策的执行力度，促进相关政策的真正落实。

（2）农民工尤其是新生代农民工特征的动态多变性和需求的多元化，需要农民工政策更加细化。

目前，我国农民工数量接近3亿人，其中新生代农民工占一半以上，其特征和需求不仅在两大群体之间存在明显的差异，新生代农民工融入城市社会的愿望更强烈；在同一群体内部，尤其是新生代农民工内部也日益分化，其居留意愿也不完全相同，有的想在长期居住的城市永久居留，有的想回户籍所在地的城镇永久居留，有的想在城乡之间流动，有的想返乡创业。而且，随着经济发展和环境的变化，农民工的需求也将呈现多变趋势。这就需要对农民工进行分类指导，分门别类地制定政策，这必然加大政策制定和执行的难度。政府需要全面掌握可靠有效的流动人口信息，因此还需要加强流动人口的资料收集工作。

---

① 徐增阳，付守芳. 改革开放40年来农民工政策的范式转变：基于985份政策文献的量化分析[J]. 行政论坛，2019（1）：13－21.

（3）农民工长期以来积累的问题以及时间上的动态多变性和地域上的复杂性，需要长短期政策有效配合，流入流出地及其合作政策相结合。

早在2014年，国家新型城镇化规划中，我国就提出了流动人口的中短期发展目标，即在全面建成小康社会（2020年）之前，完成1亿农业转移人口的市民化，近年，围绕这一目标出台实施了各方面的配套政策措施，尤其是财政保障措施。2019年1月22日，发改委负责人孟玮表示，目前农业转移人口市民化进展总体顺利，户籍人口城镇化率年均提高1.2个百分点以上，2017年年底户籍人口城镇化率达到42.35%（2013年为36%），未来将继续保持稳步增长态势①。同时，户籍制度改革全面落地，"人钱挂钩""人地挂钩"农村"三权"维护和自愿有偿退出机制等市民化配套政策体系不断完善，城镇基本公共服务加快覆盖常住人口，全国所有市和县均已发放居住证，以居住证为载体的城镇基本公共服务提供机制基本建立，职业技能培训、义务教育、保障性住房等基本公共服务供给不断扩面提质②。这是长短期政策有效配合取得的成果，这一目标实现后还需要继续制定长期目标。

2019年1月9日，人力资源和社会保障部印发《新生代农民工职业技能提升计划（2019—2022年）》，力图帮助农民工特别是新生代农民工增加受教育培训机会，提高专业技能和胜任岗位能力，将其培养成为高素质技能劳动者和稳定就业的产业工人。具体目标任务是，逐步形成就业导向、政策扶持、企业主导、社会参与的运行机制，健全培训需求调查、职业指导、分类培训、技能评价、就业服务协同联动的工作机制；到2022年年末，努力实现新生代农民工职业技能培训"普遍、普及、普惠"的目标，即普遍组织新生代农民工参加职业技能培训，提高培训覆盖率；普及职业技能培训课程资源，提高培训可及性；普惠性补贴政策全面落实，提高各方主动参与培训积极性。这一政策不仅需要短期的配套措施，还需要流入地和流出地地方政府出台具体的配套措施来具体落实。尤其是从以往政策来看，更多地关注流入地的需求，而对流出地和流动过程的关注较少，未来需要在加大流出地配套政策的同时，

---

① 中国新闻网. 发改委：大多数城市已经放开放宽落户限制［EB/OL］. http：//www. chinanews. com/gn/2019/01－22/8735889. shtml.

② 人民网. 发改委：2019年"一个强化、一个督导"推动1亿人落户工作［EB/OL］. http：// house. people. com. cn/n1/2019/0122/c164220－30584726. html.

在中央政府的统一领导下，加强各大流出和流入地的区域合作。

2.2 新生代农民工城镇就业创业状况

2.2.1 城镇新生代农民工就业创业基本状况

城镇新生代农民就业创业及居住状况研究采用问卷调查法。笔者调查时间为 2018 年 7 ~ 9 月，调查对象为进入城镇打工仍为农村户籍的新生代农民工。调查地区以直辖市和省城为主，涉及环渤海地区（北京、天津、山东等）、长三角地区（江苏、浙江和上海）和珠三角地区（广东）及部分东北地区和中西部地区。发放问卷 1150 份，回收有效问卷 1023 份。其中，北京市 107 份，天津市 199 份，山东省 156 份，长三角 209 份，珠三角 67 份，黑龙江、吉林、辽宁东北三省 76 份，其他地区 209 份。

在被调查的 1023 位新生代农民工中，年龄处于 20 ~ 38 岁，平均年龄为 32 岁；打工城市离老家的距离在 3 ~ 3500 公里，平均距离为 929 公里；打工城市拥有亲朋好友的数量为 0 ~ 100 位，平均拥有好友数量为 18 位。在所调查的新生代农民工中，新生代农民工外出打工年限较长，在所在城市连续打工时间为 0.5 ~ 20 年，平均连续打工时间为 5.7 年；月收入较高，在 1500 ~ 12000 元，平均月收入为 5205 元；每天工作时间较长，在 5 ~ 12 小时，平均每天工作时间 9.8 小时。其从事的劳动类型、就业行业、就业基本保障、未来规划等其他就业创业现状如表 2.2 所示。

从表 2.2 可以看出，从职业类型看，城镇新生代农民工创办企业的较少，仅为 17.3%，但从事个体经营的比率不低，达到 36.2%。从从事行业看，建筑业、家政行业从业比率较高。这些行业多为非正规用工，农民工多为灵活就业。从未来创业地点看，超过 1/4 的新生代农民工有返乡创业打算，接近 30% 的则没有创业打算。从岗位技术技能看，中级及以下普工的比例较高，比率达到 72.1%，而高级及以上技术工的比率仅为 27.9%，多数农民工从事的是技术含量低的体力性工作。

表 2.2 新生代农民工城镇就业创业相关指标比率

变量	特征值	人数（人）	比例（%）
从事的劳动类型	打工类	476	46.5
	开办企业	177	17.3
	个体经营	370	36.2
从事的行业	建筑业	198	19.4
	餐饮业	152	14.9
	家政、保洁和保安	167	16.3
	商贸物流业	148	14.5
	交通运输业	145	14.2
	其他	213	20.8
劳动合同签订情况	没有签订	300	29.3
	平均合同期限3年以下	261	25.5
	平均合同期限3年及以上	230	22.5
	无固定期限合同	232	22.7
与同类岗位城市人工资差距	没有差距	222	21.7
	很小	248	24.2
	一般	317	31.0
	很大	236	23.1
未来打算创业的地点	返乡创业	262	25.6
	所在城市创业	342	33.4
	到其他城镇创业	122	11.9
	无创业打算	297	29.0
职业道路规划	从没想过	285	27.9
	有初步规划	277	27.1
	有明确规划	231	22.6
	正在有步骤实施职业规划	230	22.5
从事工作对专业技术的要求	无	387	37.8
	初级工	229	22.4
	中级工	122	11.9
	高级工	187	18.3
	技师及以上	98	9.6

2.2.2 城镇新生代农民工就业创业特点

从文献研究和笔者的社会调查发现，城镇新生代农民工就业创业具有如下特点。

（1）城镇农民工就业稳定性差，工作转换较为频繁。

进城农民工难以实现高质量的稳定就业和体面就业，工作转换频繁，就业的稳定性差。农民工多为个体经营和灵活就业。就业与居留形成互动作用关系。就业稳定性差决定了农民工城镇居留的稳定性不高。较高的市民化门槛和较低市民化能力，农民工群体难以在城镇扎根生存，呈现随时返乡归田趋势。

（2）新生代农民工就业期望高，但缺乏长远职业规划。

新生代农民工尤其"90后"没有经历艰难困苦，又向往城市生活和体面的职业，但由于知识技能较低，难以获得较高质量的工作岗位。多次试错后，农民工不得不选择中低层次的工作岗位。挣得收入仍是农民工就业的主要动机。农民工仍处在生存型就业主导阶段，缺乏长期职业发展规划。除东部部分地区就业条件较好的农民工外，受教育程度低的农民工普遍缺乏明确的职业发展目标。理想和现实的差距形成城镇稳定居留的离心力，不利于农民工城镇扎根生存。

（3）新生代农民工城镇创业意愿不足，返乡创业仍是未来的打算之一。

受打工城镇社会资本约束，农民工城镇创业意愿不足。在城镇成功创业的农民工数量有限，没有充分发挥示范作用。除个体经营外，创办企业的农民工比率仅为17.3%。在城镇成功创业的困难倒逼农民工返乡创业。返乡创业成为农民工未来打算之一。从笔者调查结果看，城镇雇佣劳动仍为主流就业方式，低门槛的个体经营（夫妻双方）成为农民工城镇传统就业方式的有效补充。

2.3 新生代农民工城镇居住状况

2.3.1 新生代农民工城镇居住总体状况

在所调查的新生代农民工中，人均居住面积介于3～50平方米，人均居住面积平均水平为 24.6 平方米。其打工所在城市类型、未来居留打算、居住环境、居住房屋的性质和住房保障等其他居住现状如表 2.3 所示。

表 2.3　　　　　　　新生代农民工城镇居住状况

变量	特征值	人数（人）	比例（%）
打工所在城市类型	小城镇	121	11.8
	县级市或县城	134	13.1
	一般地级市	168	16.4
	省城或计划单列市	188	18.4
	直辖市	412	40.3
期望长期居留的城市类型	省内小城镇	190	18.6
	省内县级市或县城	214	20.9
	省内一般地级市	178	17.4
	省内省城、计划单列市或直辖市	232	22.7
	外省市	209	20.4
未来居留打算	本市长期居留	270	26.4
	到其他城市居住	183	17.9
	返乡务农	192	18.8
	返乡从事非农产业	163	15.9
	尚未有打算	215	21.0
居住的房屋性质	自购商品房	190	18.6
	单位或雇主提供住处	263	25.7
	租赁性住房	314	30.7
	其他	256	25.0
居住环境条件状况	很好	142	13.9
	较好	158	15.4
	一般	355	34.7
	较脏乱	259	25.3
	脏乱差	109	10.7

续表

变量	特征值	人数（人）	比例（%）
在打工城市长期居留的吸引因素	稳定就业	191	18.7
	城市文明	113	11.0
	高收入	253	24.7
	子女教育	182	17.8
	城市房价	59	5.8
	市民关系	93	9.1
	其他	132	12.9
参加的社会保险	农村社会保险	232	22.7
	城镇职工社会保险	553	54.1
	城镇居民社会保险	103	10.1
	没有参加	135	13.2

从表 2.3 可以看出，调查样本中，打工所在城市类型中，县级及以下占到 24.9%，直辖市占到 40.3%（主要天津市）。从调查结果看，39.5% 的被调查者未来打算在县级及以下城镇居住，而期望在省城、计划单列市和直辖市长期居住的仅为 22.7%。表明新生代农民工虽然具有较高的大城市生活期望，但理性的居住选择仍然是县级及以下小城镇。从城乡居留选择看，打算在现打工城市长期居留的达到 26.4%，而打算返乡的占到 34.7%，表明现阶段新生代农民工城镇居留的稳定性不高，返乡趋势始终存在。从居住房屋的性质看，租赁性住房和单位提供的住房占主导地位，购房比例仅为 18.6%。表明新生代农民工没有充足的城镇购房能力，保障性住房将是政府解决农民工住房问题的首选。从居住环境条件状况看，农民工居住条件好评的比率低于差评比率。从稳定居留影响因素看，高收入、稳定就业和子女教育是新生代农民工愿意长期居留城镇的主要因素。表明与农村相比，城镇具有更高的打工收入、更多的就业机会和更好的子女教育条件，这些是引致农民工长期居留城镇的吸引物。

2.3.2　新生代农民工城镇居住主要特征

（1）新生代农民工城镇居留呈现不稳定性特点。

农民工就业与居住存在较高的关联性。城镇就业的不稳定性影响到居住的不稳定性。调查显示，10%左右的进城务工人员迁居频率在5次以上，超过20%的迁居频率为3~5次，呈现出很强的居住流动性①。从搬迁原因看，受访者最近一次搬家的两个主要原因是工作地点变动（48.4%）和改善居住质量（15.5%），其中被动式迁居（工作地点变动等）占65.5%，主动式迁居（自购住房等）占34.5%，表明因工作转换引起的被动式迁居多于主动式迁居②。农民工城乡之间、城市之间、工作之间的流动影响居住地选择和居住时间。另一项调查显示，有五成以上新老两代农民工居住时间不超过两年，其中新生代农民工中有43.2%的人居住时间不超过一年③。

（2）居住地点呈现城市边缘化特点。

农民工具有较强的城镇居住意愿，虽然工资水平不断上升，但仍不具备城镇长期居留的能力④。受居住能力的约束，居住地点呈现城市边缘化特征。农民工主要居住在城中村和城乡接合部，住在中心城区的仅占35%⑤。获取住房方式主要是租赁私房和雇主提供。相关调查显示，外来流动人口租住私人住房的占到69.9%，由雇主提供免费房的占16.6%，自购房的占1.4%，政府提供廉租房的仅占0.4%⑥。城市高房价与农民工低收入之间的矛盾是城镇稳定居留的主要约束。买不起打工地住房是农民工不愿长期居留城镇原因的占65.3%⑦。一方面，农民工无力购置城市商品住房，另一方面，农民工大都游离于城镇住房保障体系之外，形成了新的城市二元

---

①②④　杨龙，白南风，李萌．农民工城镇居住状况及定居能力研究［J］．调研世界，2014（12）：32－35．

③　郑志华．新生代农民工居住状况与发展趋势［J］．中国青年研究，2011（1）：19－24．

⑤　熊竞．农民工城市居住方式对社区融入的影响［J］．探索，2018（3）：152－158．

⑥　宁波市计生委．宁波市流动人口动态监测数据分析研究报告［R］．2012．

⑦　白天亮．房价太高成农民工不愿定居城镇主要原因［EB/OL］．（2013－04－12）．http：//finance.people.com.cn/n/2013/0412/c1004－21111100.html．

结构①②，户籍制度壁垒导致了农民工居住地点呈现边缘化特征③。不但如此，农民工城镇居住环境较差。城中村和棚户区等农民工聚居地市政公用设施建设滞缓，公共基础设施不完善，电线和通信线路杂乱，煤气管道不通，给排水容量不足，降低了农民工城镇居住质量。

（3）不同禀赋特征的农民工居住状况存在差异。

第一，随着受教育水平提高和打工时间增长，农民工购买商品房的比率提高，而租赁住房、雇主供房、打工场所居住的比率随之降低。而政府提供廉租房、公租房比例很小且相差不大。第二，不同地区农民工住房条件存在差异。东部地区房价和房租较高，农民工购买和租赁住房的比例较低，而雇主提供免费住房、租住单位公寓的比例较大。与中西部地区相比，东部地区农民工住房条件更差。

（4）居住模式呈现聚居特征。

农民工城镇居住呈现明显聚居特征。合租、群租现象普遍，尤其东部发达省市。农民工聚居的单位宿舍、工棚、城乡接合部和城中村的简易平房等都在城市边缘地区。城市的城中村、平房区等亦是如此。

---

① 《我国农民工工作"十二五"发展规划纲要研究》课题组，韩俊，汪志洪，崔传义，何宇鹏. 农民工住房态势及其政策框架 [J]. 重庆社会科学，2010（10）：67 – 70.

② 建设部课题组. 城中村规划建设问题研究 [M]. 北京：中国建筑工业出版社，2007.

③ Keung Wong D F, Li C Y, Song H X. Rural migrant workers in urban China：living a marginalised life [J]. International Journal of Social Welfare，2007，16（1）：32 – 40.

| 3 |

城镇新生代农民工人力资本动能生成机理

3.1 研究背景

　　改造提升传统动能、培育发展新型动能就是要加大社会人力资本投资，并挖掘人的主动性、积极性和创造性，提高社会生产力。我国农民工已占产业工人队伍的2/3左右，在经济下行阶段，新型城镇化与就业结构调整既需要着力提升农民工人力资本水平，也需要激发农民工尤其新生代农民工的劳动潜能，这就需要把握新生代农民工人力资本形成与使用规律，推动促进全社会劳动生产力提高的政策安排。学者对农民工人力资本形成与使用问题进行了广泛的研究。就农民工人力资本形成而言，教育、职业培训、迁移和医疗保健是农民工人力资本投资的基本途径。教育在促进人力资本形成中发挥关键作用。在职培训和干中学能够促进人力资本形成。迁移流动不仅使现存人力资本得到有效配置，还能促进人力资本积累。但频繁迁移和工种转换会阻碍农民工人力资本生成。农民工健康状况影响人力资本及其价值实现，恶劣的劳动环境和简陋的劳动防护加速了人力资本折旧。政府在人力资本投资中应当承担主导职能。就农民工人力资本投资激励而言，垄断利润、稀缺性资源和社会形象追求是企业对农民工人力资本投资的动机。人力资本投资是一种能够带来成长快乐的消费行为，具有"成长效用"，该效用能够激励农民工人力资本投资，具有自激励作用。就农民工人力资本运用激励而言，农民工多是企业非正式员工，新生代农民工就业观念具有多样性和多变性特征，劳动激励方式也应该具有多样性。新生代农民工激励应注重个性化培训、营造和谐员工关系以及挑战性的工作等。

相关研究从不同视角解释了人力资本投资规律以及农民工人力资本形成和激励问题，研究内容较为丰富，并且得出了较为一致的结论。但既有研究将农民工人力资本与激励问题割裂开来，就人力资本论人力资本，就激励论激励。人力资本与激励之间是不可分割的，两者之间存在交互作用。就农民工这一群体而言，人力资本投资能力和投资动机尚存在较大研究空间。本章提出人力资本动能概念，将农民工人力资本与激励问题纳入一个统一分析框架，通过揭示农民工人力资本动能生成和释放规律，试图解答人的城镇化与农民工就业转型问题。

3.2 人力资本动能和势能理论

3.2.1 人力资本动能和势能概念内涵及其相互转化

从物理学上说，机械能包括动能和势能。动能（kinetic energy）是指物体由于运动而具有的能。质量和速度决定物体动能的大小，运动物体的质量越大，动能越大；速度越大，动能也越大。社会学中的动能指人类资本积累及其能动性发挥而形成的社会生产力。人力资本动能是人力资本使用过程中所形成的劳动生产力。人力资本投资效率和运用效率离不开激励。人力资本投资行为和投资效率受多种因素影响，如投资者天资禀赋、投资成本和人格品质等。但激励是影响人力资本投资的关键因素。在不考虑其他因素条件下，简单地说，人力资本动能是对人力资本水平和运用进行激励的结果，包括人力资本投资激励和人力资本运用激励。激励程度越大，劳动的主动性、积极性和创造性越高，人力资本动能就越大；人力资本水平越高，人力资本动能就越大。

与一般劳动力相比，人力资本具有更高的能动性。人力资本动能形成源于人力资本具有能动性（体现为积极性、主动性和创造性），人力资本动能与人力资本能动性是一个问题的两个方面。正是人力资本具有能动性、可被激励，人力资本动能才具有形成的基础。高水平人力资本具有高的能动性。人力资本水平较低的一般劳动力可被激励和开发的潜能有限，表现出来的主观能动性较低。相反，高质量的人力资本具有更高的目标追求，能够产生内在激励效果。

人力资本潜能与人力资本动能息息相关。人力资本动能、潜能与能动性的关系如图3.1所示。人力资本潜能越大，人力资本动能就越强。高水平人力资本的动能越高，其潜能越大，被激励的空间也越大。也就是说，对高水平人力资本而言，动能、潜能和能动性都较高。人力资本形成源于投资积累，人力资本使用源于潜能和激励。人力资本动能产生于人力资本投资过程和使用过程，表现为人力资本质量及其主观能动性。

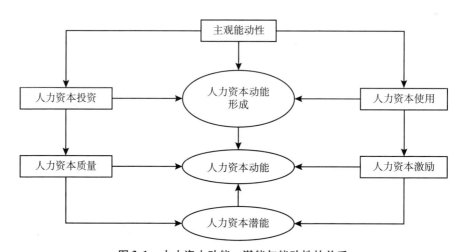

图3.1　人力资本动能、潜能与能动性的关系

势能（potential energy）是物体因处在高位（或变形）而具有的能量。质量和高度（或弹性）决定物体势能的大小，处在一定高度（或变形）物体的质量越大，势能越大；高度（或弹性）越大，势能也越大。人力资本势能是人力资本预期能够创造的社会价值。人力资本水平越高，人力资本势能越大；人力资本预期收益越高，人力资本势能越大。人力资本属于个体禀赋，

人力资本势能可以称为禀赋性价值。

人力资本势能是人力资本投资积累的结果。人力资本势能的形成如图3.2所示。除花费物质资本外，人力资本投资需要人力资源自身投入时间、辛苦和努力等，也就是说，人力资本投资既产生物质成本，也产生机会成本，还消耗人力成本。人力资本势能的形成是物质资本、个体禀赋和激励作用的结果。如果没有物质资本支持，人力资源难以承担教育、医疗、培训、迁移等成本，人力资本投资将难以发生；如果人力资源天资愚笨，同样的物质资本投入将产生较低人力资本积累；如果人力资源积极性不高，不努力，也将降低人力资本投资效果。物质资本、机会成本、个体禀赋和激励手段共同作用人力资本投资，形成人力资本积累，产生人力资本势能，创造人力资本禀赋价值。

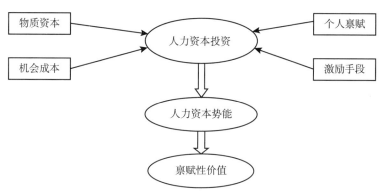

图3.2 人力资本势能的形成

人力资本动能和势能在一定条件下可以相互转化。人力资本势能虽然没有创造现实劳动生产力，但人力资本投资后，主体就具有了人力资本势能，这个势能在进入劳动力（或人才）市场后转化成为人力资本动能。因此，人力资本势能与人力资本动能是人力资本的两种存在状态。在进入市场之前，人力资本只具有势能，进入市场后，人力资本势能就转化为人力资本动能。劳动力市场是人力资本动能和势能转化的分水岭。势能和动能是人力资本的两种属性、两种状态。

人力资本动能和势能的转化是有条件的。从供给侧看，人力资本势能向动能转化需要达到一定阈值，才能进入人才市场。在达到这一阈值前，人力资本处于投资状态，属于在制品。达到阈值之后，人力资本才成为制成品，如处于人力资源开发状态的在校大学生。蜕变为制成品的人力资本才具有创造社会生产力的能力。因此，人力资本投资积累是一个长期的持续过程，不能一蹴而就，至少完成一个人力资本投资阶段，如本科学习阶段、研究生学习阶段。即使这样，进入组织之后，人力资本仍需要岗位培训，才具有现实生产力。

从需求侧看，人力资本势能向动能转化需要一个必要条件，即市场需求。在市场经济中，产业需求是劳资结合的必要前提。人才与资本的结合同样需要产业市场需求。市场显性需求的把握和潜在需求的挖掘是人力资本势能向动能转化的必要能力。无论是人力资本就业还是创业，劳动力产品需求是产业市场需求的派生需求，劳动力产品的供给必须适应市场需求。同样，人力资本势能需要迎合市场需求，需要以市场需求为导向开展人力资本投资积累，这样形成的人力资本势能才具有向人力资本动能转化的必要条件。发挥市场在资源配置中的决定性作用，就是要构建市场导向的人力资本投资机制和人力资本势能向动能转化机制，实现人力资本投资的经济价值和社会价值。

从供给侧和需求侧看，人力资本势能向动能的转化既是供给推动的创造过程，也是需求拉动的生产过程。前者如人力资本的创业活动。通过人力资本的创新创造活动，创造产品需求偏好，创造和拓展产品市场。这符合供给学派关于在一定条件下供给能够自行创造需求的规律特征。后者如就业活动。人力资本根据显性市场需求状况，立足自身需求，实现劳动与资本的结合，进入产品生产过程。人力资本供给和需求是相辅相成的统一关系，无论需求导向、供给跟进，还是供给创造需求，产品生产和产业形成是要素供给和需求相统一的结果。同样，人力资本势能和动能也是相互统一的关系。人力资本势能和动能的相互转化过程也就是劳动力（或人才）进入市场和退出市场的过程。这个过程的交替形成人力资本投资、就业、失业、人力资本投资、再就业的往复过程。

3.2.2　人力资本交互动能

人力资本使用过程中，对不同水平的人力资本进行激励产生的激励效果

不同。人力资本与激励之间产生交互作用，形成交互动能。人力资本动能由
人力资本水平、激励程度以及人力资本交互动能决定。人力资本交互动能取
决于劳动者人力资本水平和所受的激励水平，如图3.3所示。对高人力资本
水平者进行高水平激励，产生的人力资本交互动能最高；相反，对低人力资
本水平者进行低水平激励，产生的人力资本交互动能最低。其他两种情况下
所产生的人力资本交互动能处于中等水平。

	高激励水平	低激励水平
高人力资本水平	最高人力资本动能	中等人力资本动能
低人力资本水平	中等人力资本动能	最低人力资本动能

图3.3　人力资本交互矩阵

　　如果人力资本动能因为创造了剩余价值而获得劳动价值补偿，从而得到
市场认可，人力资本势能也应该得到市场尊重。人力资本动能是由势能转化
而来的，没有人力资本势能也就没有人力资本动能。也就是说，没有预期收
益也就没有人力资本投资，人力资本运用中也就不会产生内生激励，相应地，
也就不会形成人力资本动能。因此，市场应充分尊重人力资本势能，给予人
力资本禀赋性价值补偿。目前，体制内单位人力资本禀赋性价值通常能得到
一定补偿，而体制外单位仅认可人力资本现实劳动生产力，而漠视人力资本
势能的潜在劳动生产力。人力资本禀赋价值在体制外单位没有得到充分尊重。
　　人力资本势能应受尊重源于人力资本投资的外溢性（或正外部性）。人力
资本投资具有正外部性，人力资本创造的社会价值超过了自身的获得的收益，
如技术创新等。全社会尊重人力资本就业政策鼓励人力资本投资，并给予人
力资本者相应的报酬，而不能仅仅依据人力资本创造的社会价值给予补偿。传统
上，与一般劳动力一样，人力资本获得的报酬量源于人力资本创造的社会产品，
是针对人力资本动能的补偿。而人力资本势能没有获得人力资本投资补偿。如
果人力资本投资不具有外溢性，人力资本势能也就无须补偿。人力资本势能的
社会补偿产生人力资本投资的激励效果，激发全社会进行持续的人力资本投资，
提高全社会人力资本水平，有助于推进经济和社会的持续快速发展。

3.3 新生代农民工就业转型和市民化需要培育人力资本动能

3.3.1 新生代农民就业转型需要培育人力资本动能

斯加斯塔（Sjaastad）和贝克尔（Becker）认为，劳动力的迁移与人力资本具有函数关系。第一，就学历而言，具有较高学历和技能的劳动力，其迁移的可能性更强，反之，其迁移的可能性就较弱。第二，就劳动力年龄而言，年轻的劳动力不但在迁移的可能性上要高于年长的劳动力，并且前者的收入水平也会高于后者。第三，就劳动力素质而言，不论是在城市的工业部门还是农村的农业部门，劳动力的工资水平与其个人素质存在正比关系，并且具有较高素质的劳动力其获取就业机会的概率也更高。从斯加斯塔和贝克尔的人力资本转移理论可以看出，新生代农民工比第一代农民工就业和劳动收入创造水平高，人力资本高的农民工就业实现和收入创造水平高。表明农民工人力资本与就业转型息息相关。农民工就业转型是就业权益维护意识和劳动要价能力的体现，人力资本水平高的农民工劳动维权意识较高，劳动讨价还价的能力也较高，即人力资本是农民工就业转型的动能。对于新生代农民工而言，教育水平、工作技能及健康程度等仅是一般性人力资本，有助于就业实现和就业质量改善，而内在的或被激励的学习工作天赋与才能等这些高级人力资本才是实现新生代农民工城镇持续生存发展的动力源（周坤，1997）。与第一代农民工相比，新生代农民工具有较多的高级人力资本。这些人力资本是新生代农民工就业转型的新型动能。培育新型动能，就要挖掘新生代农民工高层次人力资本，激发农民工人力资本生成动能。

3.3.2 新生代农民工市民化需要培育人力资本动能

在城市政府政策框架内，新生代农民市民化是市民化能力的结果。新生代市民化能力形成是人力资本及其运用中逐渐积累形成的。无论是城镇层级选择、城镇落户意识、就业机会搜索识别判断还是职业生涯规划，都是人力资本及其动能释放的体现。新生代农民工要想扎根城镇需要激发人力资本投资和运用动能。

3.3.3 协同推进新生代农民市民化与就业转型需要培育新型动能

无论是新生代农民市民化还是就业质量改善，都是知识技能的积累及其创造性发挥的结果，也就是人力资本投资积累及其高效运用，也就是人力资本动能的生成。居住证积分评价依据是外来人口人力资本（学历、知识技能、工作时间）及其对城市的贡献（如缴纳社会保险、税收等），这些都是外来人口人力资本动能积累及其释放的结果。新生代农民就业转型是指就业质量（如就业稳定性、就业条件改善、劳动收入提高等）显著性提高到一个新的水平并相对稳固下来。就业质量提高是新生代农民人力资本提升及其价值创造能力提高的反映，是所在单位对农民工人力资本价值创造贡献的认可和补偿。因此，作为培育发展的新型动能，人力资本（包括心理资本）既促进新生代农民市民化，也推进农民就业转型。

3.4 新生代农民工人力资本动能生成的理论逻辑

3.4.1 人力资本动能形成的两个阶段

人力资本动能生成是通过投资积累形成一定水平的人力资本并将其应用到生产劳动中去的一个过程，也就是人力资本劳动生产力的形成过程。人力资本水平越高，劳动生产力越强；人力资本受激励越强，劳动生产力越强。劳动生产力越强，表明人力资本动能越大。人力资本形态的演进如图 3.4 所示。以市场为分水岭，人力资本动能分为人力资本投资和人力资本运用两个阶段性状态。未进入市场前，人力资源通过培训开发等投资形成人力资本动能，人力资本动能形成但未释放，这个阶段属于人力资本积累阶段，这个状态下的人力资本以动能形式储存于人力资源，处于储备状态。跨越市场门槛实现就业创业后，人力资本从储备状态转变为运用状态，人力资本价值从禀赋性价值向市场性价值转变。

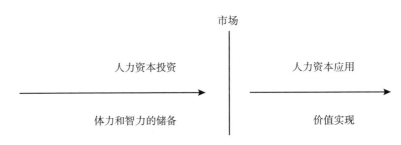

图 3.4　人力资本形态演进

3.4.2　新生代农民工人力资本投资成本和收益

2016 年，国家计划培训农民工 2100 万人，促进农民工职业技能提升[①]，其中，主要培训新生代农民工。这是国家对农民工进行人力资本投资。虽然各级政府积极支持农民工人力资本投资，但农民工参与人力资本投资的积极性并不高，主要涉及人力资本投资的成本和收益比较。新生代农民工人力资本投资成本包括：教育培训学费、培训期间的生活费、因参训而放弃的劳动收入（机会成本）、培训的交通费用、技能学习的辛苦等。其中放弃的劳动收入是农民工养家糊口的依赖。所以即使免除教育培训费，并给予参训生活补助，农民工自身也要承担很大的成本。

人力资本投资预期收益包括预期社会声望、禀赋性价值等。预期社会声望是社会对人力资本评价的结果，社会声望与人力资本水平呈正相关。人力资本水平越高，社会评价越好，社会给予的声望越高。禀赋性价值来源于人力资本投资后形成的人的属性价值，即人力资本与人融为一体，提

---

① 资料来自 2016 年 3 月 5 日国务院总理李克强所作的《2016 年国务院政府工作报告》。

升了人力资本投资者自身禀赋存量，亦即禀赋性价值。投资预期收益与投资成本相比较产生预期净收益，预期净收益对人力资本投资产生结果导向的激励作用。

人力资本投资收益实现需要跨越市场门槛，即人力资本实现就业后才能带来实际收益。如果存在就业歧视等非竞争性障碍，参与人力资本投资的劳动者无法实现平等就业，人力资本预期收益将不能转化为实际收益，人力资本投资收益实现就具有一定风险性。权衡利弊，新生代农民工会做出参训与否的理性决策。

3.4.3 新生代农民工人力资本动能生成机理

人力资本动能包括人力资本投资动能和人力资本运用动能，相应地，人力资本动能生成源于人力资本预期净收益及其净收益实现。人力资本实际净收益包括禀赋性收益和业绩性收益。人力资本获得准入资格实现就业后，如果单位认可人力资本禀赋性价值，人力资本就获得了禀赋性收益（如依据学历、学位等给付的基本工资，人力资本持股收益等）；如果人力资本实际创造了社会剩余产品，还会获得业绩性收益，即根据剩余价值量，单位给予的奖励（如奖金和浮动薪酬等）。禀赋性收益产生过程导向激励作用，业绩性收益产生结果导向激励作用。人力资本动能生成机理如图 3.5 所示。

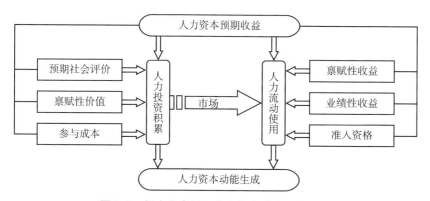

图 3.5 新生代农民工人力资本动能生成机理

新生代农民工人力资本动能生成状况。第一，新生代农民工难以承担参训成本。进入职场后，因需要养家糊口，农民工参与培训的机会成本增大，即使政府提供培训补贴，农民工也难以承担剩余参训成本。农民工参加政府组织的培训的动力不足。

第二，农民工禀赋性价值得不到认可。农民工主要在体制外单位灵活性就业，其在单位的身份是非核心员工，实行的是一揽子薪酬。农民工如果参加教育培训，积累的人力资本禀赋性价值得不到单位认可，也就不能实现人力资本的禀赋性价值收益，农民工人力资本投资的动力不足。

第三，城镇农民工仍遭受就业歧视。单位内能够得到晋升，实现职业发展的屈指可数。农民工很难进入体制内单位，也难以晋升到体制外单位的管理层或专业技术人员，多数从事体力性劳动为主的工作岗位。农民工预期的社会声誉不高。

第四，进入职场后，如果农民工人力资本投资的禀赋性价值得不到尊重，就不能实现禀赋性收益。农民工人力资本水平提高后创造更多的剩余价值，但农民工不能分享这些剩余价值的增值，仍按照计件确定薪酬（产品质量只要合格就计入工作量，而产业质量的提升或其他创造性的工作得不到回报），业绩性收益不能充分实现。

因此，在现有正式制度和非正式制度框架内，农民工人力资本动能形成存在多重约束。无论是预期净收益还是实际净收益，都不足以激发新生代农民工参与人力资本投资的积极性和主动性。

3.4.4　新生代农民工人力资本动能生成机制

新生代农民工人力资本动能生成需要发挥政府、行业、企业、学校的协同作用，形成预期的人力资本社会评价，拉动农民工人力资本投资。在新型城镇化战略与乡村振兴战略协调统一、相互促进格局下，城镇新生代农民工人力资本投资应从技能培训向学历教育转变，从企业定向培训向基于校企合作的现代学徒制转变。输出地和输入地政府、行业企业和职业院校都应在新生代农民工人力资本投资中承担主体责任。

3.4.4.1 新生代农民工人力资本投资主体的责任界定

（1）农民工。

人力资本投资的内生动力来源于农民工自身。农民工是人力资本动能生成的第一责任主体。相对于城市工人而言，农民工知识技能素质较低，更具有人力资本投资的必要性。但由于养家谋生压力，农民工人力资本投资更加困难，需要激发自身能动性，积极主动地规划和实施人力资本提升活动。农民工的责任主要体现为：第一，制订实施人力资本提升计划和职业生涯规划。如阶段性职业发展目标，每年的人力资本提升目标，每年的教育学习时间、费用来源、学习方式和配套措施等。第二，培养支持人力资本投资的人格品质。如踏实好学、锲而不舍的精神，家庭和社会责任感，职业素养等。第三，积淀支持人力资本投资的心理资本。如对未来抱有乐观、希望，树立人力资本投资的信心，培养受挫能力和坚韧性，具备百折不挠地达成目标的精神。

（2）输出地政府。

输出地政府具有承担本地农民工人力资本投资的引导和支持责任。进城农民工打工收入多数寄回家乡，提高本地居民收入和消费水平，输出地政府从本地农民工转移就业中获益，具有组织本地农村剩余劳动力教育培训和转移就业的责任。第一，输出地政府应制定实施本地农村劳动力教育培训福利计划，包括教育培训目标、计划对象、经费预算、培养方式、组织实施等。第二，输出地政府应搜集就业信息，拓宽转移就业渠道，促进本地农村劳动力转移就业。第三，吸纳具有一定成就的外出农民工返乡创业，带动本地劳动力就业。

（3）输入地政府。

输入地产业培植和规模扩张离不开农民工队伍。但从行政管辖职责看，输入地政府仅对本地户籍的农村劳动力负有责任。但外来农民工对本地区生产总值、财政收入和社会保险等同样做出了贡献。如深圳市外来人口超过2/3，达到67.7%，从人口比例看，大约2/3的地区生产总值是由外地人创造的。由此看，输入地政府应该承担外来农民工的教育培训、公共服务和城市福利的责任。第一，将外来农民工按照打工和居留年限等发放城市居住证，根据居住证等级提供相应的城市公共服务（包括有组织的技能培训活动）和城市福利（包括子女教育、住房保障等）。第二，按照居住证申领年限等，有计划地核准外来农民工城镇落户。

（4）产业和企业。

产业和企业是直接用工主体。企业具有农民工技能培训的内在动力，但企业培训仅限于岗位必需的特殊培训，培训目的是上岗劳动。由于高的流动性，企业不愿意为农民工学历教育买单。农民工自身人力资本提升不能完全依赖打工企业。第一，行业协会应制定本行业劳动技能培训标准，引导所属企业定期组织开展农民工培训。第二，企业应开展新生代农民工职业管理，促进农民工职业成长。第三，企业应同工同酬，给予农民工和城市劳动力同样的劳动条件、劳动报酬和企业福利。

（5）职业院校。

职业院校（包括高职院校和中职学校）是学历教育和职业培训活动的主体。教育对象是全日制在校生。但为全面提高职业素养和综合素质，农民工也应纳入学历教育范畴。现阶段难以实现农民工学历教育的全覆盖，但职业院校应调整办学定位和办学目标，与企业合作开展面向农民工的学历教育。第一，职业院校可制定农民工职业教育规划，确定培养目标、培养方式、培养标准、招生标准、招生对象、培养方案等。第二，职业院校可采用多种教学方式如远程教学、继续教育和成人教育等方式开展农民工学历教育。第三，职业院校可与政府合作开展农民工定向学历教育。针对贫困地区、老少边穷地区、民族地区等有重点地组织开展农民工职业教育。

3.4.4.2 校企耦合渗透合作培养新生代农民工机制[①]

农民工既需要职业技能培训，也需要职业教育。学校职业教育与企业在职培训殊途同归，都是技能人才培养的必要路径。两者既相互关联也各有侧重。学校教育注重全面素质的培养，训练学生掌握基本原理和基本技术技能，为个人成长和职业生涯做准备；而企业在职培训是以提高岗位绩效为目的的训练，旨在提高员工劳动生产率。技能人才成长链包括学校教育和在职训练两个环节。作为两个独立主体的学校与企业存在功能交叉，校企合作培养职

---

① 刘洪银. 以校企耦合渗透推进高职院校办学改革［J］. 职业技术教育，2017（10）.

业技能人才成为一个黄金定律。两个主体的利益诉求不同，校企合作需要探索既能调动双方参与积极性，又能有效保障双方利益的模式。校企合作也就是校企功能的耦合、互补，双方功能相向渗透，形成合作领域。校企耦合渗透合作模式如图3.6所示。

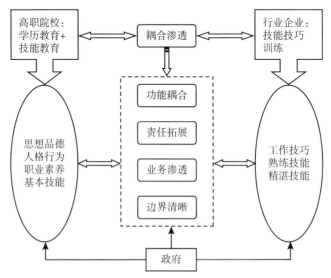

图3.6　校企耦合渗透合作培养模式

高职院校的职能是学历教育和技能教育，如农民工思想品德教育、人格行为塑造、职业素养养成和基本技能掌握等。行业企业职能是技能技巧的训练，如工作技巧的掌握、熟练技能的训练、精湛技能的锤炼。政府职能是通过法规政策界定双方利益边界，激励约束双方行为活动。校企功能的耦合渗透体现在职业教育功能的互补和耦合，企业的社会责任向教育领域拓展，校企双方业务领域相向渗透，利益边界和责任边界的明确界定等方面。从校企合作历程看，校企功能经历了一个从融合到分离的过程。改革开放后，工科类院校都设有实习工厂和车间，学生毕业后能够掌握基本的实操技能。中专学校升高职后，没有同步建设校内实习工厂和实习基地，没有齐全配备实训设施，高职教育没有实现校企功能的融合。另外，许多大型企业建有企业技工学校，招收本企业职工子弟，为企业培养技术技能人才。企业社会职能剥离后，企业职业教育职能与生产经营剥离，社会责任减轻，企业变成单纯的生产经营单位。这虽然有利于专业化经营，但不利于校企合作办学。

校企功能的互补渗透是政府、行业、企业和学校共同作用的结果，单靠高校的活动成效甚微。作为利润最大化的企业，既具有高校自身缺乏而需求的条件，又可以从高校职能中获益；但校企合作会降低企业短期利润，企业从校企合作中获得的显性利益不足。这就需要政府通过法律法规明确界定企业人才培养的社会责任，也要通过政策调整补偿企业利益。校企之间通过合约约定双方权利和责任、双方收益分配等。行业协会代表业内企业共同利益，通过政府谈判与行业自律方式参与到校企合作中，维护和实现业内企业利益，实现企业长期利益与短期利益的平衡。政府、行业协会、企业、学校是校企合作办学的共同主体，通过合作办学，它们形成职业教育利益责任共同体。

3.4.4.3 基于校企合作的工学融合推进现代学徒制机制[①]

德国双元制模式中企业是人才培养主体，而职业学校主动提供理论知识教育。而我国正好相反，职业院校是技能型人才培养主体，企业缺乏校企合作动力，不会主动为在校生提供培训实训岗位，行业协会没有真正参与到校企合作中来。这种工学结合方式不能满足现代学徒制人才培养要求。工学结合的目的是培养高素质高技能双高型人才，缺乏企业的主动参与，工学交替难以实现，工学结合出现重学轻工或工学分段现象（即高职学生前两年在校学习，最后一年实习毕业），先学后工、工学分离，难以实现工学一体化。工学一体化需要实现从工学结合到工学耦合、从工学耦合到工学融合的蜕变。工学融合推进现代学徒制机理如图 3.7 所示。

图 3.7 显示，工学结合是现代学徒制人才培养的手段，高素质高技能人才培养是现代学徒制的目标，校企合作是现代学徒制的载体，高职院校、行业、企业和政府是现代学徒制培养模式运行的主体。传统职业教育受培养模式、专业设置、课程安排、师资队伍等约束，没有真正实现工学结合的目标，

---

① 刘洪银. 新型高职教育工学融合推进现代学徒制研究［J］. 职业技术教育，2017（25）.

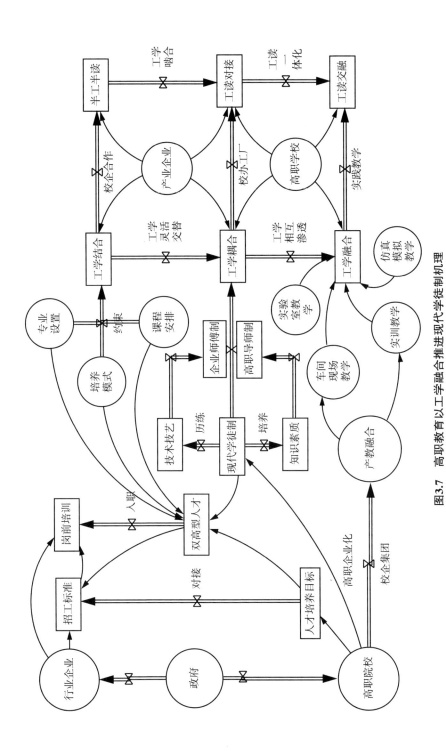

图3.7 高职教育以工学融合推进现代学徒制机理

落实现代学徒制需要构建新型职业教育，实现职业教育人才培养模式的转型。现代学徒制培养方式需要从工学结合向工学融合转变。从工学结合到工学耦合，教学方式从半工半读向工读对接转变，高职教育从校企合作办学导向向借助企业力量创办校办工厂和实训基地转变，高职院校实践教育的独立性增强。从工学耦合到工学融合，教学方式进一步从工读对接向工读交融转变，高职教育从企业参与的校办工厂向自主的实践教学转变（如车间现场教学、实验室教学、仿真模拟教学、实训教学等），高职院校自身就具备开展实践教育的能力。这样，教学方式从工学结合向工学融合转变，高职院校摆脱了对企业的依赖，变身成为实践教育的主体，企业蜕变成为实践教育的支持力量。学徒制也从企业内部的传统学徒制向校企合作的现代学徒制转变，从校企合作式学徒制向高职院校为主体的现代学徒制转变。这与德国的学徒制类似。德国学徒制最先以企业为培养主体，企业内部设置职业培训机构或跨企业培训中心，职业培训师对学徒进行职业素质和实践技能教育。之后，为增加培训岗位，德国全日制职业学校也推行学徒制培训，校内培训的学徒制毕业生通过行会组织的考试获得与企业学徒生同等的执业资格。现代学徒制需要建立高职院校工学融合机制。

（1）确立现代学徒制培养目标。

将城镇新生代农民工纳入现代学徒制培养。传统学徒制主要培养岗位技能，师带徒的目标是出徒后能够顶岗。而现代学徒制强调理论知识、实际技能和个人成长的融合，现代学徒制培养目标应从实操能力向关键能力和必备品质等核心素养拓展。德国现代学徒制致力于两种能力：操作能力和关键能力。其中，操作能力指岗位需要的职业技能、职业方法与职业知识，包括实际工作中发现问题、解决问题、总结问题的能力，以及岗位任务所需要的技能运用、技能提升等能力；关键能力指企业组织岗位或职业发生变化时，个体重新适应或尽快掌握新岗位新环境适应能力的各类技能知识。包括社会就业适应能力，人际交往、自我学习与自我提升能力。进入 21 世纪，美国开始大力实施职场核心素养教育。美国劳工部把职业素养分为基础素养和核心素养。基础素养包括基本技能、思考技能与个人品质。基本技能包括读、写、数算、倾听与交谈，思考技能包括创意思考、作决策、解决问题、想象、知道如何学习与推理，个人品质包括责任感、自尊、社会性、自我管理、诚信与正直。核心素养是个人职业生涯发展和个人成长的必备品格和关键能力。其中，必备品格即人的健康成长必须具备的情感、态度和价值观，也就是必备人格。我国现代学徒制不但应该吸取德国的关键能力培养，还应借鉴美国的核心素养教育，培养目标应拓展为实操能力、关键能力和核心素养三位一体的架构。这个目标涵盖了职业素养、实操技能、管理技能、社会适应能力、人际交往能力、职业发展能力、个人成长能力和终身发展能力等，目标达成既需要实训实践，也需要理论知识学习，还需要人格塑造和锤炼。

（2）明确学校与企业职责边界。

现代学徒制与校企合作、工学结合密不可分。学校和企业既可以选择合作，也可以成为现代学徒制培养的主导力量。无论如何，学校和企业都应该确立现代学徒制中的职责边界。作为生产经营单位的企业拥有实际生产设备，有条件将专业技能毕业生训练成为熟练劳动力，企业在现代学徒制中承担培训职责。如果企业需要高技能人才，就需要通过企业合作将培训职责延伸到对口的高职院校。作为教育单位的学校应履行理论教育与实践教育的双重职能，即既要改造传统理论教学，构建接地气的理论教育，又要开展实训实践教学，训练学生掌握实际操作技能。但实操技能不是熟练工作技能，企业招聘员工后需要在学校教育基础上进行岗前培训，熟练掌握岗位工作技能。学校教育不能替代企业培训，企业培训也不能代替学校教育，校企教育培训应实现无缝对接。

（3）确立高职院校现代学徒制的主体地位。

与德国双元制不同，我国现代学徒制培养中企业参与校企合作的动力不足，短期内企业难以成为现代学徒制的主体。学校教育与企业培训具有交叉融合特性，高职院校既承担教育职责，也具有培训功能，现代学徒制需要确立高职院校的主体地位。同时，学校教育与企业培训又具有互补特性，现代学徒制需要校企联合培养，鉴于此，教育部确定的现代学徒制首批试点单位涵盖了企业和中高职院校。作为现代学徒制主体的高职院校应发挥育人优势，在政府财政支持下，加快实训设施和实训基地建设，补齐实践教学短板，锤炼理论教学和实践教学能力，将自身打造成为现代学徒制的主体。国家的法规政策在调整和规范校企合作行为同时，应加大对高职院校实践教育支持力度，提升高职院校人才培养的综合能力。

（4）制定工学融合路线图和时间表。

工学结合到工学耦合、工学耦合到工学融合是一个渐进的演进过程，需要制定时间表和路线图。当前，现代学徒制培养中高职院校孤掌难鸣，需要校企合作、工学结合，当高职院校办学实力提升后，学校可以借助企业支持建设校内工厂和校外实训基地。当办学实力进一步提升后，高职院校具备了实践教育能力，则可以摆脱对企业依赖，就可以利用学校资源独立开展实践教学，工与学在学校实现即时融合，工学教学有条件实现一体化。

3.4.4.4 　新生代农民工从学徒到工匠的蜕变机制①

（1）从学徒到工匠的蜕变需要塑造工匠精神。

作为城镇产业不可或缺的力量，新生代农民工也需要培养工匠精神。工匠精神是工匠的精髓，也是工匠的品行。从学徒到工匠的蜕变离不开工匠精神的锤炼。工匠精神能够激发学徒的内生动力，激发学徒对产品和服务生产的精雕细琢。经济利益的追求驱使人们更加关注产品市场行情而忽视产品质量和品质，迎合市场的短、平、快生产节奏，引动人心浮躁；自动化大规模生产流程几乎实现了机器对人的完全替代，产品数量和生产周期成为关注的焦点，而对手工工艺的关注愈加淡化。手工工艺与机械化生产呈互补关系，两者不能完全替代。供给侧改革要求产品精益生产制造，要求产品质量精益求精，这就要求生产者心沉气淀，重塑工匠精神，把产品和服务做到极致。现代学徒制培养对象主要是新生代群体（包括新生代农民工）。出生于富足年代的"80后""90后"自幼得偿所愿，没有依靠手艺维生的压力，自然缺乏成为工匠的动力和工匠精神。工匠精神的内涵如图3.8所示。

图3.8显示，工匠精神可分解为两种精神：一种是精益求精，一种是锲而不舍。人格品质、心理资本、综合能力和政策法规对工匠精神的形成提供

---

① 刘洪银. 从学徒到工匠的蜕变：核心素养与工匠精神的养成［J］. 中国职业技术教育，2017（30）.

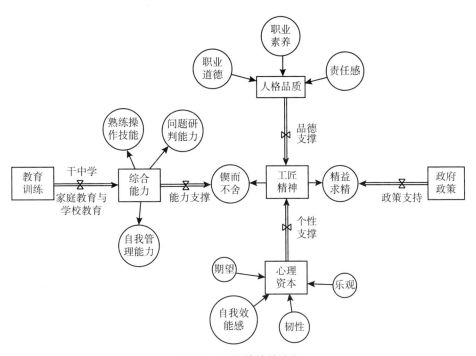

图 3.8　工匠精神的诠释

支持和支撑。第一，人格品质对工匠精神形成品德支撑。人格品质诸如职业道德、职业素养、责任感，形成工匠的基本品质，这种品质驱使工匠爱岗敬业，把岗位任务完成到极致作为己身责任，把任劳任怨、精益求精作为职业价值观，引导和约束自己的岗位行为。第二，心理资本对工匠精神的形成提供个性支撑。心理资本包括期望、乐观、自我效能感（信心）和坚韧性，这些因素属于人格特征，有助于形成锲而不舍的工匠精神。如对未来充满期望和乐观，就会产生努力进取的拉力。对自己抱有信心，具有不屈不挠、跌倒了爬起来的不服输精神自然会战胜挫败，走向成功。这些个性特征正是"90 后"群体所缺乏的。第三，综合能力对工匠精神的形成提供能力支撑。综合能力通过家庭教育、学校教育和干中学形成，这些能力诸如熟练操作能力、问题研判能力和自我管理能力成为工匠的必备能力。作为一个工匠，除具备熟练的实操能力和技术技巧外，还应具备发现问题、分析问题和解决问题的能力以及自我管理能力。只有具备了这些能力，才能够善于攻坚克难，锤炼成为技能大师。第四，政策法规对工匠精神形成支持保障。政策法律界定了工匠成果分配边界，营造工匠成长的社会环境，给予工匠社会荣誉地位等，为工匠成长和创新创造提供外部支持和条件保障。

（2）从学徒到工匠的变身需要锤炼核心素养。

教育的目的是实现人的健康成长，不管什么类型的教育，初衷都是培育人、发展人，而不仅仅将人培训成能够从事某一劳动的工具。人的自我发展需要积淀各种品格、各种素养、各种能力，需要培养基本的生存能力和发展能力。职业教育遭遇社会歧视，不在于职业教育本身，而是源于职业教育目标和教育内容。如果职业教育培养目标仅仅定向瞄准岗位技能需求，培养能够胜任某一岗位的劳动者，而不是人的全面发展需要的各种素养，职业教育与普通教育就会背道而驰，人们自然偏爱普通教育。职业教育与普通教育在人才培养方面应该各具特色、殊途同归。职业学校开展的现代学徒制培养目标是培养高素质高技能人才，而不是劳动工具，高技能人才成长既需要掌握操作技能，更需要学会自我发展、自主发展本领，这就需要拓展现代学徒制培养目标，将核心素养培育纳入学徒培养内容。

核心素养包括受教育者统筹素养、人际素养、科技素养、系统素养和媒介素养等。统筹素养即具有辨认、组织、规划与分派资源的能力；人际素养即与他人共事、合作和交往的能力；媒介素养即获取并运用信息的能力；系统素养即了解系统间复杂关系的能力；科技素养即在工作上运用各类科技的能力。归纳起来，核心素养就是适应社会变化需要，能够科学决策、自我管理、自主学习，实现职业发展和人的成长所需要的必备能力、品格和个性特征。

从学徒到工匠需要锤炼核心素养。工匠尤其技能大师不是简单的手艺人，而是善于钻研工艺技术、能够开展工艺研发、掌握独特精湛技艺的综合型人才。工匠的成长离不开操作技能、管理能力、人际能力、信息获取和科学决策能力，也离不开职业道德和锲而不舍、不断进取的个性品质。这些核心素养都不能从企业传统的"师带徒"和职业学校的现代学徒制中获得，核心素养理念给现代学徒制发展提出了挑战。

为实现职业发展目标，新生代农民工需要培育核心素养。核心素养包括人格品质和心理资本。前者包括职业道德、职业素养、自尊自爱和责任感，后者包括对未来充满期望、处事乐观、自我效能感和坚韧性。核心素养对人的成长具有至关重要的作用，尤其是自尊自爱和坚韧性。这些素养能够激发人的内生动力，驱使自己锲而不舍地达成预定的目标。核心素养与学校教育有关但又不局限于学校教育，还源于先天禀赋、家庭教育、干中学。中央教育科学研究院对恢复高考以来1000名高考状元调查显示，没有一位成为行业领袖。不但如此，通过对全国100位科学家、100位社会活动家、100位企业家和100位艺术家进行调查还发现，除了科学家的成就与学校教育有一定关系外，其他人所获的成就和学校教育没有正相关关系①。这也验证了部分学习成绩并不突出的学生，毕业后也可能会取得较大的成就。这不能完全否定学校教育的作用，至少表明传统教育教学模式应该适时变革。工匠成长路径如图3.9所示。

关键能力包括管理能力、情感与人际交往能力、学习能力和职业发展能力等。这些能力是人适应社会变化、不断成长的必备能力。其中，管理能力是学徒生必须具备的能力，无论是理工农医类还是人文社会科学的学徒生。管理能力包括信息获取和科学决策能力，创意思考能力，发现问题、分析问题和解决问题能力以及自我管理能力。技术工艺探索道路上困难重重，需要破解难题，需要创意思考，更需要不屈不挠的探索精神，每一个技能大师都需要具备必要的管理能力。情感和交际能力是团队合作的必要能力，基于情商的交往能力培养既源于个性禀赋，也是后天学习训练的结果。学习能力包括自主自我学习能力和终身学习能力。从学徒到工匠是一个持续学习、自主学习的过程，职业教育沿袭了普通教育模式，注重口口相传，而轻视学生自主学习能力的培养。学习能力和学习习惯可以通过不断教育训练养成。职业发展能力是个人成长的关键能力，职业是成长的载体，职业生涯时期是人发展的关键时期。职业发展能力涵盖了信息获取和决策能力、社会适应力和人际关系能力。职业发展能力能够让人适时实现岗位流动、职业变换、技能更新和职位晋升，让人沿着职业阶梯不断成长。

---

① 黎雪娟. 教育评价应多样化［J］. 广西教育A（小教版），2016（2）：1.

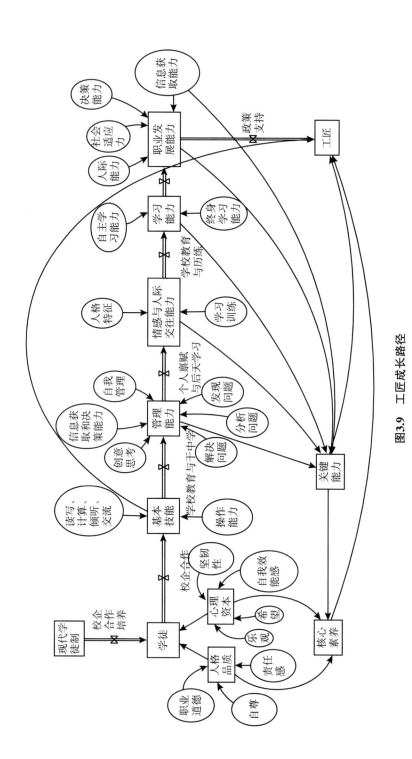

图3.9 工匠成长路径

3.5　新生代农民工人力资本动能释放机制

3.5.1　禀赋性激励理论

基于禀赋性价值的激励称为禀赋性激励。禀赋性激励也就是对人力资本势能的认可和潜在价值补偿。禀赋性激励是基于禀赋性价值的尊重和认可，即单位根据禀赋性价值给予经济补偿。不管人力资本禀赋是否已实际创造出社会价值，人力资本雇佣方都要给予补偿。这是基于人力资本禀赋性价值能够创造较高社会产品的判断预期。传统激励注重工作业绩，属于结果导向的激励。禀赋性激励注重人力资本和心理资本等自身禀赋价值，依据禀赋价值大小给予一定待遇和声誉，属于过程导向的激励方式，如员工持股计划等。禀赋性激励既有助于人力资本势能形成，也有助于激发人力资本动能。进城农民主要在体制外单位如民营企业和个体工商户就业，难以获得禀赋性价值补偿。农民工获得的是基于产品数量的业绩性收益，人力资本价值没有获得充分认可。这样，既不利于形成人力资本势能，也不利于形成人力资本动能。

3.5.2　新生代农民工人力资本动能释放形式是经营性就业

新生代农民工人力资本动能释放的形式是经营性就业（创造性就业）。经营性就业是相对于传统就业而言的。传统就业是完成岗位任务，而经营性就业是根据市场需求自主决定经营项目。经营性就业更加适应市场环境变化，创造市场需求的产品，是创造性劳动，是创造能动性发挥作用的结果。经营性就业包括创办企业、个体工商经营、农业规模化经营和企业经营管理等，属于创造性就业。经营性就业是在一定人力资本支持下，人力资源动能释放的结果。经营性就业的创造性劳动需要发挥积极性、主动性和创造性，需要不断创新、不断进取，百折不挠，不能墨守成规和简单模仿。没有一定人力资本支持，创造性成果的质量将难以保证。没有人力资本动能释放，也就失去了创新创造的动力。

相对于高端人才而言，农民工人力资本水平较低。但新生代农民工尤其是"90后"农民工具有开放的思想观念，具有独立的价值观。国家需要引导新生代农民工参与"双创"（大众创业、万众创新）活动。与大学生一样，新生代农民工也应成为创新创业的主体。

在经济周期低谷时期，迎合消费群体多元化需求，创新创造应该是这个社会的主旋律。在产业升级转型时期，产品的快速更新换代需要企业开展持续的创新活动，新产品、新技术、新工艺的运用需要劳动者掌握新的技能，需要劳动者创造性地开展生产劳动。更为重要的是挖掘和识别潜在市场需求，树立经营理念，开展创造性劳动，这是创业的雏形。

如果进入城镇打工的新生代农民工群体仅仅根据岗位需求寻找工作，一旦企业经营出现波动，首先被裁员的就是不稳定就业的农民工。农民工在城市生存立足，需要从边缘群体向核心员工身份转变，从同质性劳动力向异质性技能人才转变，这就需要转变劳动就业方式，从被动性雇佣劳动向主动性经营就业转变。也就是要激发新生代农民工创造潜能，激发农民工创新创业的积极性、主动性和创造性，提高农民工开拓创新的能动性。

新生代农民工经营性就业的实现不仅是激励的结果，更是人力资本投资积累的结果。企业和政府应根据市场需求开展福利性质或免费的教育培训，将农民工职业生涯过程变成持续进行人力资本投资和开发的过程，实现干中学和终身学习。目前部分城市（如天津市）制定了农民培训条例，开展了技能人才福利培训计划，取得了较好的效果。相关企业根据岗位需求也开展了特殊培训，提高了劳动者技能水平。但全社会教育培训没有覆盖所有群体，没有形成常态化教育培训机制。教育培训的重点还是高校毕业生和本地各种亟须专业的技能人才，外地农民工没有纳入政府有计划培训开发的重点对象，进城农民工成为被所在城市政府忽略的边缘群体，导致外来农民工知识技能水平提升缓慢，就业质量增进滞缓，约束农民工城镇稳定就业和市民化。

3.5.3 新生代农民工人力资本动能释放机制模型

人力资本动能释放是通过制度再设计，解除约束人力资本投资和运用的制约因素，激发人力资本投资和运用潜能，充分调动人力资本的主观能动性。人具有主观能动性，人的能动性表现为积极性、主动性和创造性，重点是创造性。主观能动性的发挥是激励作用的结果，人力资本动能释放就是通过激励手段激发人力资本投资效率和人力资本应用效果，提高人力资本的劳动生产力。

新生代农民工人力资本动能释放是开创意识、创业动力、经营能力和风险能力的充分发挥，如图 3.10 所示。开创意识、创业动力和经营能力都属于人力资本动能。其中，开创意识是社会创新文化培育的结果，创新文化形成内敛于心的社会价值观，引导和激发开创意识。创业动力来源于预期收益的追求，是经济主体在政策框架内调整心理预期，形成较为稳定的预期评价。经营能力是人力资本投资及其运用的结果。进入市场后，新生代农民工在运用人力资本过程中形成市场经营能力。创业动力是在一定经营能力基础上，具有开创意识的新生代农民工目标达成中产生的驱动力。在城镇农民人力资本动能释放过程中，开创意识是先导，经营能力是基础，创业动力是核心。三种力量相互作用，相互影响，共同促进新生代农民工人力资本释放。

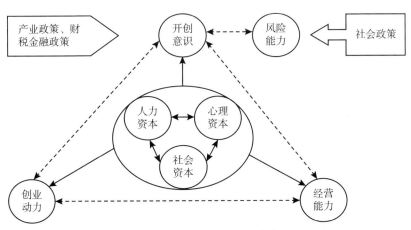

图 3.10 新生代农民工人力资本动能释放机制

影响人力资本动能释放的三种力量的形成是公共政策作用的结果。这些政策包括引导性政策、限定性政策、激励性政策和保障性政策。引导性政策包括鼓励发展战略性新兴产业的产业政策、工资条例等劳动力收入分配政策等。引导性政策引导市场主体行为转变以符合政策预期。限定性政策包括行业准入政策、禁止性政策等，限定性政策需要进一步放宽市场准入，赋予民营企业经营资格，吸纳农民转移就业。如鼓励农民工创办农业社会服务组织、创办一二三产业融合经营组织、经营农村公共事业等。大中城市户籍政策需降低户籍门槛，放宽落户条件，允许符合一定条件的农民工城市落户。激励性政策如财税金融政策等，通过减免税、财政补贴等，减轻市场主体负担，提高市场主体收入水平，提高主体预期性收入水平。激励性政策不但需要调整产业企业，新常态下激励性政策还应鼓励农民工城镇创业、返乡创业和就地创业，激励农民举家城镇落户和人力资本投资，激发城镇农民工作生活积极性。保障性政策主要指发挥兜底保障作用的公共政策，如贷款担保政策、创业风险分担政策、社会保障政策等。保障性政策分散了经营性就业的风险，提高了创造性劳动的积极性，保障了农民工基本的民生权利。新常态下就业形态趋于多样化，组织内正式雇佣劳动减少，而以任务承包形式的经营性灵活就业增多。农村社会保险和工商行政管理等制度应相应调整，优先为创业和经营性就业农民工建立基本养老医疗保险，实行兜底保障。

3.6 本章小结

人力资本既具有势能也具有动能，动能和势能是人力资本的两种状态。进入市场前，人力资本处于势能状态，进入市场后，人力资本势能转化为动能。人力资本动能是人力资本运用过程中所形成的劳动生产力，人力资本势能是人力资本预期能够创造的社会价值。人口城镇化和就业转型都是进城农民工人力资本势能和动能共同作用的结果。用人单位应认可和尊重农民工人力资本禀赋性价值，根据农民工人力资本禀赋性价值给予经济补偿和组织声誉，保障农民工禀赋性收益，帮助农民工实现职业发展。城镇新生代农民工也需要学历教育。农民工人力资本投资需要校企合作、工学融合，开展现代学徒制教育。培养农民工核心素养、关键能力，锤炼农民工人格品质、心理资本和工匠精神。人力资本动能释放需要协同调整引导性政策、限定性政策、激励性政策和保障性政策，激发新生代农民工开创意识、创业动力、经营能力和风险能力，促进农民工经营性就业。

| 4 |
新生代农民工城镇稳定就业治理机制

4.1 新生代农民工城镇就业状况及演进趋势

4.1.1 新生代农民工城镇就业机会与用工需求变化

新型城镇化推动的产业结构升级对新生代农民工的用工行业产生了深刻的影响,新兴行业的出现将为新生代农民工就业创造出新的就业机会,其用工需求将发生一定的变化,这些变化总体看来是朝着一定的方向前进,呈现一定的发展趋势。

(1)产业结构升级推动新生代农民工就业的行业流动。

在新型城镇化的背景下,更多的新生代农民工从第一产业转向第二产业和第三产业,并且从长远来看,有更多的新生代农民工从第二产业转向第三产业,这是我国经济结构调整的必然结果,也是适应新生代农民工新的就业需求的要求。根据新型城镇化的内涵要求,即民生、可持续发展与质量,新生代农民工的就业将更加倾向于能够体现以人为本的社会理念、具有长久发展动力的新兴产业,以及相对有效率、有潜力、有质量的行业,这其中主要就是指与居民生活息息相关的服务行业。新型城镇化背景将有力推动新生代农民工从制造业、建筑业等行业流向批发零售、居民服务等行业,后者更能体现社会和经济发展的未来方向，更能代表城镇居民的生活方式与要求，也更符合新生代农民工的就业需求。新生代农民工在城镇各行业之间的流动速度加快，有利于实现农村剩余劳动力资源的优化配置，也有利于提高新生代农民工的就业效率与质量。

（2）第一产业的用工需求将转向现代农业产业经营体系及其多元功能的发展。

现代农业向产加销一体化现代产业经营体系的发展将需要更多懂技术、熟悉市场与经营、会管理的新型农民，需要技术指导、销售人员、管理人员等新的就业岗位。农业多功能的发展也将催生更多新的就业需求，比如，创意农业、乡村民俗手工业、休闲旅游与生态农业、乡村养老产业、新能源产业、智慧农业等都需要大量的从业人员。这些新的用工需求，需要具备较高的文化知识、相关技能及创新素质等，老一代农民工很难胜任，其工作性质更加体面，具有涉农不务农、就近不就地等特点，也更加迎合新生代农民工的就业心理。

（3）第二产业用工需求将更多地转向基础设施建设、新兴建筑业和制造业。

随着新型城镇化建设的推进，基础设施的建设需要投入大量劳动力，从而创造更多就业机会。而且交通、水电、热力、燃气生产和供应等基础设施不仅需要传统建筑业的工人，还需要大量专业性很强的技术工人。另外，创意建筑业、工艺品制造业、时尚产品制造业、美化用品制造业、电子类文化消费品制造业等也需要有大批具有创造性的技术工人。新能源、节能环保、电动汽车、新材料、新医药、生物育种和信息产业等战略新兴产业的发展，也将吸纳大量的劳动力就业，但这些行业大多需要具备一定的专业技能，对新生代农民工就业既是机遇又是挑战。

（4）第三产业将成为新生代农民工流入的主要产业。

在产业结构调整和升级的过程中，第三产业在我国发展有巨大优势，其中的传统服务部门（如交通运输业、仓储及邮电通信业、餐饮业和批发零售业等）属于劳动密集型产业，并且对从业者的技术要求较低，就业门槛低，仍将是新生代农民工就业的主要部门。而新兴行业中，有很多行业就业门槛也较低，劳动强度不大，也将吸纳大量劳动力。如，电子商务服务、信息技术服务、节能环保服务、医疗卫生服务、健康养老服务、主题酒店业、文化餐饮业、文化信息传输业、文化金融业、文化地产业、文化电子商务业等。其中，尤其是新兴的生活性服务业将产生大量的用工需求，如以养老服务为例，目前我国养老专业护理需求达1000万人，但供给只有2万多人，缺口巨大。

4.1.2 新生代农民工对人性化行业的劳动供给增大

新型城镇化背景下，新生代农民工劳动供给将从建筑业向能够体现以人为本、具有长久发展动力的新兴人性化产业，以及有效率、有潜力、有质量的行业转移，尤其是与居民息息相关的服务型行业，如批发零售、居民服务等。传统制造业、建筑业等一些粗放型经济结构的行业，只能在以往的社会经济历史时期满足老一代农民工的物质需求，在新城镇化背景下，由于经济的发展、以人为本等诸多因素的出现，这些行业已经无法满足新生代农民工的物质需求，同时由于新生代农民工更加富有朝气，从小生活在信息社会，接触媒体、网络的机会较多，因此获得信息的机会也更多，所以这类人群不单单追求物质财富，也追求精神财富，这就促使以人为本的人性化的行业对农民工的需求大大增加，这是以人为本的社会历史时期发展的必然趋势。

4.1.3 新型城镇化催生新生代农民工返乡创业

新型城镇化是以人为本的可持续发展过程，因此这一过程必然要伴随着与时俱进的调整与变化，当新生代农民工所面临的就业环境不能与自身职业发展相适应时，就会转向新的就业途径。正是新型城镇化的背景和要求，催生出新生代农民工新的就业出路，即返乡创业。新型城镇化有利于优化创业环境，能够为新生代农民工返乡创业提供更多的创业机会，有助于提升新生代农民工返乡创业的意愿。首先，新型城镇化的过程，就是完善城镇公共服务与基础设施的过程，也是发展社会文明与经济水平的过程，这一过程是新生代农民工返乡创业的大背景、大环境，同时也是极为有利的外部条件。一方面，新型城镇化为创业提供了应有的基础设施以及市场环境；另一方面，政府的政策支持使得新生代农民工返乡创业的成本大大降低，政府与社会的帮助和鼓励，为返乡创业创造了有利、轻松的环境。其次，随着新型城镇化的推进，农村居民的生活水平得到很大的改善和提高，随之而来的消费能力与需求也逐渐增强，农村市场越来越广阔，但却存在着开发空白状态，这就为新生代农民工返乡创业提供了很好的机遇。与此同时，新生代农民工长期在城镇里生活，他们能够很好地将城市潮流与家乡市场结合起来，在本地市场上更具有把握和优势。最后，新型城镇化的发展，新生代农民工从就业观念、文化思想等方面都发生了很大的改变，他们受到创业成功者的鼓舞，拥有更高的创业热情和致富愿望，再加上创业环境不断得到优化，使得他们的返乡创业意愿得到较大程度的提升。新生代农民工返乡创业是一条全新的就业出路，是新型城镇化背景下的必然结果，从根本上体现了新生代农民工的就业需求。

4.2　新生代农民工城镇就业面临的困境与挑战

产业结构升级虽然带来了大量新的就业机会，但同时也有部分传统产业的发展走向衰退，就业吸纳能力趋于下降。因此，一方面，新生代农民工在传统行业的就业需求萎缩，另一方面，在新兴行业产生新的需求。但是值得注意的是，新兴行业产生新的就业需求的同时，其对劳动力的素质要求将有所提高。加之产业升级是一个循序渐进的过程，产业更替可能会造成非均衡发展，这将导致新兴产业对新生代农民工就业需求的增加量小于传统产业衰退带来的就业需求的减少量，从而使新生代农民工就业面临产业调整与自身素质制约的双重挑战。

4.2.1　产业结构调整缓慢还不尽合理，新生代农民工陷入结构性失业的困境

产业结构优化的规律是第一产业比重逐渐下降，第二产业比重逐渐稳定，第三产业比重逐步提高。其中，在第一产业内部现代农业逐步替代传统农业，

第二产业中，则由低端制造业逐步向高端制造业演进。低端制造业的产品技术含量较低，对从业人员的素质要求也较低，如传统的服装加工、玩具制造等劳动密集型行业对农民工的需求量也很大；高端制造业生产的产品技术含量较高，大部分属于高新技术行业，对从业人员的素质要求也比较高，需要技术更为专业的农民工，都要求初中以上文化程度，还有部分企业要求中专或高中以上，这种学历上的要求，将大部分农民工限制在外，对农民工的需求量逐渐减少。第三产业大多属于劳动密集型行业，对劳动力的需求量较大，被认为是未来最能吸纳我国剩余劳动力的产业。这样第一、第二产业将产生大量低技能的剩余劳动力，如果第三产业的发展不能充分吸收这部分劳动力，将会有大批低技能的劳动力面临被迫失业。

而我国目前产业结构调整的状况是，第一产业劳动力需求过剩，第二产业中大量低端制造业面临发展困境，一大批高新技术企业逐渐涌现，使得适合农民工的劳动密集型就业岗位减少，而第三产业尤其是生产性服务业发展较为滞后，很难吸收从第二产业转移出来的剩余农民工。因此，会有大批新生代农民工面临结构性失业。

4.2.2 城镇缺乏支柱产业，制约了新生代农民工的持续稳定转移就业

城镇化过程从本质上来说就是一个通过产业聚集促进人口集中的过程，其核心就在于产业的集聚和优化。只有在推动产业优化发展的基础上才能促进城镇的发展。因此，优化产业结构，形成城镇发展的主导产业和支柱产业是加快城镇发展的关键环节。但是，目前在我国城镇化发展过程中，普遍存在着资源利用粗放，环境污染较为严重，不能充分发挥地方资源特色，没有形成一批主导产业和支柱产业来带动第三产业发展，吸纳劳动力有限等问题，进而制约了农村剩余劳动力从第一产业向第二、第三产业的持续稳定转移就业。

4.2.3 培训体系不完善，新生代农民工素质不能满足产业升级需求

由新生代农民工就业现状可知，新生代农民工学历水平虽然比第一代农

民工有所提高，但整体水平仍然较低，他们的受教育程度和专业知识与技能都很难适应产业升级的职位要求，这种局面已经制约了产业结构升级的步伐。因此，接受职业技能培训成为他们适应产业升级的必然选择，否则，将面临结构性失业。目前，虽然接受职业技能培训的农民工人数正在逐步增加，但是培训质量和效果还有待提高，主要存在以下一些问题：

第一，培训内容与市场需求脱节。对农民工的培训应结合市场需求，随着产业结构优化与升级，要求培训内容根据产业发展的需求及时调整。但是，某些地方产业发展规划不明确，或者即使有规划，也没有或不能根据规划准确地对市场需求做出准确的预测，导致培训内容缺乏针对性，培训深度不够，农民工的职业技能并没有明显提高，难以适应产业升级高技能人才的需求。

第二，缺乏完善的培训体系。要使农民工真正掌握某项技能需要在传授理论知识的同时，强化其实践训练，这是一个长期反复的过程。但目前农民工培训往往是短期的单次培训，培训流于形式，培训机构对培训后的农民工的掌握情况与效果也并不关心。

第三，培训投入不足，企业参与的积极性不高。在调查中发现，新生代农民工参加免费培训的机会有限，有相当数量的新生代农民工希望参加免费培训。可见，面对产业转型升级，政府、企业和培训机构对农民工的培训投入都有待提高。尤其是在产业转型背景下，大部分企业的工人已不能适应新的生产技术，但企业又不愿意花费资金和时间对工人进行职业技能培训。一方面，他们认为新生代农民工就业缺乏稳定性，担心对其进行培训后人才流失；另一方面，他们大多有急功近利倾向，总想雇用现成的劳动力。实际上每个企业的技术都有一定的专业性，必须要针对企业自身情况对员工进行培训。

4.3 新生代农民工城镇稳定就业机理

4.3.1 新生代农民工城镇稳定就业的三个层次

就业是劳动力供求匹配的结果。从劳动力需求看，劳动就业是产品市场的派生需求。在劳动力供给不变条件下，劳动力需求越多，就业实现的可能性越大，工资水平越高。但劳动力需求不是一个数量概念，而是结构性需求。即根据劳动岗位任务要求确定特定的需求特征，只有具备这个特征的劳动力才能满足特定劳动需求。

从劳动力供给看，就业实现与否受劳动者心理作用较大。通常情况下，劳动者针对自身禀赋特征（如知识、素质、技能等）及其自我评价形成就业预期，并根据这一预期搜寻工作岗位。只有工作岗位特征满足或高于自身就业预期，劳动力才愿意就业。如果自身就业预期高于市场需求或者用人单位对劳动者禀赋的评价，就业将难以实现。但就业是民生之本。劳动就业能够使劳动者获得赖以生存的生活资料，维持劳动力再生产。从这个意义上讲，在劳动者一无所有的情况下，就业是生存的唯一手段。因此，就业又是不得已的必然选择。劳动者在多次试错后，为维持生存，也会降低就业预期，尽快实现劳动就业。

源于就业原因的多样性，劳动者稳定就业可分为三个层次。第一，为维持生存而不得已选择稳定就业。由于学历和能力较低，掌握的知识技能较少，或者年龄原因，适合自己的就业机会较少，劳动者为生存所迫不得不选择就业，这样的就业状态稳定性较高，除非企业倒闭或裁员，如就业机会较少的中西部地区和工业不发达的偏远地区。但这种稳定就业是低层次的稳定，适合低水平人力资本的劳动者。当劳动力市场需求旺盛或知识能力提升后，劳动者将不会安于现有工作岗位，而是寻求收入更高、劳动强度更低、交通便捷的企业和岗位。

第二，实现人力资本水平与工作岗位相匹配的稳定就业。当劳动者人力资本提升到一定水平后，劳动者对自身禀赋的评价更加客观，就业预期更符合市场需求。劳动者通过人力资本投资后，知识技能的专业化更强，人力资本专用性程度提高，劳动者与工作岗位匹配后将趋于稳定。这种就业稳定性是高层次的稳定，属于较体面的就业。劳动者能够在工作岗位上实现自身价值，获得较满意的劳动报酬。如东部地区和大城市的就业。

第三，家庭团聚以提高就业稳定性。家庭团聚是每个人的基本需求，也是高层次需求。劳动者在温饱得不到满足的情况下，为生存会舍弃家庭团聚。如异地转移就业的农民工。但当劳动收入达到一定水平，家庭分离将成为影响生活质量的最大短板，劳动者对家庭团聚的需求提高，会影响到城镇就业的稳定性，如农民工返乡归田。如果农民工家庭整体进入城镇，实现城镇稳定居留和市民化，将降低农民工打工地或工作转换频率，大大提高农民工就业稳定性。相反，农民工返乡就业后，也会因为家庭团聚而提高本地就业稳定性。从这个视角可以看出，源于需求的多样性，进城农民工就业稳定性受多种因素影响，收入水平不是影响农民工就业稳定性的唯一因素，就业机会、家庭因素、子女教育、养老负担和城市文化等都会影响城镇农民工就业的稳定性。

4.3.2　基于三层次的新生代农民工城镇稳定就业机理

4.3.2.1　生存型稳定就业机理

如图 4.1 所示，人力资本禀赋少是生存型就业具有一定稳定性的主要原因。人力资本动能主要产生于生存压力。生存所迫和可选择就业机会少迫使劳动者一旦就业将不会轻易转化工作。一旦放弃当前工作岗位，再就业岗位性质无差异，劳动收入不会大幅提高。劳动者没有频繁流动的强烈意愿，除非受到其他外来因素的干扰。

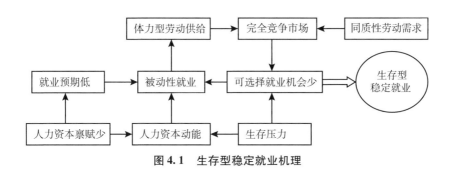

图 4.1　生存型稳定就业机理

4.3.2.2　发展型稳定就业机理

如图 4.2 所示，人力资本禀赋多是发展型就业具有稳定性的主要特征，这种稳定性就业不是一蹴而就的，而是基于较高的就业预期而在劳动力市场上不断试错的结果。因为较高的人力资本专用性，劳动者面对的是垄断竞争市场，自主选择的就业机会多。人力资本动能来源于高的人力资本投资积累和改善就业质量的动机，在这个动力驱动下，劳动者主动地寻求更高级的岗位而不断匹配试错，以改善就业质量。当就业质量达到相对满意，工作岗位趋于稳定，劳动者将沿着这一职业定位追求职业发展目标。

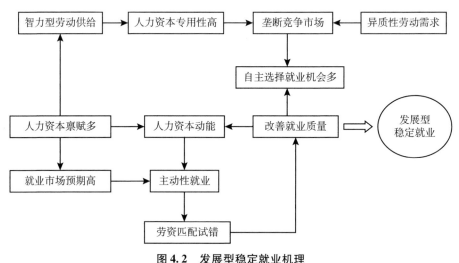

图 4.2　发展型稳定就业机理

4.3.2.3　保障型稳定就业机理

如图 4.3 所示，在生存需求基本满足条件下，社会需求的满足给劳动就业提供了保障。无论人力资本禀赋状况如何，社会需求是劳动者的共同需求，主要包括家庭团聚和家庭责任等。但在基本生存条件没有得到满足之前，劳动者会选择暂时放弃家庭需求，而寻求更高收入的就业岗位。当就业条件达到一定水平后，劳动者才要考虑家庭团聚，补齐社会需求的短板。保障型稳定就业依赖的人力资本动能来源于人力资本禀赋（无论多与少）和生存需求、社会需求，其中在生存型就业情况下，生存需求是主要动机，而在发展型就业条件下，社会需求替代生存需求，成为主要动机。社会需求给生存型就业和发展型就业提供了保障条件。

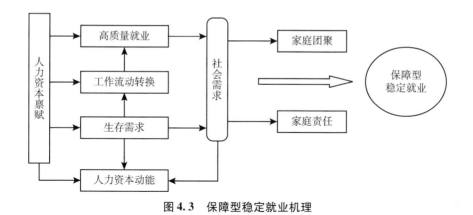

图 4.3　保障型稳定就业机理

4.4　实证分析：新生代农民工城镇稳定就业影响因素及其作用效果

4.4.1　研究背景

　　无论从职业还是地域看，农民工都是流动性高的群体。工作岗位和打工城市的频繁变化既不利于农民工职业成长，也无助于农民工市民化。1980 年以后出生的新生代农民工具有更高的职业发展和城市化诉求，期望长期在城市生存发展。但劳动力市场高的灵活性无助于进城新生代农民工梦想的实现，也给城市人口管理和社会保障建设带来困难。农民工稳定就业奠定了稳步城镇化基础，也有助于农民工就业转型。世界各地的学者们对发达国家和地区就业稳定性问题进行了研究。永奎斯特（Ljungqvist）认为发达国家灵活性政策改革导致劳动力市场灵活性增加，使就业稳定性下降。技术进步导致不同技能劳动力间就业状况出现差异，总体就业稳定性下降（Acemoglu，2002）。翁杰等研究发现，就业人口结构性变动、全球经济一体化、技术进步和劳动力市场制度变迁等是导致就业稳定性出现下降的主要原因。李晓梅实证分析发现，政府改革滞后和就业公共服务不健全一定程度上导致了农村转移劳动力地域高流动性和就业不稳定性。黄乾实证分析城市农民工工作转换问题后发现，低人力资本、低就业层次和低收入是农民工转换工作的重要原因，行业内和行业间工作转换对不同收入水平农民工收入增长产生差异化影响。上述研究主要围绕发达国家劳动力市场问题分析了劳动力就业稳定性的影响因素，针对发展中国家尤其是中国城镇农民工就业稳定性问题的研究较少。农村劳动力转移就业后如何通过稳定就业和市民化巩固转移就业的成果，促进农民工从就业转移向就业转型的蜕变是我国城镇化中长期发展战略的题中之义。城镇农民工就业和居住是相辅相成的，就业不稳定必然引致城镇居住的不稳定性，阻碍农民工市民化进程。"三个1亿人"市民化工程关键在于实现农民工稳定就业和稳定居住，就业和居住的稳定性推动农民工市民化和就业转型。本研究以进城打工的新生代农民工为研究对象，实证分析城镇新生代农民工稳定就业影响因素和稳定就业治理机制，以期揭示稳态城镇化与就业转型的规律性，提高新生代农民工稳定就业质量。

4.4.2　理论假设

就业是劳动供给和劳动需求变化达到均衡的一种结果，理想状态下的市场出清使劳动供求达到均衡，不存在失业现象。但由于劳动力市场不完善以及劳动供求结构性矛盾，经济常态下存在一定的失业率。劳动力供给产生于劳动年龄人口，除少部分暂时退出劳动力市场外，大部分劳动年龄人口为维持生存不得不参与就业。劳动力需求是最终产品（商品和服务）的派生需求，社会对商品或服务的消费需求产生商品和服务供给，产品和服务生产派生出劳动力需求。就业实现是人岗匹配的结果，只有工作技能满足了拟聘岗位需求，劳动就业才会产生。因此，劳动力供求不但具有数量表征，还存在结构性问题。当劳动供给数量过剩或结构性失衡时，失业增多，劳动力市场灵活性增强，市场交易费用增加；反之，则劳动力市场稳定性增强，不利于劳动者之间的竞争。城镇农民工就业机理与其他群体无二。影响新生代农民工稳定就业的主要因素有宏观经济环境、劳动者个体因素、用工单位因素和政策法规等。

（1）宏观经济环境。

经济发展态势和环境对农民工稳定就业产生宏观约束。经济发展状况影响最终消费品和中间品市场需求，进而影响产品生产，引致劳动需求发生变化。国内经济发展状况影响商品和服务的国内需求，国际经济环境影响国外需求，影响到商品和劳务国外输出。当宏观经济走势向好时，市场需求旺盛，产业规模扩张，用工需求增加，就业增多，但对就业稳定性影响具有不确定性。劳动需求增加后劳动条件有望改善，有助于稳定就业。但劳动者可选择的就业机会相应增多，不利于就业的稳定性。相反，失业增多，用工单位可选择的雇佣对象增加，劳动力市场灵活性增强。

（2）劳动者因素。

劳动者按照基于自身评价形成的职业预期搜寻工作岗位，只有当岗位评价等于或高于职业预期时，劳动者才会产生竞聘意愿。但只有当劳动力实际技能满足拟聘岗位需求时，就业才能真正实现。劳动者个人因素从主观和客观两个方面影响就业稳定性。其中主观方面影响从业意愿，但职业预期可以在多次碰撞后得到调适，愈加接近实际；客观方面影响结构性失业，劳动者只有提高自身劳动技能才能实现就业。就业稳定性同样受主客观影响，如果劳动者发现所从事的工作满足不了职业需求，就会转换工作；如果工作单位经营战略或经营状况发生变化，也会迫使劳动者失业，如技术工艺革新引致下岗、企业破产倒闭产生的失业现象等。

（3）用工因素。

用工单位工资水平、劳动强度、劳动时间、劳动安全保障等劳动条件对农民工就业稳定性产生影响。劳动条件较好的单位，劳动力吸纳能力较强，劳动者就业相对稳定；相反，就业稳定性差。即使劳动条件差，劳动者可选择的就业机会少，为维持生存，劳动者也可能会维持就业状态。劳动条件优劣是可识别和可比较的结果。同业间劳动条件差别的悬殊会引发劳动者工作转换，劳动卫生安全条件等只有被识别才会影响就业决策。

（4）打工地因素。

第一，就业与居住构成生活的组成部分。打工地和长期居住地通勤距离较短，就业趋于稳定，就地就近转移就业有助于就业稳定性。第二，打工地区对就业稳定性产生影响。由于制度约束和社会歧视，经济发达地区劳动需求旺盛的红利没有惠及外来农民工，用工单位农民工劳动条件没有得到改善。同时，相对于中西部地区，东部地区可识别可选择的就业机会多，农民工工作转换频繁，就业不稳定。第三，打工城市对农民工就业稳定性产生影响。城市层级越高，农民工就业稳定性越强。较高层级城市低端产业较少，低技能农民工需求较少（低技术产业与低技能劳动力呈互补关系），同时，农民工在高层级城市社会资本也较少。城镇农民工可识别的和可选择的就业机会较少，就业相对稳定。相反，小城镇和县城农民工可识别和可选择的就业机会较多，就业稳定性差。

（5）政策法规。

法律法规通过强制力保障劳动者就业稳定性，如《中华人民共和国劳动法》《中华人民共和国劳动合同法》等。一旦签订劳动合同，劳动就业就受法律保护。但相比其他法律，劳动法律法规具有保障的弱势性。政策对农民工就业稳定性产生激励约束作用。如劳动培训政策激发农民工职业培训参与的积极性，居住证积分管理政策激励农民工通过自身努力落户城市，享受城市居民待遇等。

假设4.1：工资水平高，劳动条件好的用工单位，城镇新生代农民工就业趋于稳定。人力资本水平低，可选择的就业机会少，新生代农民工会忍受权益侵害而维持就业稳定。进入较高层级城市和中西部地区新生代农民工就业相对稳定。

假设4.2：学历水平高的新生代农民工劳动权益保护意识强，愿意签订中长期劳动合同，而用工单位愿意与低工资要价的农民工签订中长期劳动合同，同工不同酬现象降低城镇新生代农民工中长期劳动合同签订率。

4.4.3　模型构建

本研究拟构建二元 Logistic 回归模型，采用极大似然估计模拟变量系数 β_0，β_1，β_2，$\cdots$，β_p。设 y 是 $0-1$ 型变量，x_1，x_2，$\cdots$，x_p 是与 y 相关的确定性变量，n 组观测值为 $(x_{i1}, x_{i2}, \cdots, x_{ip}; y_i)$，$i=1, 2, \cdots, n$，其中，$y_1$，$y_2$，$\cdots$，$y_n$ 是取值 0 或 1 的随机变量。

$$E(y_i) = \pi_i = f(\beta_0 + \beta_1 x_{i1} + \beta_2 x_{i2} + \cdots + \beta_p x_{ip})$$

其中，函数 $f(x)$ 是值域在 $[0, 1]$ 区间内的单调增函数，对于 Logistic

回归，$f(x) = \dfrac{e^x}{1+e^x}$，$y_i$ 是均值为 $\pi_i = f(\beta_0 + \beta_1 x_{i1} + \beta_2 x_{i2} + \cdots \beta_p x_{ip})$ 的 $0-1$ 型分布，概率函数为：

$$P(y_i) = \pi_i^{y_i}(1-\pi_i)^{1-y_i}, \quad y_i = 0, 1; \quad i = 1, 2, \cdots, n$$

y_i，y_2，$\cdots y_n$ 的似然函数为：

$$L = \prod_{i=1}^{n} P(y_i) = \prod_{i=1}^{n} \pi_i^{y_1}(1-\pi_i)^{1-y_i}$$

两边取自然对数：

$$\ln L = \sum_{i=1}^{n} \left[y_i \ln \pi_i + (1-y_i)\ln(1-\pi_i) \right] = \sum_{i=1}^{n} \left[y_i \ln \frac{\pi_i}{1-\pi_i} + \ln(1-\pi_i) \right]$$

$$(4-1)$$

将 $\pi_i = \dfrac{\exp(\beta_0 + \beta_1 x_{i1} + \cdots + \beta_p x_{ip})}{1 + \exp(\beta_0 + \beta_1 x_{i1} + \cdots + \beta_p x_{ip})}$，代入式（4-1）得：

$$\ln L = \sum_{i=1}^{n} \left[y_i(\beta_0 + \beta_1 x_{i1} + \cdots + \beta_p x_{ip}) - \ln(1 + \exp(\beta_0 + \beta_1 x_{i1} + \cdots + \beta_p x_{ip})) \right]$$

$$(4-2)$$

极大似然估计就是选取 β_0，β_1，β_2，$\cdots$，β_p 的估计值 $\hat{\beta}_0$，$\hat{\beta}_1$，$\hat{\beta}_2$，$\cdots$，$\hat{\beta}_p$，使式（4-2）数值达到极大[①]。

4.4.4 数据来源与变量选择

（1）数据来源。

实证分析数据来源于课题组 2014 年 3～6 月对全国（以东部地区为主）进城新生代农民工进行的问卷调查。调查地区涉及环渤海地区（北京、天津、山东等）、长三角地区（江苏、浙江和上海）和珠三角地区（广东、福建）及部分东北地区和中西部地区。发放回收有效问卷 3402 份。其中，北京市 737 份，天津市 1195 份，山东省 442 份，长三角 469 份，珠三角 510 份，其他地区 49 份。样本概况如表 4.1 所示。

---

① 模型构建参见：何晓群，刘文卿．应用回归分析［M］．2 版．北京：中国人民大学出版社，2008：255-256。

表 4.1   样本概况   单位：%

变量	类别	比例	变量	类别	比例
性别	男性	43.0		一般地级市	16.5
	女性	57.0		省城或计划单列市	8.0
年龄	"80后"	63.4		直辖市	51.5
	"90后"	36.6		体力型	51.88
受教育程度	小学及以下	7.4	岗位类型	技术型	30.86
	初中	40.5		管理型	17.26
	高中（含中职）	32.3	工作转换（三年内）	没有转换	26.10
	大专（含高职）及以上	19.8		1~2次	48.12
打工地区	北京	21.7		3次及以上	25.78
	天津	35.1		没有订立	34.78
	山东	13.0		订立1年以下合同	26.81
	长三角	13.8	劳动合同	2次以上或无固定期限	25.45
	珠三角	15.0		合同期限1~3年	10.55
	其他	1.4		合同期限3年及以上	2.41
城市类型	小城镇	11.0			
	县级市或县城	13.0			

（2）变量选择与解释。

变量选择如表 4.2 所示。

表 4.2   变量选择

变量类型	变量分类	变量名称
因变量	稳定就业	工作转换；中长期劳动合同签订
自变量	个体特征	年龄；教育水平
	打工地	城镇类型：小城镇，县级市（县城），地级市，省城或计划单列市，直辖市；打工地区：北京市，天津市，山东省，长三角，珠三角，其他地区
	劳动条件	劳动收入；岗位类型——体力型、技术型、管理型；岗位技术要求；职业病危害；劳动歧视

因变量为稳定就业与否的属性变量。本研究采用两种方式衡量就业稳定状况。一种是工作转换状况，用三年内工作更换次数表示。近三年内没有发生工作转换，认为就业状况具有一定稳定性，否则认为稳定性差。无工作转换样本有 888 个，记为 1，有工作转换样本 2514 个，记为 0。另一种是中长期劳动合同签订状况。与工作转换状况不同，劳动合同采用法律形式保障劳动者就业稳定性，一旦签订劳动合同，劳资双方都要受到法律约束。但签订中长期劳动合同并不表示稳定就业的必然，劳动者权益受到侵害时可以立刻解除劳动合同，劳动者只要提前 30 日书面告知资方，就可以无理由解除劳动合同。选取"劳动合同签订"测度就业稳定状况的目的是为了发现劳资双方长期用工和稳定就业的意愿。签订 1 年以上或无固定期限劳动合同的样本有 1307 个，记为 1，没有签订或签订 1 年以下劳动合同的样本有 2095 个，记为 0。本研究分别以上述两类因变量对自变量做二元逻辑回归分析。

自变量有 9 个，包括个体特征变量、打工地变量、劳动条件变量。自变量分为数值变量和属性变量，属性变量又分为哑变量和二元属性变量。

个体特征变量包括年龄和教育年限两个数值变量。

打工地变量选择打工城市类型和打工地区两个属性变量且为哑变量。打工城市类型是包括小城镇、县级市（县城）、一般地级市、省城或计划单列市、直辖市五个哑变量的属性变量，以直辖市为参照组；打工地区是包括北京市、天津市、山东省、长三角、珠三角、其他地区六个哑变量的属性变量，以中西部地区为参照组。

劳动条件变量包括劳动收入、岗位类型、岗位技术要求、职业病危害、劳动歧视五个变量。劳动收入是用小时工资收入对数表示的数值变量，表示劳动收入增长状况。岗位类型是包括体力型、技术型和管理型三个哑变量的属性变量，以体力型为参照组。岗位技术要求是二元属性变量，高级工和技师及以上记为 1，中级工及以下记为 0。职业病危害是二元属性变量，患病危险一般及以上记为 1，较小及以下记为 0。劳动歧视用同工不同酬程度表示，与同类岗位城市人工资差距一般及以上记为 1，较小及以下记为 0。

4.4.5 实证结果及分析

4.4.5.1 实证结果及检验

计量分析工具采用 SPSS19.0，实证分析结果如表 4.3 所示。

表 4.3　　　　城镇新生代农民工稳定就业影响因素回归结果

自变量		因变量	
		工作转换状况	劳动合同签订状况
教育年限		− 0.047 ** （9.43）	0.096 *** （43.07）
小时工资		0.206 *** （6.75）	− 0.206 *** （7.21）
打工地区 ***	北京市	− 0.612 ** （6.32）	− 1.572 *** （41.97）
	天津市	− 1.323 *** （33.82）	− 0.716 *** （10.71）
	山东省	− 0.270 （1.10）	− 1.776 *** （46.72）
	长三角	− 1.701 *** （40.09）	0.057 （0.05）
	珠三角	− 1.179 *** （22.17）	− 0.106 （0.20）
	中西部地区（参照组）	0	0
打工城市 ***	小城镇	− 0.993 *** （32.50）	0.270 * （3.63）
	县级市（县城）	− 0.608 *** （13.81）	0.043 （0.09）
	地级市	− 0.295 * （3.68）	0.315 ** （5.11）
	省城或计划单列市	− 0.066 （0.147）	0.518 *** （10.28）
	直辖市（参照组）	0	0
岗位类型	管理型	0.304 ** （5.95）	− 0.186 （2.62）
	技术型	0.321 *** （11.02）	− 0.047 （0.26）
	体力型（参照组）	0	0
岗位技术要求		− 0.189 （2.58）	− 0.289 *** （2.74）
职业病风险		0.269 *** （9.48）	0.057 （0.51）
同工不同酬		0.155 * （3.44）	− 0.142 * （3.20）

自变量	因变量	
	工作转换状况	劳动合同签订状况
－2log 似然值	3714.2	4079.0
Cox 和 Snell 伪 R^2	0.255	0.171
Hosmer and Lemeshow 检验	Sig. = 0.019	Sig. = 0.008
观测值数量	888（1）+2514（0）=3402	1307（1）+2095（0）=3402

注：括号内是 Wald 检验值。 *** 、 ** 和 * 分别表示回归结果在1%、5%和10%的水平显著。

表 4.3 显示，工作转换和劳动合同回归分析中 －2Log 似然值分别为3714.2和4079，皆较大。两类回归分析中 Hosmer and Lemeshow Test 伴随概率（Sig）分别小于0.05和0.01，表明模型拟合状况良好，拒绝回归模型无效的假设，模型显著有效。预测效果检验如表4.4所示。从模型的预测效果看，模型对更换过工作、签订短期合同的预测准确率分别为98.3%和81.1%，预测效果较好。但限于调查样本的结构性偏差，模型对没有更换工作的预测准确率较低。模型总体预测准确率分别为73.4%和68.1%，总体预测效果较好。

表 4.4　　　　　　　　　　　预测效果检验

观测值	三年内工作转换（总预测正确率73.4%）		
	没有更换工作（样本数）	更换过工作（样本数）	预测正确率（%）
没有更换工作	27	861	3.0
更换过工作	43	2471	98.3
观测值	劳动合同签订预测结果（总预测正确率68.1%）		
	签订中长期劳动合同（样本数）	签订短期或没订立合同（样本数）	预测正确率（%）
签订中长期劳动合同	618	689	47.3
签订短期或未订立合同	396	1699	81.1

4.4.5.2 工作转换回归结果分析

（1）人力资本水平低的新生代农民工就业趋于稳定。

教育年限和岗位技术要求两个变量均通过显著性检验，但模拟系数为负值，说明教育水平和技术等级高的新生代农民工工作转换次数多，而人力资本水平低的新生代农民工就业更趋于稳定。这验证了前述的假设，即拥有较低人力资本的农民工职业预期较低，可识别和可选择的就业机会较少，就业更趋稳定。相反，高人力资本的农民工职业预期较高，工作转换频繁。但一旦从事技术或管理岗位，劳动条件得到改善，劳动者企业地位提升，就业稳定性就会增强。

（2）新生代农民工稳定就业的质量较低。

职业病风险和同工不同酬两个变量均通过计量检验且系数为正值，这并不意味着劳动者权益受到侵害越多，就业稳定性越强，而是新生代农民工人力资本水平较低（2013年全国农民工检测调查报告显示，新生代农民工中初中及以下占到三分之二），可供选择的就业机会较少，为生存不得不忍受劳动权益侵害。而那些存在职业病风险和劳动歧视的岗位就业吸纳能力低，用工单位可选择的雇佣对象较少，雇佣关系较为稳定。由此可以看出，城镇新生代农民工即使实现稳定就业，就业质量也不高，就业者长期处于劳动权益被侵害状态。

（3）层级越高的打工城市就业稳定性越强。

城镇层级单变量通过计量显著性检验，且小城镇、县城和地级市三个哑变量通过显著性检验且系数为负值，说明与直辖市相比，低层级城镇就业稳定性差，且城镇层级越高，变量系数越大，就业越趋稳定性。这与前述假设基本一致。新生代农民工高层级城市社会资本和可识别的就业机会较少，职业再选择的空间较小。

（4）中西部地区就业稳定性较高。

与中西部地区相比，东部地区新生代农民工工作转换更加频繁。除山东省外，东部其他地区变量均通过显著性检验，且系数为负值，说明与中西部地区相比，东部城镇农民工可供选择的就业机会多，工作"跳槽"频繁。中西部地区农民工多为就地就近转移就业，打工地与居住地通勤距离短，可选择的就业机会少，劳动就业相对稳定。

除此之外，工资水平高、增长快的用工单位，农民工就业趋于稳定。这与理论假设一致。

4.4.5.3 劳动合同回归结果分析

（1）学历高的农民工劳动权益保护意识强。

教育年限变量通过显著性检验且系数为正值，表明学历越高的农民工越愿意签订中长期劳动合同，表明学历高的新生代农民工劳动权益保护意识强，更懂得运用法律手段保障自身劳动权益。

（2）工资要价越高，中长期劳动合同签订率越低。

小时工资变量通过显著性检验且系数为负值，说明用工单位不愿意与工资要价高的农民工签订中长期劳动合同。虽然劳资双方法律地位平等，但劳动合同法倾向于劳动权益保护，用工单位承担较多的法律责任。签订劳动合同后，用工单位为达到法律界定的基本劳动条件需要支出一定的成本，这个成本会转嫁到劳动者身上。也就是说，签订中长期劳动合同对劳动者是一个利好，劳动者需要以降低工资要价换取，否则在弱势的劳动法律面前，用工单位没有签订劳动合同的主动性。

（3）打工城市中长期劳动合同签订存在差异性。

打工城市中只有地级市和省城两个哑变量在5%以下水平显著。与直辖市相比，地级市和省城打工的新生代农民工中长期劳动合同签订率较高。地级市和省城对高学历新生代农民工吸纳能力较强，农民工就业相对稳定，中长期劳动合同签订率高。

除此之外，打工地区对农民工中长期劳动合同影响与工作转换一样，新生代农民工东部地区打工转换频繁，中长期劳动合同签订率低。技术等级高的农民工职业预期高，工作转换频繁，中长期劳动合同签订率低。同工不同酬现象抑制农民工中长期劳动合同签订的积极性。

4.5 新生代农民工城镇稳定就业治理机制

稳定就业包括三个层次：工作岗位稳定、从事职业稳定、所在城市稳定。

工作岗位稳定指长期（如 3 年以上）从事相同或类似的工作岗位；从事职业稳定指长期从事某一职业，即使工作岗位发生变换也没有离开所从事的职业；所在城市稳定是指，即使工作或职业发生变化，但一直在同一个城市工作生活。稳定就业层次性划分有助于分析稳定就业、稳定居留与市民化内在逻辑关系，有助于剖析新型城镇化与乡村振兴的互动关联关系。

就业治理机制是遵循就业作用机理而进行的制度安排。稳定就业实现受多种因素影响，产业需求、就业机会、劳动者自身技能、劳动者就业预期等因素都会影响就业稳定性状况。政策干预应主要着眼于需求创造、就业动能培育和权益保障。从需求创造看，政策应引导产业转型升级，拓展产业利润空间，提高劳动的分配能力。从就业动能培育看，政策应引导和激励劳动者主动开展人力资本投资，主动搜寻工作机会，实现职业发展。从权益保障看，政府部门应监督检查劳动合同法律法规落实，切实保障劳动者劳动权益，赋予外来劳动者一定的市民化权利，吸引外来劳动者稳定就业和稳定居留。在制度安排和政策框架内，劳动者将作出效用最大化的行动决策，达成符合政策预期的自身目标。

4.5.1 需求创造机制：促进劳动密集型产业转型升级

（1）大力发展技术劳动密集型产业。

劳动力短缺不代表劳动力能够实现稳定就业。劳动力进入短缺时代，青年劳动力供给尤其不足。劳动力短缺与否是相对于产业用工需求而言的。企业雇佣劳动力既要看劳动力供给状况，也要看劳动力价格（劳动力价格基于劳动力市场供求，也受制度的影响）。如果劳动力价格高于机器替代劳动力成本，企业会选择用机器替代劳动力，即所谓的机器换人。所以劳动力进入短缺时代并不一定意味着劳动者易于实现就业。劳动者稳定就业决定于劳动力与岗位的匹配程度、劳动报酬和职业成长状况等因素，这些因素既涵盖劳动者自身，也涉及产业企业。低端产业与低端劳动力即使匹配程度高，劳动报酬和职业成长性也不高，就业稳定性不强。在劳动者技能不断提升的情况下，产业升级转型对劳动者稳定就业具有不可替代的作用。

产业升级不是一蹴而就的，而是一个沿着低端产业、中端产业、高端产业不断演进的过程。大众创业万众创新有助于创业创造,但并不一定能够实现产业升级。产业升级是技术创新和成果转移转化的结果。产业升级方向既有技术资本密集型,也有技术劳动密集型。前者有助于价值创造,后者有助于就业实现。从产业特征看,适合资本深化的产业宜实行高端技术改造,走高端高质高效路子;就业吸纳能力强的产业如轻工电子等产业宜应用先进技术,走技术深化与就业吸纳相结合的路子。协同推进新型城镇化与乡村振兴战略需要继续减少传统农民数量,提高职业农民素质,增加新型农民收入。城镇产业高质量发展也离不开高素质转移劳动力。持续和稳定转移就业仍是乡村振兴的基础和前提,这就要求城镇产业及时升级,以高技术产业吸纳转移劳动力高质量就业。

(2)构建新技术成果转化推广的支持保障机制。

产业升级需要高新技术成果的转移转化和产业化。技术成果从实验室到产业化的过程存在较大的风险,从小试、中试、熟化到产业化,每一步都存在不确定性。市场主体难以承担技术成果产业化的经济风险,需要政府政策干预支持。针对技术成果转化中供求错配、融资困难、科技服务滞后和激励约束等短板,产业政策应聚焦以下作用空间:

第一,需要加强科技成果转化和产业化服务平台建设。财政支持专业化评估机构、信用评价机构、中试机构和各类中介机构等服务组织建设,相关协会引导中介机构按照紧缺程度建立科技成果供求目录,沟通科技成果供给和市场需求,引导开展科技成果转化成熟度评价研究;构建以市场需求为导向、研发机构为源头、技术转移化服务为纽带、产学研用相结合的新型科技成果转化体系,打造科技成果转化应用中心、科技成果转化体制机制创新中心、国际先进技术承接扩散地和国际科技成果交易中心等服务平台,提高科技成果转化和产业化服务能力和水平。

第二,需要完善中小企业征信体系,构建社会化产业融资体系。政府应联合银行系统为中小企业建立信用信息征集机制和评价体系,加大中小企业信息数据的透明度。借鉴信用共同体建设经验,为科技初创企业搭建快速便捷、高效低廉的绿色融资渠道。财政部门根据参与信用共同体建设的商业银行支持的科技型中小企业数量、信用贷款余额数、打包贷款企业数等指标进行奖补。在建立和完善征信制度基础上,构建社会化融资体系,解决科技成果转化和产业化过程中的融资难题。

第三，提高人员收益分享比率，完善成果产业化激励机制。减少技术入股审批环节，进一步降低科技成果转化审批监管门槛。职务科技成果完成人和参加人在科技成果作价投资、折算股份或一次性转让时获得90%以上的股份或收益，激发技术成果自主转化和产业化动力。

4.5.2 动能培育机制：构建全职业生涯人力资本投资

稳定就业需要劳动者摆脱临时工身份，从组织边缘地位走向核心位置。这就需要培育和发展劳动者人力资本动能，实现劳动者从可替代性强的同质劳动力向可替代性差的异质劳动力转变。异质性劳动力在掌握一般技术技能和职业素质的基础上，还应具备独特的知识技能和职业素养，这就需要构建全职业生涯持续性人力资本投资。

（1）财政扶持开展全生涯人力资本投资。

入职后，人力资本投资需要时间支持、经济成本和激励措施。在谋生压力下，劳动者需要首先选择就业，再"骑驴找马"，通过技能提升和工作搜寻，发展更满意的工作岗位。限于时间约束、经济压力和培训结果预期等，在职业生涯周期内，劳动者不一定具备持续开展人力资本投资的能力和动力，这就需要政府支持。企业组织的培训具有明确的功利性、实用性，不利于提高劳动者全面素质和一般能力。政府既要扶持劳动者技能培训（包括一般培训和特殊培训），也要支持劳动力学历教育，提升劳动者基本知识和全面素质。天津市制定了《天津市农民教育培训条例》，人社部门和农委部门联合定期组织开展技能人才培训福利计划，协同培训城乡劳动力（见案例4.1）。深圳市为促进大学毕业生和社会青年就业，提高了就业见习补贴水平，降低了参训人员经济负担（见案例4.2）。

案例4.1

天津市实施百万技能人才培训福利三年计划

2015年天津市启动实施百万技能人才培训福利三年计划，按照普惠实用、就业导向和政府购买服务的原则，建立面向城乡全体劳动者的普惠性培训福利制度。通过实施政府培训补贴和津贴，鼓励和引导职业院校、培训机构和企业，重点面向 45 岁以下企业中青年职工、院校学生、失业人员和农村劳动力，开展以"职业培训包"为主要模式的职业技能培训，加快培养急需的技能人才。计划到 2017 年，天津市将投入 34 亿元资金，通过有组织的培训和自学，使 120 万人取得相应的职业资格证书，持有国家职业资格证书的人员增加到 276 万人，占技能劳动者的比例提高到 70% 以上，培训福利计划将覆盖城乡所有劳动者。

天津市职能部门每年将对全市职业培训需求情况进行调查，并将调查结果制定成《职业市场需求程度及培训成本目录》，向全社会公布。根据市场需求程度给予培训成本一定比例的职业培训补贴，紧缺程度越高，补贴的比例越高。其中，补贴比例最高为 100%，最低达 80%。实施培训福利计划坚持政府主导下的普惠性原则、培训参与方均受益的共赢性原则、以国家职业资格证书为依据的标准性原则。按照以上原则，企业组织职工带薪参加脱产、半脱产培训，按照取得的职业资格证书等级，企业和职工可各享受 50% 的培训津贴，除培训、考试等费用补贴外，个人还可按每人每课时 6 元的标准获得生活费补贴。培训福利计划将面向 4 类人群：一是企业在职的中、青年职工，重点开展以中、高技能为主的技能提升培训，三年安排 61 万人；二是天津市农村适龄劳动力，重点开展转移就业技能和农业实用技术培训，三年安排 27 万人；三是院校学生，主要推行学历和职业资格"双证书"制度，三年安排 20 万人；四是失业人员，以职业转换和技能提升为主，重点开展定向和订单培训，三年安排 12 万人。企业职工、失业人员、农村劳动力、院校学生参加《职业市场需求程度及培训成本目录》所列职业和等级技能培训，可享受培训费补贴、鉴定费补贴、职工培训津贴、生活费补贴、实习补贴、师资培训补贴等。

资料来源：中华人民共和国国家发展和改革委员会网站，天津市实施百万技能人才培训福利三年计划［EB/OL］，http://www.ndrc.gov.cn/fzgggz/jyysr/zhdt/201504/t20150427_689377.html。

案例 4.2

2015 年 10 月起深圳就业见习补贴提高，

见习人员每月可获 1624 元

记者从深圳市人力资源和社保局获悉，深圳对青年就业见习政策进行修订，新政策自 2015 年 10 月 1 日起正式实施，就业见习补贴从每人每月 800 元提高至月最低工资标准的 80%，按当前月最低工资标准 2030 元计算，见习人员每月可以获得 1624 元的就业见习补贴。

根据《广东省高等学校学生实习与毕业生就业见习条例》等规定，深圳市对青年就业见习政策进行了修订。新的《关于进一步做好青年见习工作的通知》（以下简称《通知》）自 2015 年 10 月 1 日起正式实施。

《通知》实施后，就业见习补贴从每人每月 800 元提高至月最低工资标准的 80%，按当前月最低工资标准 2030 元计算，见习人员每月可以获得 1624 元的就业见习补贴。就业见习补贴由见习单位和政府共同承担，其中政府按最低工资标准的 50% 承担。见习单位实训补贴从每人每月 300 元提高至 1100 元。根据见习人员实际出勤时间据实结算，用于见习单位为见习人员购买商业性的人身意外险及其他必要的工作配备和管理支出。

《通知》扩大了见习人员的适用范围。包括本市普通高等学校、职业学校和技工院校离校两年内未就业的毕业生（含户籍及非户籍），或在本市未曾缴交过职工基本养老保险（本市"农转居"人员除外）的年龄在 16～30 周岁的本市户籍登记失业青年。

资料来源：人民网深圳频道，深圳青年见习补贴翻番至 1624 元 [EB/OL]，http://sz. people. com. cn/n/2015/0728/c202846 – 25744041. html。

就农民工而言，输出地政府也应该实行就业见习补贴政策，尤其是初高中毕业生（包括中职学校毕业生）。当地政府与见习企业联合分担就业见习补贴。就业见习期满后，政府对取得高级工及以上职业技能证书的农村劳动力给予二次补贴，鼓励农村劳动力参加技能训练。

输入地政府承担已获得居住证或落户的农民工教育培训责任。借鉴天津市经验，地方省级人大制定农村劳动力教育培训相关条例，组织优势教育资源定期组织本地农村劳动力、进城打工取得居住证的外来劳动力开展福利性学历教育和技能培训，普遍提高农村劳动力知识技能水平。农村劳动力教育培训经费支出纳入省、市两级财政预算，并按照一定比率逐年增加经费预算支出。

（2）政策引导构建禀赋性人力资本激励机制。

体制内单位员工的基础性工资中包含了基本工资，基本工资是基于能力的报酬，员工能力用学历学位表示，亦即人力资本水平。体制内单位薪酬制度认可了人力资本禀赋，并给予禀赋性薪酬激励。而对于体制外单位而言，薪酬制度多数采用一揽子薪酬，没有根据人力资本禀赋划分出结构性薪酬。全社会人力资本禀赋性激励机制的构建需要政府引导，需要制定工资条例，以法律形成保障人力资本拥有者获得薪酬报酬，构建全社会人力资本禀赋性激励机制，激励全社会人力资本投资。

禀赋性报酬是一种结果导向的人力资本投资激励方式，有助于激发劳动者参加教育和培训的内在动力，主动选择适合自己的人力资本投资方式，提高人力资本水平。禀赋性报酬形成收益预期，收益预期产生拉动性人力资本投资，形成激励效应。

禀赋性激励机制构建是社会对劳动者能力的尊重，也是对人力资本水平的认可。禀赋性报酬阻止了人力资本水平的衰减。劳动者是人力资本须臾不可分离的载体，劳动者生存需要基本的生活资料。在劳动者不能实现就业、劳动力与资本不能结合的情况下，如果政府给予人力资本禀赋性补贴，维持劳动者健康生存，也就维持了人力资本的存在。否则，劳动者健康状况衰减，也就衰减了人力资本水平。

不同层级水平的人力资本应该获得不同的薪酬报酬。国家应该在工资条例中规定不同人力资本等级对应的薪酬补偿水平，包括学历学位水平和职业技能水平。无论体制内单位还是体制外单位都应执行工资条例的规定，给予体制外单位一定时间的参照执行权限。在劳动者失业期间，政府应替代工作单位发放人力资本禀赋性补贴，这个补贴应独立于失业保险之外。

4.5.3　就业保障机制：切实保障新生代农民工劳动权益

劳动权益保障对农民工城镇稳定就业和市民化具有不可替代的作用。短期内农民工为生存所迫会忍受权益被侵害，但长期内，农民工在职业成长过程中将寻求自身劳动价值的实现，放弃权益遭受侵害的劳动岗位，而寻求更有尊严的工作。

权益包括权力和利益。农民工就业权益包括人身权益和劳动权益。人身权益如人身安全权益、隐私保护权益等。劳动权益如劳动安全卫生权益、休息休假权益、劳动补偿权益等。与城市劳动者相比，外来农民工劳动权益更容易遭受侵害。虽然实行劳动合同管理，但根据 2016 年农民工监测调查报告，农民工劳动力合同签订率仅为 35.1%，接近三分之二的农民工没有正规的劳动合同。虽然进城农民工数量已占城镇产业工人队伍半壁江山（根据《2017 年农民工监测调查报告》，2017 年外出农民工数量达到 17185 万人），但农民工仍没有摆脱边缘化地位，没有进入组织的核心圈层。人身权益和劳动权益遭受侵害成为常态。

劳动权益保障需要明确责任主体。农民工权益保护的责任主体应该是企业、政府、社会等。用工企业是农民工权益保护的第一责任主体，也是农民工稳定就业实现的责任主体。无论人身权益还是劳动权益，企业应消除用工歧视，实行同工同酬同权。用工企业应签订长期劳动合同，构建农民工职业成长通道，帮助素质技能不断提升的农民工实现职业发展，改变农民工临时性和边缘性的组织地位。政府（包括党政和司法部门）是维护农民工劳动权益的行政主体和法律救助主体。依靠政府和法律已成为农民工维权的主流途径。根据《2017 年农民工监测调查报告》，当权益受损时，进城农民工选择的解决途径前三位是：与对方协商解决（36.3%），向政府相关部门反映（32.7%），通过法律途径解决（28.3%），如图 4.4 所示。政府是劳动法律法规的制定者和执行监督者。政府不但应制定实施完备的劳动法律，还应加大监督检查力度，促进劳动法律法规落地。社会是外来农民工权益保护的第三责任主体。农民工稳定就业和市民化需要融入社区、融入城市社会。社区管理者应提供农民工社区服务信息，组织农民工参与社区活动，促进农民工融入社区，稳定居留。

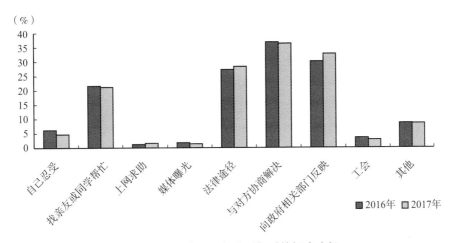

图 4.4　进城农民工权益受损时的解决途径

资料来源：《2017 年农民工监测调查报告》。

　　劳动权益保障需要构建保障动力机制。政府应建立用工企业农民工劳动权益保障的激励约束机制。尽快制定实施工资条例，实现同工同权同酬，保障劳动公平。严格贯彻落实劳动合同法，劳动行政主管部门应加大劳动法规贯彻落实的监督监察力度，明确用工企业贯彻落实劳动法律法规的义务，树立并宣传典型企业，给予保护农民工权益的典型企业经营支持。政府引导街道社区制定农民工社区融合措施办法，采用先试点后示范方式推进不同阶层群体社区融合。

4.6　本章小结

　　本章在描述新生代农民工城镇就业状况及演进趋势基础上，分析新生代农民工城镇就业面临的困境与挑战，构建研究的问题导向。为诠释问题，本章研究了新生代农民工城镇稳定就业机理，从理论上诠释稳定就业问题。在理论指导下，实证分析了新生代农民工城镇稳定就业影响因素及其作用效果。实证分析发现，从工作转换状况看，小时工资水平高的新生代农民工就业趋于稳定，收入创造仍是农民工进城打工的首要目标。低人力资本农民工城镇就业相对稳定，但稳定就业的质量较低。人力资本水平低，可选择的就业机会少，新生代农民工会忍受权益侵害而维持就业状态。中西部地区和高层级城市新生代农民工就业相对稳定。从中长期劳动合同签订状况看，学历水平高的新生代农民工劳动权益保护意识强，中长期劳动合同签订率高。用工单位倾向于将劳动合同履行成本转嫁给农民工，新生代农民工工资要价水平低。高技术农民工职业预期高，工作转换频繁，中长期劳动合同签订率低。同工不同酬现象降低了城镇新生代农民工中长期劳动合同签订率。在影响因素实证分析基础上，构建了包括需求创造机制、动能培育机制和就业保障机制的城镇新生代农民工稳定就业治理机制。

| 5 |
新生代农民工城镇稳定居留机理

5.1 新生代农民工城镇稳定居留的理论逻辑

生产方式决定生活方式。进城农民工在城镇打工就业，自然会在城镇居留生活。这种城镇居留现象是与就业相伴相生的。城镇居留的另一个原因可以源自投亲靠友，之后再选择打工就业，这种城镇居留现象源自改善现状的城镇生活预期。由此看出，稳定居留动力源自生存和期望。前者称为生存型城镇居留，后者称为发展型城镇居留。两种类型城镇居留都与打工就业相关，就业是生存之本，居留是生存方式，城镇居留是城镇就业派生的产物。

稳定居留是市民化的基础。居留城镇就会在城镇生活消费，就会享有城镇的公共资源和公共服务，无论城镇落户与否，稳定居留城镇奠定了外来农民工市民化的基础。长期以来，农民工频繁转换工作岗位，频繁流动，给城市社会公共管理带来挑战，不利于人口市民化和稳定城镇化，不利于城镇化质量的提高。理清农民工城镇稳定居留机理，对引导和促进进城农民工城镇稳定居留和稳定生活，推进稳定城镇化具有重要的理论和现实意义。

农民工稳定居留分为两个层次，即生存型稳定居留和发展型稳定居留。生存型稳定居留是为生存所迫，农民工流动到城镇打工，这种居留稳定性属于低层次的稳定，当农民工人力资本水平提高后，农民工将进行就业改善型流动，多次工作搜寻和试错后，生存型稳定居留将向发展型稳定居留转变。

如果农民工人力资本水平没有得到提升，随着年龄增长，农民工将取向于返乡归田。

农民工城镇稳定居留受多种因素影响，稳定居留逻辑流图如图 5.1 所示。

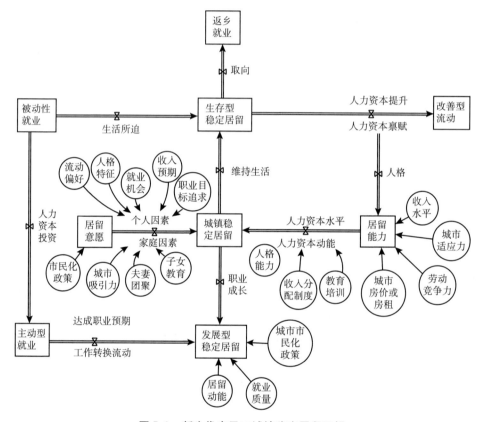

图 5.1 新生代农民工城镇稳定居留逻辑

新生代农民工城镇稳定居留是居留意愿和居留能力综合作用的结果。从居留意愿看，就业机会、收入预期、职业目标追求、流动偏好和人格特征等个人因素对农民工城镇居留意愿产生影响。其中，不同层级城市就业机会对农民工居留城镇产生决定性影响。如中小城镇生活成本低，但城镇产业发展滞后，产业对劳动需求少，就业机会少，就业吸纳能力差，农民工不愿意居留在小城镇。而地级市、省城和计划单列市，虽然生活成本较高，但城市产业发展较成熟，产业发展创造的劳动需求多，就业机会多，农民工向这些城市流动集聚的意愿较高，一旦实现就业，农民工城市居留的稳定性也较高。职业目标追求产生内驱力，驱使农民工扩大工作搜索的地域范围，选择最能满足自身意愿的工作岗位和打工城市。作为非知识技能属性的人格特征对农民工城镇居留意愿产生不可替代的作用。乐观、希望、自信、韧性、锲而不舍等心理特征有助于农民工在挫折面前坚持不懈地走下去，不屈不挠地实现职业目标。信念坚定、永不放弃和敢于冒险的个性特征在农民工城镇就业和居留中发挥核心作用。

夫妻团聚、子女教育、城市对家庭吸引力等家庭特征也对农民工城镇稳定居留意愿产生影响。家庭需求属于社会需求。在生存需求没有得到满足的情况下，农民工会暂时舍弃家庭团聚需求而选择外出打工。当收入积累达到一定水平，家庭需求变得更加强烈，农民工要么选择家庭整体移居城镇，要么选择返乡归土。如果城市对家庭成员具有较高的吸引力，农民工更倾向于打工城镇团聚，家庭团聚期望增强了农民工城镇稳定居留意愿。

除此之外，城市市民化政策对农民工城镇居留意愿产生影响。农民工城镇居住证领取和城镇落户是市民化政策作用的结果。政策界定了市民化门槛，调整农民工市民化目标预期，影响农民工市民化行为和居留稳定性状况。

从居留能力看。人力资本禀赋特征和人力资本水平、收入水平、劳动竞争力、城市适应力和住房价格或房租等共同对农民工城镇居留能力产生影响。其中，人力资本对农民工城镇居留能力产生决定性影响。人力资本水平影响劳动收入、影响劳动竞争力。直辖市和大城市，农民工人力资本相对水平较低，就业竞争力差。虽然就业机会多，农民工难以获得正规、体面的工作岗位，收入水平难以提高，更难以承担居高不下的城市房价。农民工在这些城市居留稳定性差。城市房价和房租对农民工稳定居留能力设置了门槛，除非生存型居留（农民工居住在简陋的工棚），农民工打工收入难以承担房租（没有城市户籍的农民工多数难以享受住房保障，没有资格申领公租房、经适房和限价房），更没有能力购买城市住房（农民工多数没有享受住房公积金）。高房价将农民工挡在了大城市之外。

从生存型稳定居留向发展型稳定居留的蜕变，是农民工经过人力资本投资积累，从生存型就业向主动型就业演进的结果。如果人力资本水平得到提高，农民工将搜寻更满意的工作岗位，工作岗位多次转换和屡次试错后，职业预期达成度提高，农民工就业在更高水平上趋于稳定，在打工城市居留的稳定性也随之提高。就业质量、就业动能和市民化政策对农民工城镇发展型稳定居留产生影响。就业动能是就业能力与就业意愿的结合，包括打工地居留意愿。城市吸引力提高城市就业动能。就业动能推进就业质量提高，高质量高稳定性就业将农民工就业与居留捆绑在一起，打工地的稳定性也就决定了居住地的稳定性。

5.2 实证分析：新生代农民工城镇居留稳定性影响因素及其作用效果

党的十八大报告提出积极稳妥推进新型城镇化建设，提高城镇化质量；党的十九大报告提出实施乡村振兴战略，加快推进农业农村现代化。新时代新型城镇化与乡村振兴战略是城乡一体化发展的双轮驱动。人口城镇化和农业农村现代化需要城乡资源要素平等交换、融合发展，尤其是劳动力资源城乡优化配置。乡村振兴需要大批懂农业、善经营、会管理的新型职业农民和创新创业人才，而新型城镇化需要大批产业技术工人。我国劳动力资源进入短缺时代，城乡劳动力将按照成长性原则重新配置。热爱农业农村且不能在城镇稳定居留和市民化的农民工将回流乡村，具有市民化意愿和能力的农民工将蜕变为新市民，实现劳动力城乡二次分流和稳定分化。城镇农民工需要在稳定居留和返乡创业之间作出抉择。

城乡融合发展过程中，城镇化与乡村振兴相互促进、相得益彰，农村劳动力职业选择和就业决策正在从单一的乡城转移向城乡居留转变，是选择城镇就业还是返乡创业？是选择做新市民还是新农人？农村劳动力将从就业分化向居留分化转变，从职业分化向身份分化转变。为适应这一演进趋势，本部分着眼于城乡融合发展，从城镇新生代农民工居留地再选择入手，研究人口市民化和农民职业化问题，以协同推进新型城镇化与乡村振兴。

5.2.1 理论假设和模型构建

5.2.1.1 新型城镇化与乡村振兴的互动关联

新型城镇化与乡村振兴战略是新时代城乡一体化发展的两大工程。城镇地区具有资本和产业集聚优势，但产业发展需要大批劳动力资源，而农村地区具有劳动力和土地资源优势，但资本积累缓慢，产业集聚能力差。城乡之间具有优势互补特征。新型城镇化与乡村振兴战略是城乡一体化发展的两个驱动力。新型城镇化的核心是人的城镇化，通过人的稳定居留和市民化拉动城市消费，增加农村收入；乡村振兴战略的核心是产业兴旺促进生活富裕，目标是改善农村居住环境，提高村民生活质量。新型城镇化为农村劳动力进城就业创造了条件，异地改变了农民生产方式和生活方式；乡村振兴促进了乡村转型升级，就地改变了农民生产方式和生活方式。新型城镇化与乡村振兴存在异曲同工之处，两者相互依赖、相互促进、相得益彰。

但新型城镇化与乡村振兴又存在竞争关系。城乡一体化进程中非农产业不再是城镇独有，农业也不是乡村的专利。城市和乡村均具有由第一、第二、第三产业构成的完整产业结构。劳动力、资本、土地和技术等生产要素成为城乡产业共同需要的资源。这样，城市和乡村之间形成资源争夺和产业竞争关系。城乡资源要素从分割到融合的过程也就是资源要素通过市场竞争实现优化配置的过程。当前，新型城镇化亟须能够实现稳定就业和稳定居留的农村转移劳动力，乡村振兴迫切需要能够创新创业的农村产业带头人和农民致富带头人。城乡一体化发展中农村劳动力将根据自身成长需求和禀赋特征自主选择工作地和生活地，自主抉择居留地和达业形式。

5.2.1.2 人力资本与稳定居留的二律背反

人力资本对城镇农民工稳定居留产生不确定性影响。稳定居留是居留意愿和居留能力的函数。低层级城镇就业机会少，社会资本多，不安全感较低；

高层级城镇就业机会多，社会资本少，不安全感较高。如果人力资本水平太低，难以实现城镇就业或劳动收入不足以维持城镇生存，农民工将不具有充分的城镇居住能力；如果人力资本水平得到提高（如学历提升、劳动力迁移增长见识等），城镇居留意愿可能会发生改变。农民工将不满足现有的工作岗位或所在城镇而选择更换单位或同时变换打工城镇。学历和迁移经验对农民工城镇稳定居留影响具有不确定性。

人口城镇化需要稳定就业、稳定居留、稳定市民化。稳定就业是稳定居留的基础，稳定居留是稳定市民化的基础。从广义上说，只要农民工没有离开城镇而返回乡村就称为城镇稳定居留，即使在不同类型、不同层级城镇间频繁流动。农民工迁移见识和打工经验推升了人力资本水平，在一定时期内，工作岗位和打工城市存在频繁变换倾向。在不断试错之后，农民工岗位类型和打工城市将趋于稳定。人力资本水平既是城镇转移就业的门槛，也影响了农民工打工预期，成为农民工城镇就业和居留的不稳定因素。无论在什么类型、什么层级城市打工，稳定居留将是获得居住证和落户的必要条件。

5.2.1.3 城镇新生代农民工稳定居留和返乡就业的三个假设

假设5.1：获得赖以生存的收入是新生代农民工进城打工和居留城镇的主要目的之一。劳动收入对城镇农民工稳定居留产生正向影响。农民工收入水平与岗位技能相对应，所从事岗位技能要求越高，劳动收入越高，城镇居留稳定性越强。

假设5.2：人力资本对新生代农民工城镇稳定居留影响具有两面性。农民工岗位技能越高，收入水平越高，城镇居留稳定性越强。但学历和技能水平提升，新生代农民工会寻求收入更高的工作岗位和打工地点，城镇居留稳定性将会降低。

假设5.3：源于恶劣的生产条件和收入水平，农业不具有就业吸引力。新生代农民工返乡务农主要是迫于城市难以立足或家庭团聚。

5.2.1.4 模型构建

本研究拟构建二元Logistic回归模型和多重定类Logistic模型，采用极大似然估计模拟变量系数。

（1）模型 1。

构建系数为 β_0，β_1，β_2，$\cdots$，β_p 的二元 Logistic 回归模型。设 y 是 0 - 1 型变量，x_1，x_2，$\cdots$，x_p 是与 y 相关的确定性变量，n 组观测值为（x_{i1}，x_{i2}，$\cdots$，x_{ip}；y_i），$i = 1$，2，$\cdots$，n，其中，y_1，y_2，$\cdots$，y_n 是取值 0 或 1 的随机变量。

$$E(y_i) = \pi_i = f(\beta_0 + \beta_1 x_{i1} + \beta_2 x_{i2} + \cdots + \beta_p x_{ip})$$

其中，函数 $f(x)$ 是值域在 [0，1] 区间内的单调增函数，对于 Logistic 回归，$f(x) = \dfrac{e^x}{1 + e^x}$，$y_i$ 是均值为 $\pi_i = f(\beta_0 + \beta_1 x_{i1} + \beta_2 x_{i2} + \cdots \beta_p x_{ip})$ 的 0 - 1 型分布，概率函数为：

$$P(y_i) = \pi_i^{y_i}(1 - \pi_i)^{1 - y_i}, \quad y_i = 0，1；i = 1，2，\cdots，n$$

y_i，y_2，$\cdots$，y_n 的似然函数为：

$$L = \prod_{i=1}^{n} P(y_i) = \prod_{i=1}^{n} \pi_i^{y_1}(1 - \pi_i)^{1 - y_i}$$

两边取自然对数：

$$
\begin{aligned}
\ln L &= \sum_{i=1}^{n} \left[y_i \ln \pi_i + (1 - y_i) \ln(1 - \pi_i) \right] \\
&= \sum_{i=1}^{n} \left[y_i \ln \frac{\pi_i}{1 - \pi_i} + \ln(1 - \pi_i) \right]
\end{aligned}
\tag{5-1}
$$

将 $\pi_i = \dfrac{\exp(\beta_0 + \beta_1 x_{i1} + \cdots + \beta_p x_{ip})}{1 + \exp(\beta_0 + \beta_1 x_{i1} + \cdots + \beta_p x_{ip})}$，代入式（5 - 1）得：

$$
\begin{aligned}
\ln L = \sum_{i=1}^{n} &\left[y_i(\beta_0 + \beta_1 x_{i1} + \cdots + \beta_p x_{ip}) \right. \\
&\left. - \ln(1 + \exp(\beta_0 + \beta_1 x_{i1} + \cdots + \beta_p x_{ip})) \right]
\end{aligned}
\tag{5-2}
$$

极大似然估计就是选取 β_0，β_1，β_2，$\cdots$，β_p 的估计值 $\hat{\beta}_0$，$\hat{\beta}_1$，$\hat{\beta}_2$，$\cdots$，$\hat{\beta}_p$，使式（5 - 2）数值达到极大[①]。

（2）模型 2。

构建系数为 β_{0j}，β_{1j}，β_{2j}，$\cdots$，β_{pj} 的多重定类 Logistic 回归模型。对于样

---

① 模型构建参见：何晓群，刘文卿. 应用回归分析 [M]. 2 版. 北京：中国人民大学出版社，2008：255 - 256.

本数据 $(x_{i1}, x_{i2}, \cdots, x_{ip}; y_{ij})$ $i = 1, 2, \cdots, n; j = 1, 2, \cdots, k$，多类别 logistic 回归模型第 i 组样本的因变量 y_i 取第 j 个类别的概率为：

$$\pi_{ij} = \frac{\exp(\beta_{0j} + \beta_{1j}x_{i1} + \cdots + \beta_{pj}x_{ip})}{\exp(\beta_{01} + \beta_{11}x_{i1} + \cdots + \beta_{p1}x_{ip}) + \cdots + \exp(\beta_{0k} + \beta_{1k}x_{i1} + \cdots + \beta_{pk}x_{ip})}$$

$$(5-3)$$

式（5-3）中各回归系数不是唯一确定的，把分母的第一项 $\exp(\beta_{01} + \beta_{11}x_{i1} + \cdots + \beta_{p1}x_{ip})$ 中的系数都设为 0，得到如下回归函数：

$$\pi_{ij} = \frac{\exp(\beta_{0j} + \beta_{1j}x_{i1} + \cdots + \beta_{pj}x_{ip})}{1 + \exp(\beta_{02} + \beta_{12}x_{i1} + \cdots + \beta_{p2}x_{ip}) + \cdots + \exp(\beta_{0k} + \beta_{1k}x_{i1} + \cdots + \beta_{pk}x_{ip})}$$

$$(5-4)$$

其中，$i = 1, 2, \cdots, n; j = 1, 2, \cdots, k$。

式（5-4）中每个回归系数都是唯一确定的，第一类别的回归系数都取 0，其他类别回归系数的大小都以第一个类别为参照。

5.2.2 数据来源和变量描述

5.2.2.1 数据来源

本研究数据来自笔者所做的城镇新生代农民工稳定居留全国问卷调查法。调查时间为 2018 年 7~9 月，调查对象为进入城镇打工仍为农村户籍的新生代农民工。调查地区以东部地区为主，涉及中西部地区。发放问卷 1150 份，回收有效问卷 1023 份。其中，北京市 107 份，天津市 199 份，山东省 156 份，长三角 209 份，珠三角 67 份，黑龙江、吉林、辽宁东北三省 76 份，中西部地区 209 份。

5.2.2.2 变量选择

变量选择与描述如表 5.1 所示。

表 5.1　　　　　　　　　　　　　　**变量选择与描述**

变量名称		类型	变量赋值及解释
因变量	城镇居留稳定性	类别变量	城镇连续打工时间，五年及以上为 1，占 57.4%；其余为 0，占 42.6%
	未来流动意向	哑变量	1 = 居留城市，占 44.3%；2 = 返乡务农，占 18.8%；3 = 返乡非农产业，占 15.9%；4 = 尚未有打算，占 21%
	未来创业意愿	类别变量	1 = 有创业意向，占 71%；0 = 无创业打算，占 29%
自变量	年龄	连续变量	平均 31.6 岁
	婚姻	类别变量	1 = 已婚，占 65.8%；0 = 未婚，占 34.2%
	学历	连续变量	小学及以下为 5 年，初中为 9 年，高中（中职）为 12 年，大专（高职）及以上为 15 年。平均 10.7 年
	收入	连续变量	月工资收入（元）的对数，平均 5204.8 元
	离家距离	连续变量	取对数。平均 929.3 公里
	本市连续打工时间	连续变量	平均 5.8 年
	城市类型	哑变量	1 = 小城镇，占 11.8%；2 = 县级市或县城，占 13.1%；3 = 地级市，占 16.4%；4 = 省城或计划单列市，18.4%；5 = 直辖市，占 40.3%
	劳动类型	哑变量	1 = 打工类，占 46.5%；2 = 开办企业，占 17.3%；3 = 个体经营，36.2%
	职业规划	哑变量	1 = 从没想过，占 44.3%；2 = 有初步规划，占 18.8%；3 = 有明确规划，占 15.9%；4 = 正在实施，占 21%
	技术要求	哑变量	1 = 无要求，占 37.8%；2 = 初级工，占 22.4%；3 = 中级工，占 11.9%；4 = 高级工，占 18.3%；5 = 技师及以上，占 9.6%
	配偶状况	哑变量	1 = 在家乡，占 18.8%；2 = 同城打工，占 26.0%；3 = 同城但无工作，占 17.3%；4 = 其他城市打工，占 19.1%；5 = 无配偶，占 18.9%
	务农经历	哑变量	1 = 喜欢且有务农经历，占 27.5%；2 = 喜欢但无务农经历，占 24.1%；3 = 不喜欢但有务农经历，占 25.0%；4 = 不喜欢且没有务农经历，占 23.4%

变量名称		类型	变量赋值及解释
自变量	长期居留吸引	哑变量	1 = 稳定就业, 18.7%; 2 = 城市文明, 11%; 3 = 高收入, 24.7%; 4 = 子女教育, 17.8%; 5 = 城市房价, 5.8%; 6 = 市民关系, 9.1%; 7 = 其他, 12.9%
	所在城市房价	哑变量	1 = 收入买得起, 12.6%; 2 = 贷款买得起, 31.5%; 3 = 根本买不起, 31.6%; 4 = 没有购房意愿, 24.3%
	打工进步	哑变量	1 = 学历提升, 21.7%; 2 = 技能提高, 28.1%; 3 = 工作变好, 24.2%; 4 = 没有明显变化, 26.0%

如表5.1所示,研究涉及的变量包括连续变量、类别变量和哑变量三类。连续变量是数值变量,类别变量是 [0,1] 组合变量,0 为参照组;哑变量是 [1, 2···, k] 组合变量,以 k 变量为参照组。

因变量"城镇居留稳定性"中长期稳定居留界定为城镇连续打工五年及以上,四年及以下为不稳定居留。界定标准参考外国人永久居住证办理条件中,外国人配偶"婚姻关系存续满五年、已在中国连续居留满五年",年满60周岁投靠境内直系亲属的,要求"在中国连续居留满五年"等相关条款。本研究中新生代农民工在一个城市连续打工满五年认定为实现了长期稳定居留,设为1,不稳定居留设为0。

连续变量中,样本中新生代农民工平均年龄31.6岁,65.8%的已婚,平均接受教育10.7年,目前城市连续打工平均5.8年,平均年收入5204.8元,打工地点离家乡距离平均929.3公里。为简化大数据计算,年打工收入和离家距离分别取自然对数形式,取对数后,原数值由水平数值转变为弹性关系数值,但不会改变变量间的相对关系。

5.2.3　实证结果及分析

5.2.3.1　实证结果及检验

计量分析工具采用SPSS19.0,实证分析结果如表5.2所示。

表 5.2　　城镇新生代农民工稳定居留与返乡趋势影响因素回归结果

自变量		居留稳定性（模型1）城镇长期居留	流动意向（模型2）"未有打算"为参照组			创业意愿（模型2）	
		城镇长期居留	未来留在城镇	未来返乡务农	未来创业打算	返乡创业打算	城镇创业打算
常数		−21.637*** (33.76)	−4.227 (1.78)	−7.560* (3.72)	−7.557* (3.45)	−2.250 (0.51)	3.449 (1.57)
年龄						−0.059** (5.75)	−0.030 (1.93)
学历		0.00 (0.00)	0.011 (0.16)	0.010 (0.11)	0.022 (0.44)	−0.008 (0.09)	0.027 (1.33)
收入		2.560*** (37.00)	0.508 (2.00)	0.851* (3.66)	0.789* (2.91)	0.359 (1.00)	−0.325 (1.04)
城市类型	小城镇		−0.033 (0.01)	0.609* (2.62)	0.987*** (7.31)		
	县级市或县城		0.018 (0.00)	−0.018 (0.00)	0.079 (0.05)		
	地级市		−0.081 (0.10)	0.541* (3.19)	−0.374 (1.12)		
	省城或计划单列市		−0.414* (2.70)	0.593** (4.23)	0.140 (0.21)		
	直辖市（参照组）		0	0	0		
职业规划	从没想过	−0.141 (0.541)	0.403* (2.74)	0.218 (0.56)	0.607** (3.87)	−0.450** (4.91)	−0.397* (3.30)
	有初步规划	−0.372* (3.73)	0.014 (0.00)	0.142 (0.25)	0.149 (0.23)	−0.137 (0.43)	−0.116 (0.27)
	有明确规划	−0.363* (3.24)	0.034 (0.02)	−0.197 (0.42)	0.217 (0.46)	−0.237 (1.21)	−0.157 (0.46)
	正在实施（参照组）	0	0	0	0	0	0

续表

自变量		居留稳定性（模型1）	流动意向（模型2）"未有打算"为参照组			创业意愿（模型2）	
		城镇长期居留	未来留在城镇	未来返乡务农	未来创业打算	返乡创业打算	城镇创业打算
技术要求	无要求	0.589 * (3.79)					
	初级工	0.580 * (3.31)					
	中级工	0.804 ** (6.19)					
	高级工	0.825 *** (8.29)					
	技师及以上（参照组）	0					
配偶状况	在家乡	0.064 (0.087)	-0.606 ** (5.03)	-0.618 * (3.63)	-0.436 (1.54)	-0.025 (0.01)	0.094 (0.13)
	同城打工	-0.165 (0.65)	-0.238 (0.86)	-0.755 ** (5.50)	-0.114 (0.12)	-0.105 (0.15)	-0.332 (1.91)
	同城但没有工作	0.337 (2.22)	0.100 (0.11)	0.147 (0.18)	-0.043 (0.01)	-0.232 (0.63)	-0.343 (1.77)
	其他城市	0.400 * (3.30)	0.045 (0.02)	0.263 (0.61)	0.700 ** (3.96)	-0.383 (1.79)	-0.488 * (3.80)
	无配偶（参照组）	0	0	0	0	0	0
务农经历	喜欢且有	-0.240 (1.60)	0.552 ** (5.10)	0.324 (1.27)	0.648 ** (4.55)		
	喜欢但无	-0.025 (0.02)	0.213 (0.77)	-0.025 (0.01)	0.141 (0.20)		
	不喜欢但有	-0.321 * (2.77)	0.232 (0.94)	-0.219 (0.58)	0.199 (0.43)		
	不喜欢且无（参照组）	0	0	0	0		

续表

自变量		居留稳定性（模型1）	流动意向（模型2）"未有打算"为参照组			创业意愿（模型2）	
		城镇长期居留	未来留在城镇	未来返乡务农	未来创业打算	返乡创业打算	城镇创业打算
居留吸引	稳定就业	0.123 (0.25)					
	城市文明	−0.196 (0.51)					
	高收入	−0.133 (0.28)					
	子女教育	0.060 (0.06)					
	城市房价	0.336 (1.01)					
	市民关系	0.474 * (2.62)					
	其他（参照组）	0					
城市房价	买得起		0.129 (0.18)	0.488 (2.11)	−0.065 (0.03)		
	贷款买得起		0.507 ** (4.66)	0.088 (0.10)	0.102 (0.13)		
	根本买不起		0.042 (0.03)	−0.337 (1.46)	−0.367 (1.67)		
	没有购房意愿（参照组）		0	0	0		
打工进步	学历提升	−0.400 ** (4.13)	0.368 (2.21)	−0.245 (0.67)	−0.524 * (2.81)	0.127 (0.26)	−0.015 (0.01)
	技能提高	−0.350 * (3.59)	0.259 (1.25)	−0.080 (0.08)	−0.170 (0.37)	0.625 *** (6.66)	0.612 *** (8.40)
	工作变好	−0.186 (0.94)	0.305 (1.58)	0.078 (0.08)	−0.351 (1.35)	0.348 (2.03)	0.195 (0.84)
	没有变化（参照组）	0	0	0	0	0	0

自变量	居留稳定性（模型1）	流动意向（模型2）"未有打算"为参照组			创业意愿（模型2）	
	城镇长期居留	未来留在城镇	未来返乡务农	未来创业打算	返乡创业打算	城镇创业打算
离家距离					0.223 ***（8.79）	0.155 **（6.24）
连续打工时间					− 0.313 *（2.98）	− 0.449 ***（7.89）
婚姻状况					− 0.342 *（2.67）	− 0.416 **（4.97）
− 2log 似然值	1291.0	2525.3			2119.6	
预测百分比（％）	73.7					
观测值数量	659（1）+ 364（0）= 1023	1023			1023	

注：括号内是 Wald 检验值。 *** 、 ** 和 * 分别表示回归结果在1%、5%和10%的水平显著。

表 5.2 显示，居留稳定性、流动意向、创业意愿回归分析中 − 2Log 似然值分别为1291.0、2525.3 和2119.6，皆较大，三个模型整体具有显著性。从模型的预测效果看，居留稳定性模型总体预测准确率为73.7%，总体预测效果较好。

5.2.3.2　实证结果分析

（1）城镇稳定居留影响因素。

从实证结果可以看出，收入水平、职业规划状况、岗位技能水平、市民关系、人力资本提升状况等对新生代农民工城镇居留稳定性影响通过了统计学检验，而年龄、学历、城市级别、离家距离、婚姻状况、配偶状况、子女状况等对新生代农民工城镇居留稳定性的影响没有通过检验，不具有统计学意义上的显著性。

被调查的新生代农民工34.2%未婚，已婚农民工没有落户城镇，更没有实现家庭整体市民化，配偶要么在农村老家，要么在城市打工。新生代农民工城镇居留目标仍然以打工赚钱为主（收入水平具有正向影响），而没有考虑家庭团聚和家庭市民化，这也验证了假设 5.1。调查样本中新生代农民工与配偶分离的比率为 46.6%，表明目前新生代农民工家庭进入城镇生活尚存在困难。如果没有将落户和定居城镇作为打工目标，城市级别和离家距离对稳定居留状况就不会产生影响。

对新生代农民工稳定居留产生积极影响的因素除收入外，还有岗位技能水平、市民关系、配偶在其他城市打工。所从事岗位技能要求越高，收入和工作待遇越高，农民工打工居留年限越长，验证了假设 5.2。配偶在不同城市打工也有助于新生代农民工城镇稳定打工居留，这可能源于配偶之间的相互影响。而与配偶在同一城市打工没有通过显著性检验，说明如果不能落户城镇，农民工及其配偶将选择收入更高的城镇打工，而不会长期共同居住在一个城镇。融洽和谐的市民关系也有助于农民工长期居留。

对新生代农民工稳定居留产生消极影响的因素有人力资本提升和职业生涯规划。学历和技能提升后，新生代农民工将选择收入更高的工作和城市，造成城镇居留的不稳定性，这与假设 5.2 相一致。具有职业生涯规划的农民工会主动选择有助于职业目标达成的工作岗位和打工城市，导致出现城镇不稳定居留现象。

（2）流动意向影响因素。

本研究中，未来流动意向因变量分为留在城镇、返乡务农、返乡从事非农产业、没有打算四个哑变量，以没有打算为参照组。

从收入水平看，收入高的农民工愿意返乡就业，乡土对新生代农民工仍具有吸引力。从城市类型看，省城和计划单列市的农民工不愿意留在城市，愿意返乡务农。表明新生代农民工在大城市难以立足，倒逼农民工返乡。小城镇农民工多数就地转移就业并兼营农业，农民工会自由选择返农或返乡从事非农产业。从配偶状况看，家庭团聚一直是新生代农民工的夙愿。配偶在家乡的农民工不愿长期在城镇居留，愿意返乡务农；配偶在同一城市打工的农民工不愿意返乡务农，而配偶在其他城市打工的农民工愿意返乡非农就业。从务农经历看，农业仍不具有吸引力。喜欢且有务农经历的农民工要么愿意留在城镇，要么选择返乡非农就业，而不愿意返农归田，验证了假设 5.3。

表明即使喜欢农业，农业的艰苦生产条件和低收入水平也会让人望而却步。乡村振兴需要实现农业转型，大力改善农业生产条件，提高农业收入水平。从打工生涯进程看，学历提升的农民工不愿意返乡从事非农产业，表明农村非农产业仍难以吸引本乡本土人才回归。

从城市房价看。住房租赁或购买能力是城镇长期稳定居留的门槛。农民工依靠打工收入买不起城市住房，而通过贷款能够买得起城市住房的农民工能够长期居留城镇。新生代农民工普遍具有城市居留偏好，但居住能力影响农民工城市居留意愿。人口城镇化需要建立农民工住房保障体系，并逐步缩小农民工与城市人的住房保障差距，提高农民工城市居住和生存能力。

（3）返乡创业意愿影响因素。

年龄、婚姻、流动距离、职业生涯规划、打工时间、人力资本提升通过显著性检验，对新生代农民工返乡创业意愿产生影响。其中年龄小、未婚的农民工，具有一定的返乡创业动机，但城镇创业动机更强；打工稳定、没有职业规划的农民工创业意愿低，表明创业是积极主动的自主自觉行为。人力资本水平对创业意愿产生积极影响。打工过程中技能得到提升的农民工返乡创业意愿强；流动距离越远、见识越多的农民工返乡创业意愿越强。创业意愿不但受知识技能影响，不惧怕风险、见多识广、主动性人格等特征对创业意愿会产生更加积极的影响。

5.3 本章小结

新生代农民工城镇打工的主要目的仍是创造收入，而不是稳定居留城镇和市民化，收入水平高的农民工具有返乡就业倾向。新生代农民工普遍具有家庭团聚的愿望，但城市生存压力降低了新生代农民工家庭市民化意愿，成为城市人仍是新生代农民工的奢望和愿景。城市城乡有别的福利政策对农民工城镇生存而言杯水车薪，而人力资本对新生代农民工城镇生存和职业发展产生显著性影响，农民工市民化政策应从降低福利门槛向促进农民工人力资本提升转变，缩小城乡住房保障水平差距。

农村产业仍不具有就业吸纳力。农业尚不具有竞争力。即使喜欢农业且有务农经历的农民工也要么选择留在城镇，要么选择返乡非农就业，而不愿意返乡务农。新生代农民工返乡务农是源于大城市难以立足，倒逼返乡归田。农业艰苦的生产条件和低收入水平会让人望而却步。乡村振兴需要实现农业转型，大力改善农业生产条件，提高农业收入水平。农村非农产业人才吸纳力不高。农村非农产业发展尚难以吸引本乡本土人才回归，学历提升的农民工将会选择更好的发展去处，而不愿意返乡兴乡，乡村振兴需要培养新生代农民工爱家乡爱农业深厚情感。

新生代农民工返乡创业意愿源于打工经历中的自省和成长。打工地离家乡越远，农民工返乡创业意愿越高。流动距离越远，农民工见识越多、自省越深，对事物的判断认识越科学，越能激发创业意愿。返乡创业政策既需要帮助农民工提升创业能力，更需要激发农民工创业意愿，吸纳不惧风险、见多识广的农民工返乡创业。

新生代农民工城镇稳定居留治理机制

6.1 市民下乡与农民进城的经济逻辑

6.1.1 农村发展需要构建新型城乡关系

6.1.1.1 几个关键词

（1）增加农民收入。

增加农民收入始终是党的农村工作的中心。党的十六大报告指出：统筹城乡经济社会发展，建设现代农业，发展农村经济，增加农民收入，是全面建设小康社会的重大任务。十六大报告将农民收入增加作为全面建设小康社会的重点任务，作为落实科学发展观，实现城乡统筹发展的重要抓手。党的十七大报告提出，"解决好农业、农村、农民问题，事关全面建设小康社会大局，必须始终作为全党工作的重中之重"。农业、农村、农民问题成为事关经济协调发展，社会全面进步的关键所在。其中，农民问题是"三农"问题的重中之重。2002年以来，我国城乡居民人均可支配收入增长差距由大变小，基本稳定在3个百分点左右（见图6.1）。农民收入增速始终赶不上城市居民收入增长速度，城乡收入差距不断扩大。鉴于此，党的十八大报告提出，千方百计增加居民收入，实现收入倍增计划，即到 2020 年，城乡居民人均收入比 2010 年翻一番。以期通过制度创新，促进农民收入大幅度增长，增幅赶上和超过城市居民收入。

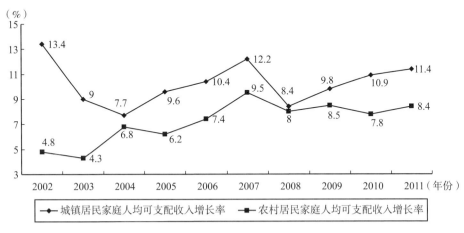

图 6.1　2002～2011 年我国城乡居民人均可支配收入增长率

资料来源：根据《中国统计年鉴 2012》数据绘制。

为补齐乡村经济社会发展短板，党的十九大报告提出乡村振兴战略，并提出三步走乡村振兴战略规划：到 2020 年，乡村振兴取得重要进展，制度框架和政策体系基本形成；到 2035 年，乡村振兴取得决定性进展，农业农村现代化基本实现；到 2050 年，乡村全面振兴，农业强、农村美、农民富全面实现。农民富裕成为乡村振兴的主要目标之一。

可见，增加农民收入是党始终坚持的路线方针和政策，是党的农村工作的重点，也是全国人民不懈努力的目标。

（2）新型城乡关系。

党的十六大第一次提出统筹城乡经济社会发展的战略构想，从此开始了对城乡二元体制解构的理论与实践研究。此后，《中共中央关于制定"十一五"规划的建议》明确提出，坚持把解决好"三农"问题纳入党的核心工作体系，使用工业反哺农业、城市支持农村的思路，并致力于推进社会主义新农村建设。2006 年的中央一号文件第一次涉及工农城乡关系在推进现代化建设中的影响，强调推进现代化的前提是对工农城乡关系的妥善处理。基于此，党的十七大更进一步提出了城乡经济社会一体化发展的新格局，指出充分发挥城市对农村的带动作用和农村对城市的促进作用，实现城乡一体化发展。党的十七届三中全会作出我国已进入"着力破除城乡二元结构、形成城乡经济社会发展一体化新格局的重要时期"的判断，提出到 2020 年基本建立城乡经济社会发展一体化体制机制。党的十八大报告更加明确地提出，解决"三农"问题的根本途径是着重在基础设施、城乡规划以及公共服务等方面推进城乡发展一体化，促使城乡要素及公共资源的均衡分配，"形成以工促农、以城带乡、工农互惠、城乡一体的新型工农、城乡关系"。党的十八届三中全会进一步提出，"必须健全体制机制，形成以工促农、以城带乡、工农互惠、城乡一体的新型工农城乡关系，让广大农民平等参与现代化进程、共同分享现代化成果。"

（3）新型城镇化。

党的十八大提出，要坚持走中国特色新型城镇化道路，推动工业化和城镇化良性互动、城镇化和农业现代化相互协调，促进工业化、信息化、城镇化、农业现代化同步发展。党的十八届三中全会提出，"完善城镇化健康发展体制机制。坚持走中国特色新型城镇化道路，推进以人为核心的城镇化，推动大中小城市和小城镇协调发展、产业和城镇融合发展，促进城镇化和新农村建设协调推进"。

2013 年中央一号文件提出，有序推进农业转移人口市民化，努力实现城镇基本公共服务常住人口全覆盖。2013 年 12 月 12～13 日，中央城镇化工作会议在北京召开。会议讨论了《国家新型城镇化规划》。2012 年 12 月 15～16 日，中央经济工作会议召开，会议提出积极稳妥推进城镇化，着力提高城镇化质量。

2014 年 3 月，国务院印发了《国家新型城镇化规划（2014—2020 年）》，规划明确了新型城镇化建设目标、战略重点和配套制度安排。

2014 年 3 月 5 日，国务院总理李克强在十二届全国人大二次会议上作政府工作报告时说，2014 年要推进以人为核心的新型城镇化。坚持走以人为本、四化同步、优化布局、生态文明、传承文化的新型城镇化道路。今后一个时期，着重解决好现有"三个 1 亿人"问题，促进约 1 亿农业转移人口落户城镇，改造约1亿人居住的城镇棚户区和城中村，引导约1亿人在中西部地区就近城镇化。

2014年9月16日，国务院召开推进新型城镇化建设试点工作座谈会。新型城镇化分三批在全国范围内开展试点。

从以上党的方针政策演进可以看出，新型城镇化从党的报告上升为国家战略，成为新时代中国特色社会主义思想的集中体现。与传统城镇化相比，新型城镇化体现在哪里呢？

第一，新型城镇化是城乡统筹发展的城镇化。新型城镇化要求统筹城乡发展规划、统筹城乡基础设施建设和公共服务供给，促进城乡要素平等交换和公共资源均衡配置，形成以工促农、以城带乡、工农互惠、城乡一体的新型城乡关系。

第二，新型城镇化是有利于生态文明和可持续发展的城镇化。新型城镇化要求改变"摊大饼"、高消耗式的粗放型城镇化。要求改变传统城镇化发展道路，走集约、智能、绿色、低碳的新型城镇化道路。新型城镇化要求加大城镇生态环境建设力度，建设资源节约型、环境友好型的城镇。

第三，新型城镇化是促进"四化"同步发展的城镇化。推进新型城镇化，要求推动信息化和工业化深度融合、工业化和城镇化良性互动、城镇化和农业现代化相互协调。

第四，新型城镇化是撬动内需的城镇化。在净出口需求不振的情况下，扩大内需成为拉动经济增长的主要引擎之一，扩内需最大潜力在城镇化。新型城镇化要求以人为核心，以外来人口城镇稳定居留和市民化拉动城镇消费需求。

第五，新型城镇化是注重质量和内涵的城镇化。城镇化不是快速城镇化，而是以人为核心的城镇化。要求提高城镇化质量和内涵，发展特色城镇。

第六，新型城镇化是以人为本的城镇化。新型城镇化是以人为核心的城镇化。推进新型城镇化，就要以人的需求为核心，加快补齐城市公共服务短板，促进外来人口市民化。

（4）乡村振兴战略。

党的十九大报告首次提出乡村振兴战略，指出"农业农村农民问题是关系国计民生的根本性问题"，并提出要坚持农业农村优先发展，按照产业兴旺、生态宜居、乡风文明、治理有效、生活富裕的总体要求，加快推进农业农村现代化。实施乡村振兴战略，需要实现产业振兴、人才振兴、文化振兴、生态振兴和组织振兴。2018 年中央农村工作会议进一步确定了乡村振兴战略方向、思路、目标、任务和要求，形成乡村振兴战略顶层设计。2018 年中央一号文件提出，强化资源要素支持和制度供给，优先满足农村需求，加快补齐农业农村短板。钱、地、人等资源要素流失导致乡村严重"失血"。乡村振兴必须以城带乡、以工促农，扭转要素乡城单向流动格局，实现城乡要素自由流动和平等交换。当前资源要素乡村回流的趋势已经出现，但城市净流入的基本格局并未改变。引导资源要素向乡村流动，实现城乡资源要素融合，是乡村振兴战略实施的必要途径，乡村振兴需要积极探索城乡资源要素融合的实现形式。

6.1.1.2 农村发展离不开城市支持

农村发展需要减少农民数量、增加农民素质、提高农民收入。德国的乡村建设取得了显著成效，城乡之间没有明显边界，成为世界上城乡融合程度较高的国家。德国农民占全国人口的 2% 左右，数量少、素质高是乡村发展的显著特征。据统计，2015 年德国农民受过农业高等教育的约占 10%，受过职业进修教育的约占 59%；具有中等职业教育学历的约占 31%[①]。

乡村振兴需要构建新型工农城乡关系，需要以工促农、以城带乡、工农互惠、城乡一体。乡村振兴离不开各种要素支持。

第一，各类人才是乡村振兴的主体。乡村振兴迫切需要吸纳具有深厚乡村渊源的社会精英、本土或农科大学生和志愿服务乡村振兴的各界人士等科技人才、技能人才、创业人才和社会组织带头人，以人才乡村创业带动产业兴旺和农村劳动力就业。曾经上山下乡的知识青年、从乡村出来的退转军人、各界社会精英等不但拥有广泛的社会资本，更具有浓厚的乡村情结，可以成为乡村振兴的推动者。要吸纳和留住各界人士，就要围绕人才的多元化需求，构建生态宜居的生活环境、便利快捷的服务环境、陶冶人心的文化环境和成

---

① 人民论坛网．张秋玲：德国乡村多元化发展对我国乡村振兴的启示［EB/OL］．http：//www.rmlt. com. cn/2019/0108/536895. shtml.

就事业的岗位平台。需要实现乡村工业生态转型，完善道路交通、网络通信、商贸物流、金融服务等基础设施和公共服务，挖掘民俗文化、休闲文化和娱乐文化等文化价值，设立组织、平台和工作岗位，让那些想为家乡做贡献的各界人士找到乡村回流的渠道和载体，让回流乡村的各类人才不降低原有生活质量，在乡村有位有为，成就一番事业。

第二，资本是乡村振兴的实体。乡村振兴初始资本来源于农业剩余价值和农民工打工积累，乡村能人和返乡农民工创业是产业兴旺的催化剂。农民企业家运用地缘优势、血缘亲缘优势、乡村文化优势，能够低成本和便利地雇用劳动力，能够与当地政府部门建立和谐稳定的关系。当乡村产业初具规模，产生集聚效应和规模效应，才会大量吸引外来资本加入。外来资本稳定回流需要抓"两头"促中间，培育获益动力源。一头是乡村要素有效供给，另一头是完善产品市场。即政策支持物流、销售企业服务网点向农村延伸，建立农村现代化流通体系，降低交易成本，提高贸易自由度。抓中间即开展产业组织创新、模式创新、科技创新和管理创新，促进现代农业第一、第二、第三产业融合和农村第二、第三产业协同发展，充分释放产业创新活力。

第三，土地是乡村振兴的载体。土地是农民得天独厚的主要资源，乡村振兴必须遏制圈地现象。除土地资源外，农民几乎一无所有，土地是农民实现就业增收，促进乡村振兴的载体。乡村振兴需要构建新型城乡关系，需要以工促农、以城带乡，而不是釜底抽薪。乡村振兴需要充分发挥土地的载体功能，盘活闲置土地资源，放松宅基地以及农民住房的使用权，促进宅基地及其房屋使用权的流转，让能够引领产业发展，带领农民就业增收的本土能人和返乡下乡社会精英获得宅基地使用权，提高农民宅基地和闲置房屋的经济效率。

6.1.2 新型城镇化离不开农民的参与

新型城镇化是以人为本的城镇化。新型城镇化的实现离不开农民的广泛参与。

第一，农民工是城镇产业队伍的主体。产业是城镇发展的支柱。在城市功能不完善的情况下，产业率先发展，城市功能跟进。如珠三角地区的小城镇。产业规模扩张需要大批劳动力，尤其是劳动密集型的纺织鞋帽服装产业。在国际产业转移时期，沿海地区大力发展"三来一补"外向型传统制造业，推动中国成为制造大国。传统制造业发展依赖成本优势，包括工厂用地和劳动力成本优势。与城市劳动力相比，农民工用工成本较低。正是低廉的农村劳动力用工成本支撑了传统制造业发展。试设想，如果没有农民工的贡献，城镇传统制造业不可能发展壮大。在劳动力短缺时代，机器换人尚未普遍，城镇产业转型尚在路上，农民工仍然是城镇产业发展不可或缺的力量。知识水平更高、掌握更多技能的新生代农民工已跟进产业转型步伐，成为城镇新型产业的劳动主体。农民工群体已占城镇产业工人队伍的半壁江山。进入新时代，虽然农村劳动力转移步伐放慢，城镇化仍然离不开农民的参与。换句话说，城镇化不是城市人的城镇化，而是农民的城镇化、农民的市民化。城镇化过程也就是农民生产方式和生活方式转变的过程，是农村居民从农民蜕变为新市民的过程。

第二，进城农民是城市传统服务业的主体。进城农民从事的多是城市人不愿干的苦、脏、累、险和低收入的工作，如家政服务、便民服务、餐饮、商贸物流和养老服务等传统服务业。这些服务业与城市居民生活息息相关，成为城镇不可或缺的产业。这些工作给城市居民带来便利的同时也给农民自己带来了收入。进城农民已成为城市群体不可分割的组成部分，没有这些农民，也就没有功能完备的城市。城镇化过程中，城镇传统服务业发展也是进城农民的贡献。这些服务业发展完善了新城的城市功能，实现了产城融合，增强了新城的吸引力。以人为核心的新型城镇化离不开进城农民的服务。

第三，新市民是拉动城市内需的主体。我国城乡居民消费水平存在较大差距，如图 6.2 所示。2006 ~ 2015 年，我国城乡居民消费水平差距不断扩大。2015 年，城市居民消费水平接近农村居民的 3 倍。进城农民市民化后，新市民的消费水平将大幅提高。即使赶不上原市民的平均消费水平，也大大高于农村居民消费水平。农民市民化后产生了许多刚性消费需求，如住（租）房消费、子女教育支出、生活消费等。这些刚性消费需求拉动城市内需，成为经济增长的新引擎。

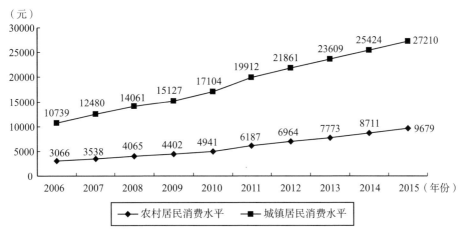

图 6.2 我国城乡居民人均消费水平变化

资料来源：根据《中国统计年鉴2016》数据绘制。

6.2 新生代农民工城镇稳定居留治理机制

6.2.1 政策调整三种资本的培育

6.2.1.1 人力资本培育

人力资本是稳定居留的基本禀赋。政策设计目标应该是激发农民工人力资本动能，鼓励农民工自觉自主地进行人力资本投资，提高农民工人力资本能动性。但农民工多数处于灵活就业状态，即使签订了劳动合同（一般签订的是1年期的短期劳动合同），农民工工作转换和流动性仍然较强。政策设计应针对城镇农民工灵活就业特点，特别是游离于正规组织之外的农民工群体。与正规就业相比，政府应该对灵活就业群体承担更多的社会责任。从人力资本视阈看，政府应该替代工作单位，承担更多的教育培训责任。

处于流动状态的农民工，人力资本投资途径更加广泛。从人力资本构成看，人力资本不但包括知识技能，还包括见识和经验等。转移就业和进城打工是农民工人力资本投资渠道之一。进城打工不但增长了知识技能，更多的是增长了见识和阅历。农民工先天禀赋并不一定差，但后天受教育经历时间短，群体内外互动和相互影响带来的人力资本较少。进城打工后，农民工除受同村和同乡群体影响外，城市环境对农民工冲击较大。在冲击和自省作用下，农民工见识和阅历得到提升，眼界得以放宽，拥有了与以前的自己和同村人不同的非知识技能素质。这些非知识素质能够产生内驱力，促进农民工追求更高的生活目标。

政策应该因势利导，通过政策创新设计，构建激励农民工人力资本投资的政策体系。第一，针对农民工灵活就业的特点，国家应制定灵活就业者教育培训制度。明确培训主体职责、培训费用分担、培训内容、培训制度和培训参与激励机制等，按照福利培训原则，国家和所在城市政府承担灵活就业者大部分教育培训费用，并给予家庭困难参训者生活补助。德国的《职业教育法》规定，就业者必须先接受正规的职业教育。我国农业没有实行正规的职业资格制度，农民从业前没有接受职业教育，农业成为无门槛的职业。职业农民制度建立后，农业成为一种职业。无论将来从事农业还是非农业，农民都需要掌握一门实用技能。这就需要政府引导和开展农民职业技能教育培训。德国的职业教育经费由企业与政府共担，对培训者免费。我国灵活就业者多数没有正规单位，政府应该开展福利性培训计划，受训者免费参训并获得生活补助。

第二，建立农民工培训监督和考核机制。组建专门的农民培训监督检查队伍，实地监督检查农民培训开展状况、农民参训状况、培训效果、培训经费使用状况等。培训结束后，考核部门组织开展受训农民工考试考核，考核合格颁发相关职业技能资格证书。德国所有农民中，持有《专业资格证书》《农民师傅证书》的比例达到22%。持有《专业资格证书》的农民方能开办家庭农场，持有《农民师傅证书》者才有资格招收学徒。

第三，国家引导地方人大制定《农民教育培训条例》，将全民教育和终身教育纳入立法，将政府组织的教育培训活动覆盖所有农民。通过法律强制，引导全社会树立全民教育和终身教育理念。农民将参与相关教育培训作为自己的义务。

第四，建立灵活就业者人力资本补偿制度。国家相关部门将灵活就业者掌握的知识技能划分等级，每个等级对应一定的经济补偿。国家据此按月发放人力资本补助，以激励全社会开展人力资本投资。严格人力资本认定考核制度。正规单位常常采用学历和学位度量人力资本水平。针对灵活就业者人力资本水平认定，可以建立多指标多维度考核。如知识指标、技能指标、创新创业能力指标等，赋予指标相应权重，全面考核认定灵活就业者人力资本水平。

6.2.1.2　心理资本培育

心理资本属于非知识技能资本，是基于人格特征的能力。心理资本包括乐观、期望、自我效能感（信心）和坚韧性等。心理资本影响人的主观能动性。心理资本与人力资本协同发展作用，两者相互作用、相互影响，共同形成劳动生产力。心理资本既有天生的禀赋，也是后天历练的结果。

与人力资本积累不同，心理资本的形成与个体特征息息相关。但人格特征既受后天的影响，也会在历练中得以修正。

乐观向上的心理形成。乐观和期望的心态是人生"三观"的体现。国家根据经济社会发展水平，不断提高社会民生福利，如农民社会保险水平、农村社会公共服务和社会福利水平等，增加农民的获得感、幸福感和安全感，让农民从惠农政策中产生期望和干事创业的动机，从而养成乐观向上的心态。

自我效能感的积淀。自我效能感的形成来自成功事例产生的自我认知和评价。农民工所在单位应充分肯定其工作中所取得的成就，并给予一定奖励和荣誉。所在单位给农民工制定适当并具有挑战性的任务目标，帮助农民工解决目标达成中的困难障碍，帮助农民工实现目标，从而积淀自我效能感。农民工所在单位工会与应企业协调，为农民工争取更多的先进工作者指标，给予农民工更多荣誉。地方政府相关部门组织开展灵活就业者工会创建活动，如组建家政服务业地区工会、建筑业农民工工会等，实现农民工工会全覆盖，依靠工会组织帮助灵活就业人员形成自我效能感。

坚韧性的形成。经受挫折有助于坚韧性的形成。挫折（setback）是指个体在从事工作过程中，指向目标的行为遇到困难或干扰，致使其目标不能实现，需要无法满足时所产生的情绪状态。挫折理论主要揭示人的动机行为受阻而未能满足需要时的心理状态，并由此而导致的行为表现，力求采取措施将消极性行为转化为积极性、建设性行为。挫折对人的影响具有两面性：一方面，挫折可增加个体的心理承受能力，使人猛醒，吸取教训，改变目标或策略，从逆境中重新奋起；另一方面，挫折也可使人们处于不良的心理状态中，出现负面情绪反应，并采取消极的防卫方式来对付挫折情境，从而导致不安全的行为反应，如不安、焦虑、愤怒、攻击、幻想和偏执等。挫折的感受因人而异的原因主要是由于人的挫折容忍力不同。所谓挫折容忍力，是指人受到挫折时免于行为失常的能力，也就是经得起挫折的能力。它在一定程度上反映了人对环境的适应能力。挫折容忍力与人的生理、社会经验、抱负水准、对目标的期望以及个性特征等有关。农民工进城打工后，一定会经历重重困难和挫折，这些挫折会促使农民工修正预期目标、屡次受挫可能会变得更加坚强。从挫折到坚强既需要自我调整也需要外部干预。农民工所在单位工会组织应定期开展农民工心理疏导和培训，针对普遍性问题，指导农民工正确面对困难和挫折，鼓励农民工从挫折中站立起来。针对灵活就业者，所在社区应定期开展心理疏导和培训，引导灵活就业人员积极参与社区活动，以榜样和示范影响灵活就业者对困难的认知和评判，逐步树立坚韧的个性。

6.2.1.3 社会资本培育

（1）农民工城镇就业具有低组织化特征①。

城镇农民工背井离乡，社会资本较少，尤其是跨省流动的农民工。亲缘、血缘、乡缘、学缘关系是进城农民工主要的社会资本。农民工社会资本形成的首要平台是打工所在的组织。但农民工城镇就业的组织化程度较低，主要表现为：

第一，就业形式的分散性。就业是一种社会行为。劳资双方信息不对称形成劳动就业风险，社会组织的干预如政府的再就业培训、职业介绍等将增加雇佣双方的互信，提高求职者就业能力。就业实现后，强资弱劳现象容易产生资本对劳动权益的侵害，也需要组织化地保护劳动者权益。但无论是自雇佣就业还是未签订劳动合同的灵活就业，农民工就业实现具有自主分散决策特点，缺乏组织化的指导、规范和保护，形成就业实现、劳动监管和权益

---

① 刘洪银. 城镇农民工就业的非组织化及其市民化约束 [J]. 中州学刊，2014 (11).

分配的非规范化和风险性。

第二，劳动权益保护的非组织化。个人力量难以与资方抗衡，需要劳动者通过形成联合组织提高协商能力。大部分农民工没有加入工会组织，尤其是灵活就业的农民工。调查显示，2006 年，农民工加入工会比率仅为 13.8%。有些企业尚未建立工会组织，已建立工会组织的企业新生代农民工入会率尚不足一半，2010 年为 44.6%[①]。农民工个体劳动谈判能力有限，缺乏工会组织的庇护，灵活就业者无论劳动要价能力还是劳动权益保护都处于劣势。自雇佣劳动自我承担经营风险，同样缺乏组织依靠。

第三，劳动关系的不稳定性。稳定就业的标志是稳定的劳动关系，稳定劳动关系的前提是组织化就业和法律保障，灵活就业者游离于劳动合同之外或受短期劳动合同约束，没有形成长期稳定的劳动合同关系，劳动关系具有脆弱性和不稳定性的特点。劳动关系的不稳定性是劳动就业非组织化的根本特征，既不利于农民工职业发展和职业管理，也不利于农民工加入工会组织。

（2）农民工就业的低组织化对城镇社会资本形成产生约束[②]。

与高组织化就业相比，低组织化水平的就业对农民工社会资本形成产生多重约束。

第一，非组织化就业使农民工游离于社会政策和城市文化之外。农民工灵活就业的非组织化特征将农民工隔离在民主政治、组织文化和社会生活之外。一般而言，组织是国家调控经济、管理社会的载体，国家的各级政策法规、制度信息等都是通过组织单位传达和贯彻实施，单位是各级党委政府政策法规的落实者。由于非组织化群体不占主流地位，政策优先关注组织内群体，而忽视非组织化就业者。如我国国有企业医疗保险改革起始于 1992 年，而农民工医疗保险政策直到 2006 年才出台。作为非主流群体的灵活就业者既得不到政策的优先庇护，又无法及时获得政策信息，这必然降低灵活就业者的社会福利和决策能力，久而久之，灵活就业者成为社会边缘化群体。如农民工没有城市选举权和被选举权。《中华人民共和国全国人民代表大会和地

---

① 资料来自中华全国总工会 2010 年对全国 25 个城市（区）已建立工会的 1000 家企业的 4453 个农民工进行的问卷调查。

② 刘洪银. 城镇农民工就业的非组织化及其市民化约束［J］. 中州学刊，2014（11）.

方各级人民代表大会选举法》规定，选举权与户籍挂钩。农民工户籍不在打工城市，自然被排除在相关权利之外；农民工难以融入城市社会。组织是社会的基本单位，边缘化的农民工与正式员工互动交流少，难以融入组织文化，也就难以融入城市社会生活。自雇佣就业者亦是如此。

第二，非组织化劳动阻碍农民工融入所在组织。社会劳动从本质上说就是分工劳动和协作劳动。自雇佣就业从社会宏观视野看属于分工和协作劳动，从企业微观视角看属于独自劳动，自雇佣劳动获得自主性需求满足却放弃了融入所在的组织。自雇佣就业者创办的个体经营组织规模小，除顾客外，没有与其他组织联系沟通的条件。单位灵活就业者组织地位较低，组织内社会交往面较窄、交往层次较低，难以真正融入所在组织，始终处于组织的边缘地带。

第三，非组织化就业阻碍农民工城市社会融合。农民工融入城市社会，实现身份认同和文化融合是城市化的必然要求。社会融合主要是群体间互动交流、碰撞和彼此认同的过程，这个过程将拉近群体间心理距离，影响和同化群体个性文化。群体间社会融合需要第三方组织的干预，如图6.3所示。

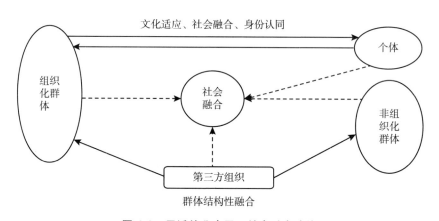

图6.3　灵活就业农民工社会融合路线

如图6.3所示，社会融合是组织化群体、非组织化群体（包含个体的虚拟群体）与第三方组织共同作用的结果。个体与组织化群体之间的自主双向互动可以实现文化适应、社会心理融合和身份认同，但非组织化群体与组织化群体之间的交流沟通一般需要第三方组织的媒介作用，将非组织化群体组织起来，创设条件，引导促进两个群体间的互动交往和彼此接纳。但无论是自雇佣就业还是非组织化的雇佣劳动，作为第三方组织的社区和企业单位都没有为农民工与城市居民群体互动创设必要情境，群体间交往成为一种自发自觉的行为。第三方干预缺失情况下，由于社会歧视的存在，企业内部灵活就业的非组织化群体和正式就业的组织化群体之间不会主动交流，彼此泾渭分明，自雇佣就业者与城市居民之间也存在隔阂。因就业方式的不同没有发挥劳动就业应有的社会联系作用，非组织化就业阻碍农民工融入城市社会的进程。

（3）政策引导建立吸纳农民工参加的各类社会组织。

除提高农民工就业组织化程度外，农民工社会资本培育需要构建各种吸纳农民工加入的社会组织。除工会组织和社区组织外，地方政府应引导建立社会组织平台，促进农民工融入城市社会（农民工融入企业、子女融入学校、家庭融入社区、群体融入城市）。如组建城市灵活就业协会，将灵活就业农民工组织起来。组建农民工老乡联谊会，将同一输出地的农民工组织起来。

6.2.2　建立完善的创业和经营性就业机制

高层次的城镇稳定居留是农民工自主选择的结果。农民工依据自身就业状况、收入水平和居留偏好选择长期居留。与被动性就业相比，创业和经营性就业等主动性就业形式更能给农民工带来工作成就和收入水平。构建政策干预的经营性就业机制，促进农民工创业和经营性就业，有助于提高自身就业状况评价，提高劳动收入水平，促进城镇居留的稳定性水平。

就业机制是就业机理以及遵循就业机理而产生作用的就业制度安排。经营性就业机理是人力资本、心理资本和社会资本协同作用而形成的开创意识、创业动力、经营能力和风险承担能力，风险承担能力与开创意识相互影响。经营性就业机制包括社会引导机制、动力机制、学习机制和保障机制，分别对开创意识、创业动力、经营能力和风险承担能力产生影响。经营性就业制度安排包括发挥激励约束作用的产业政策、财税金融政策和兜底保障作用的社会政策。经营性就业机制如图 6.4 所示。

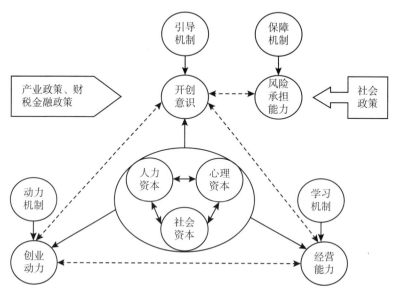

图 6.4　城镇新生代农民工经营性就业机制框架

　　基于三种资本的就业机制框架包括开创意识、创业动力和经营能力。开创意识形成于风险偏好和风险承担能力。农民工创业风险承担能力低，需要产业金融政策干预，以降低风险水平，提高农民工风险抵御能力。如贷款贴息免息，用工补贴和社会保险补助等。在政策支持下，农民工会重新评估风险承担能力，决定创业与否。创业动力源于收入预期。政策营造公平的创业环境和市场环境，消除农民工社会歧视，政府给予城乡居民平等的政策支持，有助于调整农民工收入预期，激发自身创业动机。经营能力来源于农民工自身学习和历练。政府提供免费的目标明确的教育培训机会，有组织地开展城镇农民工实用技能和专业技能福利培训，不断推进农民工企业经营能力提升。目前，地方政府的福利培训计划对象仅限于当地户籍人口，外来农民工被排除在外，造成城镇常住农民工与本地户籍人口知识技能水平差距的拉大，既不利于城乡融合，也无助于农民工城镇稳定就业、稳定居留和市民化。

6.2.3　完善稳定居留支持性社会政策

对于城镇农民工而言，因用工成本提高，组织内正式雇佣劳动减少，而以任务承包形式的经营性灵活就业增多。互联网＋产业后，非物理空间依赖型的网络就业和灵活就业发展壮大。农民社会保险和工商行政管理等制度应相应调整，优先为创业和经营性就业农民工建立基本养老医疗保险，实行兜底保障；政策支持农民工城镇创业、返乡创业和就地创业，降低准入门槛，鼓励农民工创办社会服务组织、创办第一、第二、第三产业融合经营组织、经营农村公共事业等。

6.3　不同层级城镇新生代农民工稳定居留治理机制

1980 年我国首次对城市划分标准作出调整，将城市划分为特大城市、大城市、中等城市和小城市四个等级。2014 年，国务院根据城市常住人口规模对城市等级进行了重新调整，发布了《国务院关于调整城市规模划分标准的通知》，新标准按城区常住人口数量将城市划分为五类七档，即超大城市（1000 万人以上）；特大城市（500 万～1000 万人）；大城市（100 万～500 万人，其中 300 万人以上 500 万人以下为Ⅰ型大城市，100 万人以上 300 万人以下为Ⅱ型大城市）；中等城市（50 万～100 万人）；小城市（50 万人以下，其中 20 万人以上 50 万人以下为Ⅰ型小城市，20 万人以下为Ⅱ型小城市）。

6.3.1　中小城镇新生代农民工稳定居留治理机制

中小城镇就业、稳定居留和落户发生分离。中小城镇已经放开落户门槛。《国家发展改革委关于实施 2018 年推进新型城镇化建设重点任务的通知》要求，中小城市和建制镇要全面放开落户限制，2018 年实现进城（各类城市）落户 1300 万人。虽然中小城镇户籍政策门槛已经消除，但农民城镇落户的积极性并不高，中小城镇出现就业、居留和落户相分离的现象。首先是就业与居住发生分离。相关研究表明，返乡农民工就业地向中小城镇集中，而居住空间相对分散。产业向中小城镇集聚，就业也向中小城镇集中。但由于家庭中有需要照料的老人、接送上学的孩子，夫妻一方需要留在老家，另一方也不能稳定居留城镇，而是在城镇与家乡之间穿梭。其次，居住与落户发生分离。按照《国家新型城镇化规划（2014—2020 年）》设定的目标，到 2020 年，我国常住人口城镇化率将达到 60% 左右，户籍人口城镇化率要达到 45% 左右，并努力实现 1 亿左右农业转移人口城镇落户。但农民城镇落户的意愿不足。如四川省阆中市，2015 年农转非人口 3185 人，而按照城镇化试点计划，需要每年 2 万人进城落户①。这源于农村户口含金量的上涨。调查发现，农村户口的附着权益数量已经超过城镇户口。就业、养老保险、教育、基本公共卫生服务、公共文化服务等 5 项权益城乡户籍基本无差别；但土地权益、粮食直补、退耕还林、农村"五保"、扶贫 5 项权益是农村户口独有；公租房、廉租房为城市户口独有的。相比之下，城乡户籍相关联的权益数量已差别不大，权益水平略有差异，如城市低保月补助标准高于农村 40 元。协同推进新型城镇化和乡村振兴战略中，农村土地权益、宅基地权益成为与农村户籍相关联的主要权益。农村户籍的吸引力在不断提高，而城市户籍的吸引力在下降。按照本书设计的研究思路，稳定居留是城镇落户的基础，实现了城镇长期稳定居留，落户问题将迎刃而解。但中小城镇落户问题成为户籍城镇化推进的障碍。中小城镇农民工稳定居留治理研究需要从不稳定居留到稳定居留向城镇落户拓展，以彻底解决农民工城市化问题。

（1）以主导产业壮大创造中小城镇就业机会，促进新生代农民工就地就近转移就业。

就业实现是小城镇稳定居留的经济基础。中小城镇就业机会少、劳动收入低等问题倒逼农民工向大城市流动。小城镇就业机会少源于小城镇产业基础薄弱，低端零散产业占主流地位，难以确立就业吸纳力强的主导产业。县级以下政府需要政策引导适合中小城镇发展的产业落地，在产业用地、配套产业发展、劳动力培训和政策支持等方面给予倾斜。县级及以下政府转变政

---

① 秦交锋，等. 农村户口"含金量"提升，有地方现"逆城镇化"［N］. 新华每日电讯，2016 - 07 - 19 (5).

府职能，培育壮大中小城镇主导产业发展动能。县级及以下政府从企业需求出发，树立"产业第一、企业家老大"的政府理念，构建亲清的企业营商环境，全心全意为企业服务。政府相关部门应在企业劳动力招聘、税收减免、技术服务等方面发挥桥梁纽带作用，积极为企业沟通协调各种社会资源，培育壮大主导产业。中小城镇主导产业培育中，应着力培育引领带动作用强的产业龙头企业，以龙头企业落地和扩张带动主导产业的形成。

（2）以农村养老托幼服务业发展细化产业分工，促进农村妇女劳动参与率提升。

如何将家庭妇女从家务劳动中分离出来，提高劳动就业参与率和家庭整体城镇化是农民工实现城镇稳定居留的关键所在。单就业农民工家庭难以达到城镇居住生活水平，由此出现家庭主要劳动力在大城市打工，而农民工家庭在城镇居住生活的现象。农民工家庭城镇化需要实现家庭劳动力整体城镇就业团聚。这就需要将家庭妇女从家务劳动中分离出来，实现社会化就业。当前迫切需要发展壮大农村社会服务业，除教育医疗服务外，农村亟须发展壮大养老托幼服务业。县级及以下政府制定支持性政策，从从业标准、入住标准、收费标准、税收减免、从业人员培训等方面给予政策倾斜，逐步培育壮大农村养老托幼社会服务业，吸纳就地转移就业农村劳动力创办和从事农村社会服务业。

（3）以中小城镇住房保障政策改革降低入住门槛，推进新生代农民工家庭城镇稳定居留。

相比大城市，中小城镇住房价格相对较低。但中小城镇房价仍然高于农民工承受能力。降低中小城镇入住门槛，需要将住房保障制度从城市推向农村，让农民工享受住房保障。按照房子是用来住的政策要求，给予在中小城镇就业达到一定年限（如3年）的农民工，政府给予住房租赁补贴或购房补贴，或建设公租房和廉租房，优先考虑实现稳定就业和稳定居留的农民工，尤其是实现双就业的农民工家庭，鼓励家庭整体落户中小城镇。

（4）以中小城镇公共服务和基础设施完善平衡城乡户籍吸引力，促进新生代农民小城镇落户。

加快中小城镇道路交通、电商物流、网络通信和商贸餐饮等公共设施和公共服务业，构建宜人宜居的生产生活环境。乡村振兴战略实施中，国家将资源使用权限下放到县级政府，县委书记是乡村振兴的前线总指挥。小城镇联结乡村振兴与新型城镇化两个国家战略，乡村振兴战略为小城镇发展带来机遇。县级政府应着力安排基础建设资金，完善小城镇及村庄基础设施，实现小城镇与村庄道路交通的畅通。

县级及以下政府制定中小城镇社会服务业发展规划，打造服务业产业集群。教育医疗养老托幼等社会服务业向小城镇集聚，规范建设标准化服务机构，根据市场需求定位，发展公办民营和民办民营的多元化社会养老机构，并开展医养结合养老试点，推进农村养老服务与医疗服务的融合发展。

6.3.2　大城市和特大城市新生代农民工稳定居留治理机制

6.3.2.1　大城市和特大城市新生代农民工就业和居留特点

与中小城镇不同，大城市和特大城市农民工稳定居留约束因素不是就业机会少，而是基于人力资本的劳动力市场竞争力差。大城市产业体系完备，产业集群化发展程度高，人口吸纳能力强。不同水平的人力资本向大城市集聚，加剧了劳动力和人才市场的竞争状况。农民工人力资本水平相对较低，就业竞争力差，就业稳定性和居留稳定性水平较低。大城市对外来人口采用居住证管理制度。2018年，国家发改委通知规定，大城市对参加城镇社保年限的要求不得超过5年，其中Ⅱ型大城市不得实行积分落户，有条件的城市要进一步降低社保年限要求；Ⅰ型大城市中实行积分落户的要大幅提高社保和居住年限的权重，鼓励取消年度落户数量限制。由此看出，国家市民化政策导向是进一步降低居住证和落户门槛，提高常住人口城镇化水平和户籍人口城镇化水平。新生代农民工大城市就业和居留具有一定可行性，就业质量水平和居留稳定性水平受自身人力资本和心理资本水平影响。

农民工在直辖市等超大城市稳定就业和稳定居留门槛更高。超大城市普遍实行居住证管理制度。2018年国家发改委通知规定，超大城市和特大城市要区分城区、新区和所辖市县，制定差别化落户条件，探索搭建区域间转积分和转户籍通道。探索租赁房屋的常住人口在城市公共户口落户。超大城市农民工获得正规就业岗位存在一定难度，多数农民工在超大城市建筑、餐饮、家政服务等传统产业就业或个体经营。劳动条件简陋，收入水平低，没有购房能力。大城市人口密度高，城市住房保障难以覆盖到外来农民工。因此，超大城市农民工稳定就业和稳定居留门槛较高，不具有普遍可行性。杨龙等（2014）利用北京和深圳的农民工调查数据研究发现，农民工具有较强的进城意愿，但不具有超大城市居留能力。农民工工资水平不断上升，但超大城市企高的房价削弱了农民工城市居留能力。但超大城市发展离不开农民工，如建筑、家政、餐饮等产业。租赁住房是超大城市农民工主流居留模式，即使难以实现正规就业，为维持持续性生存，农民工也愿意选择长期居留城市。因此，超大城市农民工稳定居留是非正规就业所致，非正规就业的不稳定性也决定了农民工居住的不稳定性。与雇佣劳动相比，超大城市从事生活服务业的个体经营农民工居住稳定性较高。李树茁等（2014）研究也发现，自雇者更倾向于居留城市。

6.3.2.2 不同级别城市新生代农民工就业质量比较实证分析

新生代农民工居留城市的选择受多种因素影响。性别、年龄、教育程度、婚姻、职业类型、劳动收入、迁移类型、城乡二元体制差异（如户籍、社会保障、工资歧视等）等都对个体城市居留意愿产生影响。就业是城市居留的基础，农民工城市就业收入、劳动强度、居住条件等影响农民工就业质量，进一步影响城市居留稳定性状况。

（1）数据来源。

实证分析数据来源于课题组 2014 年 3～6 月对全国（以东部地区为主）进城新生代农民工进行的问卷调查。调查地区涉及环渤海地区（北京、天津、山东等）、长三角地区（江苏、浙江和上海）和珠三角地区（广东、福建）及部分东北地区和中西部地区。发放回收有效问卷 3402 份。其中，北京市 737 份，天津市 1195 份，山东省 442 份，长三角 469 份，珠三角 510 份，其他地区 49 份。

（2）变量选择与解释。

本研究变量选择如表 6.1 所示。

表 6.1 变量选择与赋值

	变量名称	类型	变量赋值及解释
因变量	城市群类型	类别	1 = 京津冀，2 = 长三角，3 = 珠三角，4 = 其他
	打工城镇类型	类别	1 = 小城镇，2 = 县城（市），3 = 地级市，4 = 省城或计划单列市，5 = 直辖市
自变量	小时工资收入	连续	取小时工资收入对数
	日加班时间	连续	劳动时间 − 8
	劳动恢复状况	类别	0 = 精力充沛和能够恢复，1 = 略带疲惫和感觉疲劳
	加入工会状况	类别	0 = 已入会，1 = 未入会（不愿加入、不符条件、无工会组织）
	劳动防护措施	类别	0 = 有防护措施（基本措施、较完善、非常完善），1 = 无防护措施
	居住环境条件	类别	0 = 好（一般、较好、很好），1 = 差（较脏乱和脏乱差）
	劳动合同签订	类别	0 = 已签订（各种期限劳动合同），1 = 未签订

如表 6.1 所示，因变量分为两类。一类是城市群类型，选择京津冀、长三角、珠三角、中西部地区四个城市群，回归方法采用多重定类回归；另一类为打工所在城镇类型。打工城镇类型分为小城镇、县级市（县城）、一般地级市、省城或计划单列市、直辖市五个类别，也可以看成五个等级。当采用多重定类回归时，被解释变量为五个类别，当采用有序回归时，被解释变量可以视为从低到高的五个层级。忽略农民工个体差异和流动时间，同一时点不同类别（层级）城镇劳动权益实现的差异可以看成是农民工从一个类别流入另一类别城镇产生的差异。

自变量有 7 个，包括 5 个类别变量和小时工资收入和日加班时间 2 个连续变量。五个类别变量均为 [0，1] 二元变量，分别为劳动恢复状况、加入工会状况、劳动防护措施、居住环境条件、劳动合同签订状况。其中，0 为状况较好，1 为状况较差（多类别分析中 1 为参照组），具体说明如表 6.2 所示。

（3）概况统计分析。

样本统计分析结果如表 6.2 所示。

表 6.2　　　　　　　　　　　样本概况

变量	类别	比例（%）	变量	类别	比例（%）
性别			劳动恢复		
	男性	43.0		精力充沛	12.6
	女性	57.0		能够恢复	46.3
年龄				略带疲惫	28.0
	"80 后"	63.4		感觉疲劳	13.1
	"90 后"	36.6	加入工会		
打工地区				已加入	13.9
	京津冀	69.8		不愿加入	23.0
	长三角	13.8		不符合条件	10.9
	珠三角	15.0		无工会组织	52.2
	其他	1.4	劳动防护		
城市类型				无防护措施	14.7
	小城镇	11.0		有基本防护	60.2
	县城（市）	13.0		防护较完善	19.5
	地级市	16.5		防护非常完善	5.6
	省城或计划单列市	8.0	居住环境		
	直辖市	51.5		较好及以上	26.6
月收入				一般	57.6
	2000 元及以下	10.9		较脏乱	9.8
	2001～3000 元	34.0		脏乱差	6.0
	3001～5000 元	39.9	劳动合同		
	5001 元及以上	15.2		未签订	34.8
劳动时间				签订固定期限合同	58.6
	日工作超 8 小时比重	72.4		签订无固定期限合同	6.6

由表 6.2 可知，样本中从性别看，女性略多于男性，占比达到 57.0%。从年龄看，"80 后"多于"90 后"，"80 后"占比达 63.4%。从样本地区分布看，京津冀样本占比偏多，达到 69.8%，而中西部地区样本较少，为 1.4%。从样本城市层级类型分布看，直辖市占比居多，达到 51.6%。

从新生代农民工月收入水平看，收入水平主要集中在 2000~5000 元，月平均收入 3844 元，高于同年全国农民工 2864 元的平均水平。从劳动时间看，新生代农民工全年平均工作时间 11 个月，月均劳动时间 25.98 天，日均劳动时间 9.47 小时，日劳动时间超 8 小时的比重为 72.4%。四项指标均高于全国农民工平均水平，尤其是加班比率。根据 2014 年全国农民工监测报告，农民工年均外出从业时间 10 个月，平均月工作时间为 25.3 天，平均日工作时间 8.8 小时，日工作超过 8 个小时的比重为 40.8%。本样本主要分布在东部地区，表明东部地区新生代农民工加班比率远远高于全国农民工平均水平。

从劳动力恢复状况看，劳动恢复状况较好（能够恢复和精力充沛）的比率达 58.9%，感觉疲劳的比率为 13.1%。表明新生代农民工劳动强度基本没有损害身体健康，劳动力基本能够实现正常再生产。从加入工会情况，已加入工会的比率仅为 13.9，大部分新生代农民工没有加入工会组织，这主要源于工会建设滞后，尚未建立工会组织的比率达到 52.2%。从劳动防护看，新生代农民工劳动防护措施较好，只有 14.7% 的农民工没有防护措施。这并不能判断这部分农民工缺乏劳动防护意识，可能其从事的工作岗位无防护需求如安全卫生条件较好的白领工作等。从农民工居住环境条件看，新生代农民工居住环境优于预期，居住环境条件较差及很差的比率为 15.8%，表明新生代农民工对自身居住生活条件评价向好。从劳动合同签订情况看，未签订劳动合同的比率为 34.8%，签订无固定期限劳动合同的比率为 6.6%。根据 2014 年全国农民工监测报告，外出农民工未与雇主或单位签订劳动合同的比率为 58.6%，表明样本中新生代农民工未签订劳动合同的比率低于农民工一般水平。

（4）回归结果及分析。

新生代农民工跨城镇层级流动回归结果如表 6.3 所示。

表6.3   **新生代农民工城镇层级流动回归结果**

模型类型	有序类别回归	多类别回归			
回归方法	顺序 Logistic 回归	多重定类 Logistic 回归			
参照组设定	参照组为直辖市	参照组为直辖市			
目标变量	/	小城镇	县城（市）	地级市	省城或计划单列市
阈值：小城镇	−3.378 ** (180.7)	/	/	/	/
县城（市）	−2.400 *** (94.1)	/	/	/	/
地级市	−1.583 *** (41.6)	/	/	/	/
省城或计划单列市	−1.225 *** (25.0)	/	/	/	/
小时工资收入	0.191 ** (6.3)	−0.153 (1.3)	−0.193 (2.3)	−0.568 *** (22.8)	0.119 (0.6)
日加班时间	−0.127 *** (31.8)	0.190 *** (23.8)	0.190 *** (26.8)	−0.007 (0.0)	0.209 *** (22.4)
劳动恢复 完全	−0.513 *** (52.3)	0.471 *** (14.0)	0.677 *** (32.0)	0.825 *** (54.0)	−0.001 (0.0)
劳动恢复 不完全（参照组）	0	0	0	0	0
劳动防护 有防护	−0.406 *** (16.0)	0.452 ** (5.9)	0.455 *** (7.2)	0.364 ** (5.3)	0.797 *** (10.9)
劳动防护 无防护（参照组）	0	0	0	0	0
居住环境 较好	−0.224 ** (5.0)	0.274 (2.2)	0.404 ** (5.3)	−0.116 (0.6)	0.319 (2.4)
居住环境 较差（参照组）	0	0	0	0	0
加入工会 已入会	−0.591 *** (40.7)	0.922 *** (39.9)	0.565 *** (14.9)	0.013 (0.0)	−0.655 *** (7.1)
加入工会 未入会（参照组）	0	0	0	0	0

续表

劳动合同	已签订	−0.803 *** (112.7)	0.700 *** (27.7)	0.607 *** (25.2)	1.528 *** (131.7)	1.356 *** (62.9)
	未签订 (参照组)	0	0	0	0	0
常数项		/	−2.938 *** (44.5)	−2.771 *** (45.4)	−1.464 (14.9)	−4.350 *** (67.6)
平行线检验		1%水平显著	/			
−2log 似然值		7457.6	7799.5			
Cox 和 Snell 伪 R^2		0.096	0.148			
pearson 卡方检验		9860.1	9766.3			
总体预测正确比率 (%)		/	51.9			
观测值数量		3402	3402			

注：①括号内是 Wald 检验值。***、** 和 * 分别表示回归结果在 1%、5% 和 10% 的水平显著。②有序类别回归连接函数：Logit。

如表 6.3 所示，有序 Logistic 回归和多类别回归模型均通过计量经济学检验，模型拟合效果较好。有序回归通过平行线检验，多类别计量模型的总体预测正确率达到 51.9%，预测效果尚可。

从有序回归结果看，新生代农民工进入城镇层级越低，小时工资水平越低，超时劳动现象越严重。但劳动恢复状况、劳动防护措施、居住环境条件、加入工会状况和劳动合同签订状况越好。一般而言，与高层级城镇相比，低层级城镇产业结构较低，产业劳动密集度较高，农民工集聚规模也较大。根据 2014 年全国农民工监测报告，外出农民工进入直辖市、省城、地级市和小城镇的比率依次为 8.1%、22.4%、34.2% 和 34.9%。低端劳动密集型产业的劳动生产率和小时工资水平较低，生存需求迫使农民工超时劳动。低端产业职业卫生安全状况差，劳动防护需求较高，迫使农民工配备劳动防护措施。同时，低端产业体力性劳动占主导地位，一般而言，体力性工作的劳动强度低于智力性工作，劳动力容易得到及时恢复。

低层级城镇新生代农民工入会比率高同样源于工会组织建设较好。以工会建设状况代替工会加入状况变量的回归结果显示，城镇层级越低，企业工会组织建设状况越好，农民工越可能加入工会。同时，农民工在低层级城镇遭受的歧视少，社会地位较高，入会的农民工劳动要价能力较强，劳动合同签订率较高。

从多类别回归结果看，与直辖市相比，地级市小时工资水平最低，小城镇、县城和省城超时劳动现象严重。小城镇、县城和地级市劳动力再生产状况较好，劳动强度较低。小城镇和县城新生代农民工入会取向较高。与直辖市相比，小城镇、县城、地级市和省城的劳动防护措施和劳动合同签订状况均较好。直辖市不但农民工工会组织建设滞后，而且农民工多从事建筑和家政服务业，这两个行业劳动合同签订率低。

6.3.2.3 大城市和特大城市新生代农民工稳定居留治理机制

（1）加强超大城市农民工工会组织建设。

全国总工会指导超大城市工会建立本市各类农民工工会组织。如企业内建立农民工专业工会或企业工会中设立农民工分会，建立行业性和区县农民工工会组织。从法律层面明确界定地方政府工会、企业工会的权利义务，将民营和"三资"企业工会专职工作人员纳入基层地方工会管理，明确规定工会专职人员的岗位职责、绩效考核和薪酬来源。

（2）政策引导新生代农民工进入地级市（Ⅱ型大城市）及以下城镇打工。

地级市多为100万~300万人口的Ⅱ型大城市。地级市及以下城镇的新生代农民工劳动权益实现最高（劳动时间除外），低知识技能农民工更适合进入地级及以下城镇打工[①]。实践中农民工"用脚投票"已作出选择。根据2014年全国农民工监测报告，外出农民工进入地级市打工的比率显著提高，达到34.2%，接近县城及以下水平。费喜敏等（2014）研究也发现，与省城、直辖市和中心镇相比，在地级市或县城打工的农民工城市居留意愿较高。地级市政府应注重扩大现代产业规模，加强城市建设和公共管理，降低户籍门槛，吸纳新生代农民工进城就业和市民化。

（3）制定人力资本创业支持政策，锤炼新生代农民工大城市生存能力。

---

① 刘洪银. 新生代农民工城镇层级流动对打工收入增长的影响［J］. 西南大学学报（社会科学版），2015（6）.

无论是大城市还是特大城市都离不开餐饮、商贸物流、家政、维修等社会生活服务。低人力资本和社会资本的外来农民工不具有正规就业能力，但灵活就业实现更具有可行性。农民工只要目标明确、善于动脑，吃苦耐劳，就能够寻找和发现适合自己兴趣和特长的就业机会。但非正规组织就业吸纳能力差，灵活就业岗位需要个人自主创业创造，以创业带动就业，如家政服务、快递外卖服务等。城市政府应制定政策支持农民工城市创业。如针对创业者的创业孵化服务，针对灵活就业者的住房保障制度、社会保险制度、居住证制度。政策设计可以促进外来农民工就业实现，提高收入预期，降低大城市居留门槛，促进农民工大城市生存能力积累。

（4）工会组织引导和帮助新生代农民工签订中长期或无固定期限劳动合同。

工会组织应加强自身能力建设，提高集体劳动权益实现能力。企业农民工工会引导农民工签订中长期或无固定期限劳动合同，并通过集体谈判和集体合同约定企业中农民工中长期劳动合同签订比率，促进农民工稳定就业。

6.4 东、中、西部地区新生代
农民工稳定居留治理机制

我国东、中、西部地区差异较大，产业发展水平悬殊。东部发达的产业体系和城镇体系形成强大的资源吸纳集聚能力。中西部地区就业机会少，劳动收入低，城市吸纳力不强，由此出现孔雀东南飞现象。虽然经过两轮西部大开发国家战略，但东部地区的虹吸效应没有扭转，中西部地区资源要素流失格局没有改变。东、中、西部经济社会发展水平的差异引致新生代农民工稳定居留治理路径的差别。

6.4.1 东部地区新生代农民工稳定居留治理机制

6.4.1.1 东部地区新生代农民工居留特点

第一，东部地区城镇新生代农民工出现居住与落户的分离。东部地区产

业集群化程度高，吸引中、西部地区农民工转移就业。大量劳动力向东部地区集聚，但东部地区社会资源有限，教育和医疗资源有限供给本地户籍人口。农民工因为就业而长期居留，但难以落户城镇，即使小城镇也难以落户。没有落户的农民工难以享受附着在城市户籍上的城市公共服务和福利待遇。如农民工集聚的广州市增城区新塘镇，2015 年常住人口达到 80 多万人，而户籍人口只有 12.7 万人。新塘镇实行广州市统一的户籍政策，外来农民工难以落户，不能享受城市低保和住房保障。农民工子女只能进入民办学校学习，农民工只有满足 5 年工作年限并持有"四证"才能达到公办学校进入门槛。

第二，农民工城市居留稳定性受就业稳定性影响。由于难以落户，东部地区农民工就业稳定性不高，居住状况较大程度上受到就业状况的影响。如上海青浦区徐泾镇。部分新生代农民工就业质量较高，就业层次和收入水平较高，这部分农民工具有稳定就业和城市生存发展能力，城市居留的稳定性较高。相反，部分农民工人力资本层次较低，就业层次和收入水平较低，没有城市购房能力，城市居留处于不稳定状态，难以达到居住证申领门槛，也难以实现城市落户。

第三，东部地区农民工就业状况出现分化。东部地区产业集群化程度较高，劳动需求旺盛。但源于产业结构的升级，知识技能低的外来农民工难以实现稳定就业，而高人力资本高技能农民工就业质量较高。如上海青浦区徐泾镇。徐泾镇服务业发展产生大量劳动力需求，如依托会展业发展起来的会展服务经济吸纳大批劳动力就业和创业。徐泾镇既有中低端服务业如餐饮物流服务，也有高端服务业如现代金融和信息服务业，既能吸纳一般技能外来人口就业，也能吸纳高技能外来劳动力就业。产业结构升级引致就业结构升级，产业转型带动劳动力就业转型。外来农民工就业呈现立体化分层。新生代农民工既可以是职业发展前景较好的城市白领，也可以是一般劳动力。

6.4.1.2 东部地区新生代农民工就业质量比较实证分析

本节实证分析数据来源和样本结构与 6.3.2.2 节相同。新生代农民工跨区域流动回归结果如表6.4 所示。

表6.4　　　　　　　　　新生代农民工跨区域流动回归结果

（多重定类 logistic 回归，参照组为中西部地区）

解释变量		京津冀地区	长三角地区	珠三角地区
小时工资收入		0.517 * (2.8)	1.258 *** (14.7)	0.436 (1.8)
日加班时间		0.320 *** (7.0)	0.651 *** (27.2)	0.467 *** (14.1)
劳动恢复	完全	0.258 (0.7)	0.685 ** (4.5)	− 0.115 (0.1)
	不完全（参照组）	0	0	0
劳动防护	有防护	0.735 ** (4.8)	1.296 *** (11.8)	1.737 *** (20.8)
	无防护（参照组）	0	0	0
居住环境	较好	0.655 * (3.3)	0.609 (2.5)	0.858 ** (5.0)
	较差（参照组）	0	0	0
加入工会	已入会	− 0.863 ** (5.3)	0.043 (0.0)	− 1.463 *** (13.0)
	未入会（参照组）	0	0	0
劳动合同	已签订	− 0.158 (0.2)	0.600 * (3.1)	0.970 *** (8.0)
	未签订（参照组）	0	0	0
常数项		1.156 (1.6)	− 4.425 *** (20.3)	− 2.005 ** (4.3)
− 2log 似然值		4688.4		
Cox 和 Snell 伪 R^2		0.125		
pearson 卡方检验		7941.1		
总体预测正确比率（%）		70.7		
观测值数量		3402		

注：括号内是 Wald 检验值。***、** 和 * 分别表示回归结果在1%、5%和10%的水平显著。

表6.4 是以中西部地区为参照组的多类别 logistic 回归结果。模型通过计量经济学检验，拟合效果较好，总体预测准确率达到70.7%，预测效果

较好。

回归结果的突出特征表现为东部地区新生代农民工日加班时间和劳动防护两个变量均通过显著性检验。与其他地区相比，东部地区超时劳动现象严重。从模拟系数和 Wald 值看，长三角和珠三角地区超时劳动现象比京津冀地区严重。从用工单位看，东部地区产业需求旺盛而农民工短缺，企业超时劳动成为一种常态。从农民工自身看，较低的知识技能和就业结构决定了较低的劳动生产率和小时工资水平，为获得目标收入，农民工不得不加班加点劳动。尤其是珠三角地区，与中西部地区相比，小时工资不具有显著性，但加班时间显著性较强，表明收入增加主要是超时劳动的结果。

与中西部地区相比，东部地区城镇新生代农民工劳动防护措施较好，这源于东部地区农民工工作岗位安全卫生状况具有防护需求，企业劳动防护供给跟进，也源于新生代农民工具有劳动卫生安全防护意识。

从小时工资收入、劳动恢复状况和居住环境条件看，与中西部地区相比，长三角地区小时工资率高，劳动恢复状况也较好，表明长三角地区城镇新生代农民工劳动强度适中，基本没有影响劳动力正常再生产，高工资收入也有助于劳动力的健康恢复。从居住环境条件看，东部地区新生代农民工居住环境条件向好，尤其是珠三角和京津冀地区。

从加入工会组织看。东部地区新生代农民工入会状况不如中西部地区，尤其是珠三角和京津冀地区。主要原因是工会组织建设滞后，以工会建设状况代替工会加入状况变量的回归结果显示，京津冀和珠三角地区工会建设滞后于中西部地区，而长三角地区优于中西部地区。表明工会建设滞后是京津冀和珠三角新生代农民工入会率低的主要原因，入会意愿低是长三角新生代农民工入会率低的主要原因。

从劳动合同签订看，东部地区城镇新生代农民工劳动合同签订状况优于中西部地区。

6.4.1.3 东部地区新生代农民工稳定居留治理机制

稳定居留的目的是提高常住人口城镇化水平，常住城镇不一定能够获得与原住居民相同的城市权益。通常情况是，一旦获取居住证和户籍落户，就能获得附着在居住证和户籍上的各种权益。因此，常住人口城镇化率与户籍人口城镇化率的差额才能真正代表外来人口市民化状况。东部地区常住人口城镇化水平较高，说明外来人口城镇居留稳定性较高，但常住人口城镇化与户籍人口城镇化差额较大，外来人口城镇落户较难，难以成为真正的新市民。因此，东部地区新生代农民工稳定居留治理的重点不在居留本身，而在于如何调整城市居住证和落户政策，促进新生代农民工城镇落户。

（1）户籍政策改革：农民工城镇落户政策变迁。

我国城乡分割的户籍制度形成于 1958 年。进入 21 世纪后，农民工城镇落户制度进行了多次改革，形成"全面放开建制镇和小城市落户限制，有序开放中等城市落户限制，合理确定大城市落户条件，严格控制特大城市人口规模"的以居住证为特色的户籍制度。2001 年 10 月，中国以两万多个小城镇为重点，推行户籍制度改革，在小城镇拥有固定住所和合法收入的外来人口均可办理小城镇户口。2011 年 2 月，《国务院办公厅关于积极稳妥推进户籍管理制度改革的通知》指出，要引导非农产业和农村人口有序向中小城市和建制镇转移，逐步满足符合条件的农村人口落户需求，逐步实现城乡基本公共服务均等化。2013 年 11 月，《中共中央关于全面深化改革若干重大问题的决定》指出，要"创新人口管理，加快户籍制度改革，全面放开建制镇和小城市落户限制，有序放开中等城市落户限制，合理确定大城市落户条件，严格控制特大城市人口规模"。2014 年 7 月 30 日，国务院正式印发《国务院关于进一步推进户籍制度改革的意见》，提出要通过推进户籍制度改革，统一城乡户口登记制度，并提出了"在 2020 年将实现 1 亿农民工转为城市居民"的目标。2016 年 1 月，公安部提出将研究落实农村学生升学和参军进入城镇的人口、在城镇就业和居住 5 年以上和举家迁徙的农业转移人口等 4 类群体落户政策。2016 年 2 月财政部、国家税务总局、住房城乡建设部联合发布通知下调房产交易契税和营业税，鼓励农民工在城镇购房。农民工落户政策设计层面上，户籍改革政策预期与农民工迁移行为存在偏差，政策没有达到预期目标，户籍城镇化水平徘徊不前。政策执行层面上，农民工户口迁移手续烦琐、迁移落户遭遇城镇社区排斥（刘小年，2015），政策出现天花板效应。农民工城镇落户是一个系统工程，牵一发而动全身。户籍政策改革需要从农民工外在行为中挖掘内在诉求，确定利益最大化的契合点，为宏观政策制定奠定微观基础。

（2）城镇承载力提升：加快城市管理体制改革，有序推进镇改市。

与中西部地区不同，东部地区尤其是珠三角城市群，城镇行政级别与人口集聚规模不匹配，人口规模甚至达到地级市规模，而行政级别仅为镇级。镇政府公共资源配置权限与镇域发展需求不相匹配，导致镇公共服务供给不能满足常住人口的需求。人口承载力有限的大型镇亟须管理体制改革。国家需要适当降低镇设市的标准，根据镇域常住人口规模确定镇改市的行政级别，服务新市政府与人口规模相当的资源配置权限。国家根据吸纳农民工城镇落户规模，配套新市镇基础设施和公共服务设施建设配套资金，鼓励新市镇不断提升户籍人口城镇化水平。

（3）农民工住房能力提升：住房保障制度逐步覆盖稳定就业的农民工，降低居留门槛。

除非企业提供公寓性住房，否则东部地区农民工住房负担会较重。高企的购房或租赁价格抬高了农民工城镇居留成本，降低了打工净收入。城镇住房保障制度与户籍挂钩，只有取得城镇户籍的人口才能享有城镇住房保障待遇。农民工稳定就业是积极稳妥推进城镇化的基础，是人的城镇化的关键。东部地区城市群户籍人口市民化水平提升需要构建政策激励和支持机制，将住房保障资格从落户后向落户前推演，即通过降低住房保障门槛，吸纳农民工稳定居留和落户城镇，而不是落户城镇以后给予相应的城市待遇。根据农民工就业稳定性状况，城市政府分类别制定城市公共租赁住房、廉租房享有门槛，给予达到一定技能水平的农民工住房补贴。企业实行新生代农民工住房公积金制度，并逐步提高技能型农民工住房公积金水平。

（4）城镇公共服务能力提升：建立多元化办学体制，优先保障农民工子女教育权益。

在公办教育资源有限的情况下，可以采取社会力量多元化办学。采取民办官助方式，鼓励社会资本投资教育领域。政府教育主管部门将民办学校纳入统一监管，保障民办学校规范化建设，保障民办学校师资水平、教学设施、教学质量、完全保障达到规定要求。鼓励社会资本多层次办学，政府按照保基本、差异化原则给予补贴，办学层次越低，政府补贴越高，财政优先支持吸纳农民工子女的民办学校建设。政府相关部门监督民办高校的收费标准和招生办法，保障农民工子女就近充分入学。

6.4.2 中西部地区新生代农民工稳定居留治理机制

6.4.2.1 中西部地区新生代农民工居留特点

与东部地区不同，中西部地区进城新生代农民工居留稳定性较差。中西部地区城镇产业规模较小，产业体系不完善，就业吸纳能力不强。虽然经过两轮西部大开发战略，东部地区产业也在向中西部地区转移，源于地理位置和资源劣势，中西部地区的资源吸纳集聚能力仍不够强。城镇规模不大，外来人口吸纳集聚能力较差，倒逼中西部地区农村新生代劳动力持续向东部地区转移。近几年，农村劳动力转移就业增速下降到 1% ~ 2%，这既源于乡村振兴的回拉力，也可能源于农村劳动力转移和回流现象并存，降低了转移就业增量。中西部地区农民工跨省转移的速度下降，而省内转移速度在提高，尤其是西部地区。如表 6.5 所示，与 2013 年相比，2017 年西部地区外出农民工跨省流动比率减少了 3.1 个百分点。与跨省跨区域转移相比，省内外出就业更有助于居留的稳定性提高，这源于转移距离短、西部城镇生活成本低、地域文化趋同等。

表 6.5 **2017 年与 2013 年外出农民工地区分布及构成** 单位：%

地区	2013 年			2017 年		
	外出农民工	跨省流动	省内流动	外出农民工	跨省流动	省内流动
合计	100.0	46.6	53.4	100.0	44.7	55.3
东部地区	100.0	17.9	82.1	100.0	17.5	82.5
中部地区	100.0	62.5	37.5	100.0	61.3	38.7
西部地区	100.0	54.1	45.9	100.0	51.0	49.0

资料来源：《2013 年全国农民工监测调查报告》和《2017 年农民工监测调查报告》。

从中西部农民工就业状况看。产业发展创造的就业机会少，劳动收入低，区域内转移就业率不高。较低的转移就业率降低了农民工区域内城镇居留稳定性和城镇落户。中西部地区城镇居留稳定性提高需要从培植产业入手，发展壮大产业规模，促进农村劳动力就地就近和省内转移就业（东部地区农村劳动力向中西部地区转移的比率低），实现中西部地区农民工就近和省内城镇化。

6.4.2.2 中西部地区新生代农民工稳定居留治理机制

中西部地区城镇化面临的最大问题是人才和资源问题。孔雀东南飞现象持续已久，中西部地区人才向东部地区流动的格局短期内难以改变，东部地区人才向中西部地区转移的较少，中西部地区存在人才净流失现象。中西部地区自然条件和物质资源匮乏，道路交通不便捷，资本积累少，工业化程度低。中西部地区城镇化需要立足当地实际，构建新型城镇关系，以工促农，以城带乡，实现工农互促、城乡一体。中西部地区新生代农民工稳定居留的抓手是规划发展城市群、培植产业集群、引导农民工就地就近转移就业（见图6.5）。

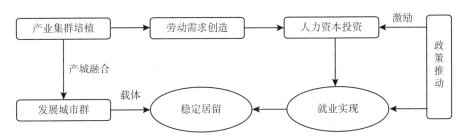

图6.5 中西部地区新生代农民工城镇稳定居留逻辑思路

（1）中西部地区城乡关系四阶段演进论。

农业转移人口就地就近转移就业和城镇稳定居留是城乡关系演进的结果。城乡关系的改变是城乡集聚力和分散力再配置的结果，是一个城乡互动互促的动态过程。

第一阶段：城乡联系，农民兼业转移就业。第一，农业劳动生产率提高，出现剩余劳动力。农业转移人口进城打工。第二，完善农村基础设施建设，降低交易成本，提高城乡之间的交易效率，改善农村产业发展环境。第三，城乡产业空间布局再调整，在农村基础设施和资源要素支持下推进产业价值链向农村延伸，确立村镇工业体系，农业转移人口可以就地转移就业。

第二阶段：城乡互动关联，农民转移就业。不但城市反哺乡村，乡村也能够再哺育城市。通过城市联系农村，农民生存不再依赖农业生产，进城打工的农民不再兼营农业，农民基本实现完全转移就业。

第三阶段：城乡融合演进，农民城镇稳定就业和市民化。经过城乡联系和城乡关联阶段，农民完成资本积累，具备城市生存发展能力。随着产城融合和业居融合发展，进城农民就业质量和就业稳定性提高并逐步实现城镇稳定居留。城乡联系和城乡关联缩小城乡文化差异，城乡文化由差异化向融合演进。

第四阶段：城乡一体化，农民自由选择居住地和落户地。城乡产业自由选择落地空间，城乡居民自由选择就业地和居住地，城乡关系由分割到联系、由联系到互动、由互动到融合，最后达到城乡一体化状态。

（2）基于农村"四化"协同的新生代农民工城镇稳定居留机制。

2014年3月5日，十二届全国人民代表大会第二次会议上，国务院总理李克强提出"三个1亿人"城镇化目标，其中包括"引导约1亿人在中西部地区就近城镇化"。中西部地区城镇化的指导思想是创造就业机会，实现农村劳动力就地就近转移就业和城镇化。培植产业集群是农民工转移就业的引擎，发展小城镇和城市群是农民工稳定居留的载体。

工业和农业具有相互依存和不可分割的关系。农业发展为农村工业化提供了资金积累，农地流转和农业资本深化置换出剩余劳动力，为乡村新型工业发展提供了人力资源支持。中部地区有丰富的耕地资源，是粮食主产区。农业发展是实现农村工业化和城镇化的基础。农业发展需要培育和发展农民人力资本动能，以此推动农民和返乡农民工创业，并通过创业推动产业集群的形成。基于城镇产城融合的农民工稳定居留机制框架如图6.6所示。

人力资本动能培育、产业集群培育、转移就业实现和小城镇和城市群发展是中西部地区农民工城镇稳定居留的四个核心。农业发展是城镇化的前提和基础。农村"四化"（农业现代化、农村新型工业化、农村信息化、农村城镇化）同步改造提升农业农村发展动能，为农村新型工业化积累了资本。农村产业向城镇集聚，城镇生活功能和居住环境的完善促进了产城融合发展。政策引导和激励农民人力资本投资，培育和发展农民或农民工人力资本动能。农民或农民工激发人力资本动能实现城镇转移就业和积累城镇稳定居留能力。

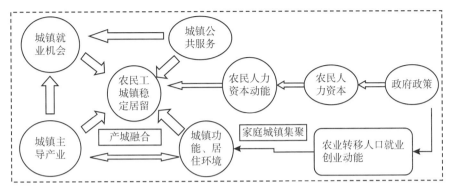

图6.6　基于城镇产城融合的农民工稳定居留机制框架

第一，人力资本提升：开展农民工技能培训福利计划，提高全社会人力资本水平。

人力资本投资积累、社会资本延伸、物质资本支持推动农民工城镇稳定居留和市民化，如图6.7所示。

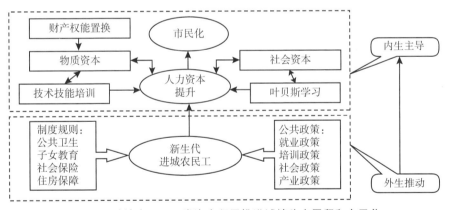

图6.7　城镇农民工三类资本积累推进城镇稳定居留和市民化

制度规则和公共政策作为外生力量对农民工城镇化产生保障和激励约束作用。农民工城镇居留的内生力量是人力资本提升。人力资本提升既提高了财富创造能力，也有助于社会资本积累。农村财产权利通过市场流转置换成财富，成为农民工城镇居留的物质资本。人力资本、物质资本和社会资本积累形成了农民工城镇居留能力。人力资本提升源于技能培训和农民工与市民的贝叶斯学习（即农民工与市民间行为的互动、模仿和改变）。贝叶斯学习积累了社会资本，技能培训提升了资本积累能力，三种资本积累推动农民工城镇稳定居留和市民化。

天津市政府开展农民技能培训福利计划，提高了农民和农民工技术技能水平。政府、企业、农民工自身是人力资本投资的主体。中西部地区政府技能培训福利计划对象应从户籍人口向常住人口拓展。农民工输入地政府应突破户籍限制，对常住农民工开展技能培训。

第二，产业集聚：推进东部地区产业转移，促进技术劳动密集型产业集群化发展。

中西部地区产业集群培育有两条路线：东部地区产业转移和本地产业形成。源于资本约束，本地产业形成是一个较为缓慢的过程。产业集群的形成需要外部力量支持。东部地区产业向中西部地区转移，改造提升本地产业，是产业集群快速形成的关键所在。

根据劳动力转移特点，产业转移可采取两条路线：城乡间产业从城市向村镇辐射转移，区域间产业从东部向中西部梯度转移。产业辐射转移是通过集团公司外包业务向村镇转移或者产业集群形成和扩张，吸纳农村劳动力就地转移就业。农村劳动力尤其是女性劳动力可以兼业农业和家务劳动，产业辐射转移让农民充分就业，同时也提高了农民家庭效用。产业梯度转移是东部发达地区率先产业升级而将中低端产业向中部转移，中部产业演进后又将低端产业向西部转移，这样产业在区域间形成梯次配置，产业梯度转移与农村劳动力转移形成互动关联，如图6.8所示。

图6.8中，农村劳动力转移目标是追求更高的效应满足，而产业转移目标是降低成本提高效益。产业梯度转移能够为承接地创造就业机会，拉动农村劳动力就近转移。劳动力就近就业降低了社会成本，提高了家庭效用。以产业为依托的小城镇建设促进了农民工市民化，稳固农民非农就业。反过来，农村劳动力转移推动产业梯度转移。用工成本上升倒逼产业升级和低端产业向外转移。承接地较低的土地成本、用工成本和丰富的劳动力资源为产业集群扩张提供要素支持。产业升级和梯度转移影响劳动力流动格局。农村劳动力由群体化单向流动转为单体式多向流动，低层次劳动力与高层次劳动力不

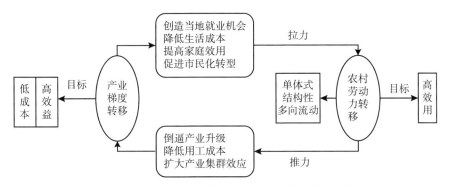

图 6.8 农村劳动力转移与产业梯度转移的互动关联

同的流动方向形成流动结构。劳动力流动决策依据不再是单一的工资标准，而是家庭效用的最大满足。

本地产业形成需要长期资本积累。单靠社会资本积累难以形成产业规模。政府土地使用权转让收益应该在政府与农民集体之间分配，如图 6.9 所示。土地增值收入中，绝对地租和自投资增值收入应归农村集体所有，而市场供求增值收入、社会投资增值收入和区位增值收入应在政府与农民集体之间分享。

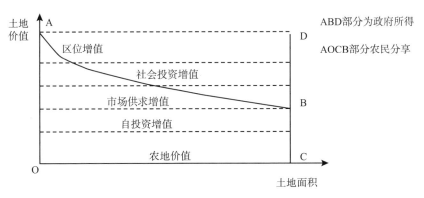

图 6.9 土地增值收益的分配

第三，政策干预：采取就业优先政策，促进返乡农民工创业和转移就业。农民企业家是乡村工业的开创者。最初，乡村工业的原始积累来源于农业的剩余价值，农民利用农业积累和集体土地开办工业企业，之后，外出农民工利用打工积累返乡创业，发展乡村工业。无论乡村工业的初始资金来源如何，农民运用地缘优势、血缘亲缘优势、乡村文化优势，能够低成本和便利地雇佣劳动力，能够与当地政府部门建立和谐稳定的关系。而外来者仅具有资本优势，短期内难以形成综合竞争优势，难以降低经营成本和获取人脉红利。乡村工业化初始阶段不能依赖外来资本，当工业化初具规模时，外来资本加入将产生规模效应和竞争效应。

返乡农民工创业和再就业理论框架如图6.10所示。返乡农民工应选择灵活就业、自雇佣就业和创业等多元化就业方式，既从事非农就业也兼营农业。就业地域主要在本村或附近小城镇。就业地与居住地通勤距离较短，能够当天往返，便于家庭照料。返乡农民工再就业政策着力点主要是创造就业机会。返乡农民工劳动素质禀赋较高，血亲关系成为劳动力资源配置的主要方式。政府应制定劳动需求创造的就业支持政策，通过培植技术劳动密集型产业，创造就业机会，促进返乡农民工创业和再就业。

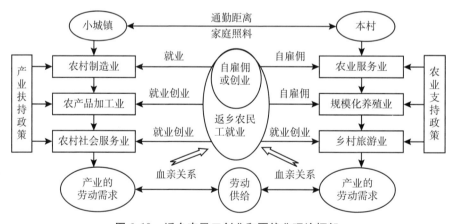

图6.10 返乡农民工创业和再就业理论框架

一方面，吸纳本土人才和农民工返乡挂职。借鉴重庆市经验，以乡镇为单位，对本土大中专毕业生、有一技之长的农民工、在外成功人士进行调查摸底，建立本土人才库。镇村两级党组织采取电话联络、座谈联谊、登门拜访等方式，进行"点对点"动员。乡镇党委通过公开遴选、统一考察、集体研究等择优确定。对回乡挂职的本土人才，参照村干部标准发放报酬和缴纳养老保险。统筹规划镇村两级干部队伍建设，加大从优秀挂职人才中定向招录乡镇公务员和事业编制人员比率，促进返乡人才职业发展。

另一方面，吸纳本土人才返乡创业。开展新一轮的本土知识青年返乡活动，充分发挥本土大学生和农民工的作用，遴选工作业绩突出的本土青年返乡创业，政府有计划地培养成为产业带头人；县级政府制定有吸引力的政策，在住房补贴、社会保险、土地使用、子女入学等方面向返乡创业的本土青年人才倾斜。

第四，城镇壮大：以城市群为引领，构建中西部地区城镇化体系。

一是大力发展区域城市群。截至 2018 年 3 月 13 日，国务院共先后批复了 9 个国家级城市群，分别是：长江中游城市群、哈长城市群、成渝城市群、长江三角洲城市群、中原城市群、北部湾城市群、关中平原城市群、呼包鄂榆城市群、兰西城市群，其中大部分位于中西部地区。充分发挥城市群内大城市的辐射带动作用，拉动中小城镇发展。农民工在城市群内自主选择打工地和家庭居住地，便捷的交通为相邻城市创造同城化条件。通勤条件缩短了城镇打工地和居住地的距离，打工地和居住地从分离走向同城化，这给农民工及其家庭城镇稳定居留创造了条件。

二是加快中西部地区小城镇建设。乡村价值再造是小城镇建设的基础。乡村价值再生机制如图 6.11 所示。

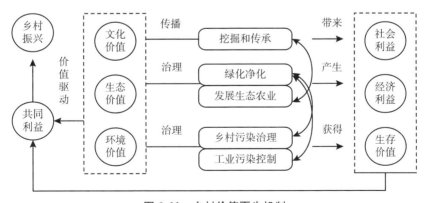

图 6.11　乡村价值再生机制

乡村价值包括乡村文化价值、生态价值、环境价值。文化价值的挖掘和传承形成文化竞争力，带来社会利益和经济利益；发展生态农业和乡村绿化净化，提升乡村生态价值，产生生存价值和经济利益；乡村养殖污染治理和工农业污染治理净化了乡村环境，提高了环境价值和生存价值，提高宜人宜居水平。乡村价值具有正外部性，乡村价值提升形成共同利益，营造宜人宜居的生活环境。

集生态、产业、社区功能于一体的小镇就称为田园综合体。田园综合体是集现代农业、休闲旅游、田园社区为一体的特色小镇和乡村综合发展模式。2017年中央一号文件首次提出建设田园综合体。中西部地区生态基础较好，民俗文化浓郁，适合发展文旅融合型田园综合体。生态和文化元素的注入推动旅游业从观光旅游向休闲旅游转变，进一步推动旅游产品的消费和生产。文旅融合促进特色小镇（田园综合体）主导产业形成机理如图6.12所示。观光旅游向休闲度假型旅游转变需要游客生态和文化的深层次感知，吸纳游客留下来。游客长期驻留需要完善吃住行娱等生活配套和公共设施，如提供餐饮服务，发展民俗、客栈、青年旅社，生产民族特色工艺产品，文艺表演节目等。休闲旅游产业链延伸推进特色小镇产业规模化扩张，拉动劳动力就业和人口集聚。

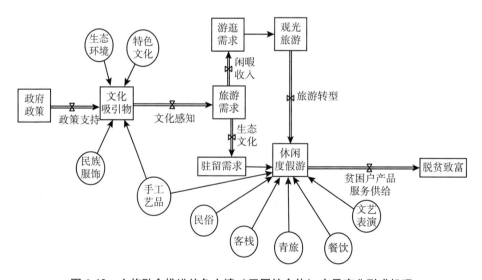

图6.12　文旅融合推进特色小镇（田园综合体）主导产业形成机理

6.5 本 章 小 结

本章主要研究新生代农民工城镇稳定居留治理机制。立足城乡资源要素融合视角，采用理论模型与计量分析相结合的方法，从新型城镇化与乡村振兴协同推进思路研究构建稳定居留治理机制。基于新生代农民工人力资本、心理资本和社会资本的研究，构建了通过产业政策和财税金融政策干预，培育农民工开创意识、激发创业动力、提升经营能力为内容的城镇稳定居留治理机制。进一步研究中小城镇、大城市和特大城市等不同层级城镇农民工稳定居留机制，研究东部地区和中西部地区不同地区农民工城镇稳定居留治理机制。从东部地区看，农民工城镇居留治理需要推进户籍政策改革、城镇承载力提升、农民工住房能力提升、城镇公共服务能力提升，提高人口集聚度高的小城镇行政资源配置权限，通过扩容升级，提高城镇公共服务供给能力。从中西部地区看，农民工城镇稳定居留治理需要从人力资本提升、产业集聚、政策干预和城镇壮大等方面协同发力，创造就业机会，提高农民工城镇就业质量。

| 7 |

比较与借鉴

农民工住房问题始终是国家关注的重要问题。2007 年建设部、发展改革委、财政部、劳动保障部、国土资源部发布《关于改善农民工居住条件的指导意见》，鼓励用工企业建设农民工集体宿舍，无偿或廉价租赁给农民工居住，企业对自行租赁住房的农民工提供住房补贴。2014 年国务院发布《关于进一步做好为农民工服务工作的意见》，鼓励工业园区集中建设公租房，出租给用人单位或农民工。实践中，各地采取不同的模式，利用产业用地，或政府划拨建设用地，或在农村集体建设用地上建设农民工公寓，出租给企业或农民工居住。

7.1　城镇农民工就业质量提升实践探索

7.1.1　上海市产业升级与农民工就业相互促进

（1）上海市徐泾镇基本情况。

上海市青浦区徐泾镇位于上海市西郊，属于青浦区一核两翼的东翼。镇域面积 38.16 平方公里，常住人口 15 万，户籍人口 2 万，外来人口 13 万。徐泾镇一半面积承载上海西虹桥商务区，其中，1 平方公里位于西红桥核心功能区，18.16 平方公里属于西虹桥功能拓展区①。徐泾镇是国家级新型城镇化试点城镇，产城融合发展思路是依托交通优势对接西虹桥商务区，重点发展"4＋1"产业，即发展总部经济、研发创意、商贸、销售物流等现代服务业，优化巩固发展现代制造业。徐泾镇仍沿用镇级行政管理体制，实行功能区与行政区协同管理。

（2）徐泾镇产业升级转型。

2014 年徐泾镇第一、第二、第三产业结构为 0.1∶38.5∶61.4②。农业占比微乎其微，第二、第三产业尤其是第三产业成为支柱产业。徐泾镇传统优势特色产业是物流业、房地产业、商贸业。西红桥商务区在徐泾镇镇域内发展会展服务业、流通服务业、总部经济产业、现代金融服务业和创意产业五大主导产业。

北部形成国家会展中心以及配套产业集聚区。西虹桥商务区的会展产业产生效应，徐泾镇得以发展贸易物流业、总部经济、创意产业和会展经济等。商务区建成中国（上海）国际会展中心，会展中心内中间购物、餐饮、休闲服务，两边一边是写字楼，一边是五星级酒店。

西部形成总部基地与现代金融服务业产业集聚区。商务区建成北斗导航定位基地，基地设有创新孵化区、总部研发与商贸区、配套生产加工区，吸纳集聚技术创新企业入住。

南部形成特色居住产业集聚区。重点发展房地产业，如星级酒店、社区综合商店和学校等，打造休闲、娱乐、购物于一体的示范国际社区。

西虹桥商务区的辐射给徐泾镇带来新的发展机遇，如信息、资金和物流要素等在徐泾镇集聚。徐泾镇依托商务区优势产业对人气的吸纳，以人气集聚做服务文章。服务业将是该镇未来的主导和支柱产业。但由于工业化粗放占用土地，土地空间约束使徐泾镇"引凤容易落凤难"。高端服务业持续发展需要进行产业调整，以腾出新的空间。产业转移和产业转型会降低经济发展速度，带来阵痛。不但如此，上海市统一划定的产业类型区也给徐泾镇产业发展带来约束，本镇引资类型必须符合上海市政策限定。

①② 刘洪银，田翠杰．稳步城镇化与新生代农民就业转型协同机制研究［M］．北京：经济科学出版社，2017．

（3）徐泾镇人口就业质量状况。

徐泾镇服务业产生大量劳动力需求。得益于西红桥商务区的溢出效应，本地农民按照技能类型能够实现充分就业。因会展业发展起来的会展服务经济能够吸纳劳动力就业和创业。由于徐泾镇既有中低端服务业如餐饮物流服务，也有高端服务业如现代金融和信息服务业，既能吸纳一般技能外来人口就业，也能吸纳高技能外来劳动力就业。产业结构升级引致就业结构升级，产业转型带动劳动力就业转型。外来人口就业呈现立体化分层。农民工既可以是城市白领，也可以是一般劳动力。这种就业模式是基于西虹桥商务区产业集聚和产业升级衍生出来的劳动力需求创造，属于"傍大款"式的分层就业模式。

7.1.2 浙江省绍兴市依托产业集群促进农民工稳定就业

（1）绍兴市钱清镇基本情况。

钱清镇位于浙江省绍兴市柯桥区，镇域面积53.6平方公里，下辖21个村4个居委会。常住人口16万，其中，户籍人口6.02万，外来人口10多万。2014年GDP为150亿元，年财政收入15亿元[①]。常住人口与产值在柯桥区位居第一。钱清镇是全国文明镇、全国重点镇。2010年列入浙江省第一批小城市试点建设。钱清镇拥有世界最大的（化纤）原材料市场。"十三五"期间产城融合发展定位是国际轻纺原料基地、都市城市圈节点城市、（柯桥区）区域经济社会副中心，发展目标是接轨杭州都市，融入柯桥城区，引领钱（清）杨（兴）新城。

（2）钱清镇产业升级转型。

纺织企业是钱清镇传统优势主导产业，具有悠久的历史和工艺技术基础。纺织产业是劳动密集型产业，吸纳大量劳动力就业。钱清镇企业主要是民营企业，中小企业居多，企业主要依靠自有资金积累发展，借贷较少，资产负债率低，经营风险小。钱清纺织企业持续发展还受益于钱清（化纤）原料批发市场。该市场房屋产权镇占49%，村占51%。市场云集商户1000户，吸

---

① 刘洪银，田翠杰．稳步城镇化与新生代农民就业转型协同机制研究［M］．北京：经济科学出版社，2017.

纳 1.5 万人就业，对钱清纺织企业和经济社会发展带动很大①。

近年来，钱清镇周边地区经济发展较快，对钱清产生虹吸效应。钱清镇面临竞争压力。倒逼企业转型升级。钱清企业转型不是腾笼换鸟，而是就地产业升级。钱清企业进行第三次创业，着力用高新技术改造传统纺织企业，发展高端制造业，建设电子商务园区、物流园区、商贸三产（采用万达模式，集休闲、餐饮、娱乐、超市等商务服务业于一体）。引进先进清洁生产技术，将污染型企业转移到柯桥工业园。通过产业升级，纺织产业得到持续发展，钱清保持着较好的发展势头。钱清镇产业转型实践表明，纺织产品国内具有持续消费需求，但消费结构升级，纺织企业必须提升产品档次才能保持市场空间。低档次纺织产品市场需求萎缩，但高技术纺织品市场视窗正在开启，经过技术改造的纺织产业不再是夕阳产业。

（3）钱清镇人口就业质量状况。

浙江省是创业大省，平均每四户就有一户创业。民营企业构成浙江中小企业的主体。钱清镇外来人口居多，达 10 万人。外来人口主要在纺织企业打工就业。钱清本地人要么自己创业，要么从事经营管理。群体间社会地位以及收入差别主要表现为劳资差别、当地人和外地人的差别。农民工在民营企业就业，雇佣劳动是外来农民工主要就业形式。纺织业农民工人均月收入 5000～6000 元②。农民工就业相对稳定，劳动条件较好。单位为农民工缴纳社会保险，村集体为农民工建造公寓居住。

7.1.3 广州市新塘镇依托产业集群吸纳转移就业和人口集聚

（1）广州市新塘镇基本情况。

新塘镇位于广州市增城区南部。面积 85.79 平方公里，户籍人口 12.7 万，常住人口 80 多万③；属于全国特大型城镇。新塘镇有国家级重点开发区——增城开发区，开发区占地 77 平方公里。以汽车产业及其配件（广汽本田）、先进制造业（农业机械、珠江钢琴）、现代服务业等为主导产业。开发

①②③ 刘洪银，田翠杰．稳步城镇化与新生代农民就业转型协同机制研究［M］．北京：经济科学出版社，2017．

区产业园区内有农民安置区，失地农民在开发区内实现就业安置。

（2）新塘镇产业发展状况。

广州市增城区是牛仔裤生产基地，主要坐落在新塘镇。牛仔裤生产是新塘镇的传统优势产业，产量占全国的60%，新塘镇建设有面向全国的大规模牛仔批发市场。新塘镇牛仔裤生产加工形成一条龙产业，除棉花等原料需外部供给外，其他牛仔服工序都能够自己生产。新塘镇已形成规模客观的产业集群，传统产业发展历史悠久。但产业技术进步缓慢，产业升级转型滞后。镇域内3000多家牛仔裤生产企业中仅有1000家有自主品牌，其余均为贴牌代工生产①。牛仔裤是劳动密集型产业，产品附加值低，贴牌代工的利润空间被进一步压缩。企业只有扩大生产规模，靠量取胜。

人口的集聚为生活服务业发展创造了条件。当地人通过住房出租和生活服务业供给等创造了可观的就业和收入。

（3）新塘镇人口就业质量状况。

由于传统产业规模持续扩张，新塘镇从周边地区吸纳大量农村劳动力就业。外来劳动力多为一般技能性劳动力，主要从事体力劳动。工人每天工作10~12小时，每周工作6天，月收入3500~4500元②。近几年，由于劳动力供给短缺，服装鞋帽等劳动密集型产业劳动需求得不到满足，企业不得已用部分机器代替劳动力。新塘镇劳动力就业条件较差，收入水平不高，外来人口转移就业但没有实现就业转型。新塘镇具有珠三角地区的典型特征，依靠传统制造业规模扩张吸纳外来人口的集聚和转移就业。

7.2　城镇农民工居住模式探索

7.2.1　政府引进资本建造农民工公寓，企业承租

上海市嘉定区马陆镇由政府牵头引进资本，建设民工公寓，再由企业整

---

① ②　刘洪银，田翠杰. 稳步城镇化与新生代农民就业转型协同机制研究 ［M］. 北京：经济科学出版社，2017.

体出租给农民工。具体而言，政府招商 3 亿元建设三处民工公寓，建成的 10 幢公寓楼已由附近公司、工厂整体包租给近万名工人居住。公寓由政府、物业、包租企业和外来务工者共同组建的"管理委员会"进行服务和管理，小区内设立了警务站、商铺、食堂、医务站、健身场所等设施满足农民工的居住需要①。2011 年，上海市郊区县共建设外来务工人员集中居住点 300 余处，实际居住约 47 万人，解决了当时 11% 左右外来务工人员的居住问题②。这些集中居住点主要分布在松江、闵行、普陀、嘉定等区的市郊地带。以闵行区莘庄工业园区的鑫泽阳光公寓为例，2007 年 3 月由闵行区政府支持，莘庄工业园区牵头建设。鑫泽阳光公寓共有两期工程，提供 9 栋集体宿舍和 2 栋单元型公寓。集体宿舍由企业集体承租，供企业一般员工和外来农民工居住，企业支付房租，员工缴纳水电费；单元型公寓则为"人才公寓"，供大专及以上学历的员工居住。

湖南长沙市政府通过财政拨款和社会筹资等方式利用城乡接合部农村集体用地建设农民公寓，公寓类型是集体宿舍，房屋租金每人每月 50～70 元（含物业管理费）。农民工公寓建成花园式小区，健身、阅览室、影视室园林绿化各项配套设施齐全。

7.2.2 企业建造农民工集体宿舍，出租给农民工

重庆市建立"棒棒公寓"。参照经济适用房政策，重庆市鼓励企业在工业园区为农民工建设集体宿舍或经济公寓；通过适当补贴，鼓励街道、社会单位和集体将存量房、闲置房改建为适合农民工租住的"阳光公寓"。"阳光公寓"内生活配套设施齐全，提供各项公共服务，住房租金按每张床每天一元的低价标准收费③。如 1997 年，重庆远达物业公司将 4 层写字间改建成农民工公寓，并以一人一床一天一元的低价格租入，吸引了大量农民工入住。"棒棒公寓"设有保安室，配备有公用厨房、厕所和洗澡间，接通了天然气

①③ 贺小燕，安增军. 新生代农民工居住保障模式探究 [J]. 华东经济管理，2014，28（5）：41－44.

② 朱丽芳. 上海外来务工人员现状居住情况调研及思考 [J]. 上海城市规划，2011（3）：45－49.

和闭路电视，楼顶设有活动室，居住条件优于一般集体宿舍。

苏南建立农民工集居点。针对当前企业密集，就业稳定的特点，江苏苏南地区政府引导建设农民工集中居住点，如苏州、无锡。居住点建设有三种形式：一是企业建造员工集体宿舍；二是政府投入建造一批规模化、标准化的农民工集居点；三是村委会利用集体土地建设农民工居住点。农民工以集体租住或家庭形式入住。仅江苏省昆山市就已建成农民工集居点 65 处，约 43 万名外来工实现集中居住。无锡市东港镇约有 2.5 万名农民工，其中 7500 人居住在由村委会建的居住社区，8500 人居住在企业建的安居楼内①。居住点建设充分利用了闲置的影剧院、镇政府旧办公楼、旧校舍、旧敬老院、旧仓库、旧厂房等。

天津市要求企业建立标准化农民工公寓。为改善农民工居住条件，2013年天津市制定农民工临时公寓建设标准，要求凡新开工项目应按标准建设农民工宿舍公寓，辅以生活、商业、医疗等配套设施。2012 年天津市东丽区开展永久性农民工公寓建设试点，西青、北辰、津南三区也将着手建设永久性、半永久性农民工公寓。农民工公寓将建设浴室、图书馆、活动室、医务室、食堂、超市等设施，配套建设生活、卫生、教育、文化、体育等设施，改善农民工居住条件和居住环境。

案例 7.1

湖北省制定《关于解决农民工住房问题的指导意见》（节选）

各市、直管市、神农架林区房管局，恩施州住建委：

为认真贯彻落实《国务院关于进一步做好为农民工服务工作的意见》，加快推进新型城镇化进程，推动农民工市民化步伐，健全我省住房保障和供应体系，现就解决进城务工农民（含其他进城务工人员，下同）的住房问题，提出如下指导意见：

一、将农民工纳入城镇住房保障体系

（一）将农民工纳入城镇住房保障体系。对已在城镇落户的农民给予城

---

① 吴业苗. 农民工融入城市的环境营造 [J]. 小城镇建设，2007（11）：46-50.

镇居民同等住房保障；对已稳定就业并在城镇居住一定年限符合当地住房保障条件的农民工纳入公共租赁住房予以保障。各地要抓紧修订现有的公共租赁住房管理规定，将农民工住房保障工作纳入制度化、规范化的轨道。

要逐步消除户籍差别，让符合条件的农民工公平享受城镇住房保障。

二、完善农民工住房政策

（二）有计划地向农民工定向配租公共租赁住房。各地应加强公租房竣工分配入住管理，在每年竣工分配的公租房中，拿出一定比例的房源定向供应农民工，农民工数量较多的大中城市原则上不低于30%。

（三）制定农民工购房支持政策。各地要通过规划和土地调控，鼓励和引导房地产开发企业建设一批中低价位、中小套型的普通商品住房，面向农民工销售和出租，在首付比例和贷款年限上，给予照顾并按规定享受购房契税和印花税等政策优惠。要逐步放宽农民工购买产权型保障房的限制，有条件的地方，可探索在新建商品住房中配建一定比例的房源试行先租后售或共有产权，并将其作为土地出让的前置条件，用于解决进城务工农民的住房问题，允许共有产权住房试点城市将农民工纳入共有产权住房供应范围。

（四）建立完善农民工住房公积金制度。将在城市中有稳定工作的农民工及时纳入住房公积金缴存范围，并在用工合同中予以明确；要探索建立不缴、欠缴住房公积金负面清单制度，将未按规定为符合条件的农民工缴存或拖欠住房公积金的企业进行曝光；要建立公积金异地互认、转移接续制度，方便农民工购买住房并在贷款额度、年限上给予适当照顾。

（五）研究试行农民工宅基地置换城镇住房。各地可研究报请有关部门批准，在农民工自愿的前提下，对于在本地务工的农民工，试行其农村宅基地与城镇住房的置换，逐步推进农房和宅基地社会保障替代品的功能向资产资本功能转化，提高其在城镇的购房能力。

湖北省住建厅

2015 年 6 月 25 日

资料来源：关于解决农民工住房问题的指导意见. 湖北省人民政府网站，http：//www. hubei. gov. cn/zwgk/zcsd/ztjd_20/0yanshenyuedu/201512/t20151230_771551. shtml.

7.2.3 建立农民工住房公积金制度，覆盖非公有制企业

2003 年，浙江省湖州市率先在全国建立了农民工住房公积金制度。湖州市降低建立住房公积金账户的门槛，把非公有制企业的农民工纳入住房公积金管理体系之中。湖州市针对农民工收入偏低且流动性大这一特点在政策突破方面大胆实践，推行了首次建制低门槛、辞工离城随时取、租房房租能提取、买房贷款有优惠、困难家庭有贴息、农村建房也支持等做法。按照湖州市外来人员住房公积金管理办法，单位和个人最低每月各缴纳 66 元，正常缴纳 6 个月以后，即可申请住房公积金贷款。15 年来，湖州已为 13 多万名外来务工人员建立了公积金，其中有 1.26 万户外来务工家庭借助公积金购置了住房。

2019 年 4 月，国家发改委印发《2019 年新型城镇化建设重点任务》，要求持续深化利用集体建设用地建设租赁住房试点，扩大公租房和住房公积金制度向常住人口覆盖范围。国家将不断加大支持力度，推动农民工城镇住房问题的解决。

案例 7.2

浙江省湖州市为农民工建立住房公积金

过了 6 月份，进城务工多年的湖州市南浔区菱湖镇南双林村农民丁洁芳的公积金缴存期就满 6 个月，符合申请公积金购房贷款的标准了。

丁洁芳所在的湖州丝绸物资有限公司浙丝二厂，今年已给近百名农民工建立了公积金账户。根据湖州市统一的公积金最低缴存额度，以上年全省社会平均月工资的 60% 为基数，按 8% 的比例计算，每位农民工每月应缴存 132 元，其中企业、个人各承担 66 元。公积金存入个人账户，归个人所有。

丁洁芳给记者算了一笔账：目前在菱湖镇买一套 70 平方米的住房，约需 10 万元，按她每月 1000 元左右的收入，不吃不用也要 10 年才买得起。幸亏建立了公积金，她可以很方便地申请到最高 6.3 万元、20 年期限的公积金贷款，每月只要还款 383.43 元。丁洁芳说："我打算今年买房，然后把老公从乡下接来，全家就在城里扎根了。"

湖州早已打破农村劳动力进城的种种限制，并为之初步建立起社会保障体系。但由于收入水平限制，农民工在城里大多仍买不起房，居无定所，也就难以长期留城工作。为此，今年以来，湖州市在整体推进城镇非公企业建立住房公积金制度过程中，深切关注农民工利益，实施"低门槛、广覆盖"的倾斜政策，为他们转为市民打破"最后一道坎"。在近两年一些企业给管理、技术、营销等岗位的农民工建立公积金的基础上，今年1~5月，湖州市100多家企业为2000多名普通岗位的农民工建立了公积金，年内计划至少扩大到5000名，并逐步推开。

根据湖州市的规定，只要3个月用工试用期满，不论本地农民工还是外来农民工，企业都应给他们建立公积金。考虑到农民工流动性相对较大的实际情况，湖州市规定其与企业解除劳动关系后，可以一次性连本带息提取个人账户上的全部公积金，彻底解除他们的后顾之忧。为方便农民工办理公积金贷款和提取公积金，湖州市住房公积金管理中心已开辟农民工专柜，在南浔、菱湖、双林等大镇设点，并推出了承诺服务、上门服务、批量服务等措施。

资料来源：谭伟东. 湖州为农民工建立住房公积金［N］. 浙江日报，2004-06-09。

案例7.3

重庆首例农民工住房公积金缴存试点调查

2016年2月20日，住房和城乡建设部在四川省眉山市召开支持农民工和农民进城购房工作座谈会。参会后，在重庆市国土房管局鼓励支持下，丰都县对引导农民工和农民进城购房安居进行了调研探索。

在对近三年开展的农民工专项调查和对全县商品房购房人员的统计分析后，丰都县发现：居住商品房的消费主体基本都是本县人；2015年后，县城的购房主体转变为进城农民和农民工；83%外出务工人员有意愿回丰都购房。

随后，丰都陆续开展了推进土地复垦、地票交易，增强农民购房硬实力；加大财政补贴力度，增强政策吸引力；力促企业让利；加大金融扶持力度等强力措施。

万事俱备，在与市住房公积金管理中心衔接，共同开展调研和试点方案制定之后，丰都县成功获准开展试点工作。

目前，各地对农民工缴存住房公积金的政策理解和具体执行的情况不尽一致，大体上分为强制缴存政策、一定条件下的强制缴存以及鼓励缴存、逐步覆盖三种情况。

浙江省湖州市政府出台办法，强调包括非公企业在内的所有单位，包括农民工在内的所有职工，都要建立住房公积金制度；安徽省芜湖市发布办法规定进城务工农民个人申请缴存住房公积金的，坚持本人自愿缴存的原则；山西省发布实施意见提出将住房公积金制度逐步覆盖到在城市中有稳定工作的农民工。

对比其他省市相关举措，丰都县农民工住房公积金缴存试点不仅规避了强制性政策带来的争议，赋予农民工更多自主选择权，而且跳出农民工与工作所在地及所在企业的从属关系，农民工可在户籍所在地自主选择缴存与否和缴存多少，最大限度满足了不同农民工的个性化需求。

目前，丰都农民工住房公积金缴存对象必须是本县农村户口的居民，从执行情况及社会反响来看，部分非农且未缴纳住房公积金的居民也迫切要求享受公积金政策。

资料来源：吴晓锋，战海峰. 重庆首例农民工住房公积金缴存试点调查［N］. 法制日报，2017 - 12 - 12。

7.3 外来人口户籍制度改革的实践

7.3.1 成都、重庆实行农民就地市民化

作为全国统筹城乡综合配套改革实验区，成都市从2003年开始着手进行城乡一体化的户籍改革。2003年成都市制定《关于调整现行户口政策的意

见》，取消了落户指标限制，以合法固定住所、稳定职业等条件代替了硬性的指标规定。2004年，出台《关于推行一元化户籍管理制度的实施意见》，打破了城乡二元户籍制度，取消农业和非农业户籍划分方式，统一登记为"居民户口"。2006年，成都市进一步放宽了户口准入条件，以租代购，租住城市房屋的农民可以随迁入户。2010年，成都出台《关于全域成都城乡统一户籍实现居民自由迁徙的意见》，要求彻底实现城乡居民无条件自由迁徙，被认为是我国最彻底的户籍改革方案。这次改革消除了居民自由迁徙的制度障碍。农民可以带着农村土地产权自愿转为市民并可随着居住地变动而自由迁移，实现了户口登记地与居住地的一致。转户农民可以平等地享受城市居民的教育、住房、社保和就业服务等。通过户籍制度改革，彻底剥离了附着在户籍制度上的特殊权利，实现了全市公共服务和社会福利的均等化。

重庆市2010年启动了被称为"八件衣服"的农民户籍转型新政策，即在农民宅基地、承包地和林地"三件农村衣服"基础上又给农民披上了"五件城市衣服"——就业服务、社会保障、住房、子女教育和医疗保险，转户农民既享有农村福利也享有了完全的城市福利。重庆市还规定了三年过渡期，三年期限后政府取消转户农民的农业补贴，鼓励和引导转户农民流转出土地承包经营权，让转户农民逐步融入城市社会。2011年首批300万转户农民主要是在城市长期打工的农民工、被征地农民和大中专毕业生等，以后随着农村劳动力转移规模每年计划转户75万人。

成都、重庆户籍改革建立了城乡统一的一元化户籍制度，消除了附着在户籍上的差别化福利，城乡居民享有平等的社保、教育、住房、就业等基本公共服务和社会福利，实现公共服务的均等化。真正做到"户随人走"，成为我国户籍制度改革的首创。不但如此，农民还可以"带土进城"。农民进城就业居住不以牺牲宅基地、承包地等财产权为代价，可以"带土进城"，保障了农民的土地权益。

7.3.2 嘉兴推进外来务工人员的户籍改革

作为东部发达地区，浙江嘉兴市外来务工人员较多，人口快速集聚。2001~2010年10年间外来务工人员数量增长6倍，数量达到全市总人口的一半以上①。嘉兴市针对外来人口集聚特点制定户籍改革制度。从嘉兴市政策演进看，2002 年嘉兴市政府发布《关于深化户籍管理制度改革的实施意见》，以合法固定住所、稳定职业为准入条件，实行居住地户籍登记管理制度。2006 年嘉兴市委、市政府出台《关于加强嘉兴新居民服务管理工作的若干意见（试行）》，对嘉兴市外来务工人员（称为新居民）全面实行居住证管理。根据务工人员在嘉兴工作时间、技术技能水平等具体情况，实行临时居住证、居住证和技术人员居住证分类登记管理。2007 年，嘉兴市在全国率先成立新居民事务局，专门负责流动人口的服务管理。2008 年 1 月 1 日，嘉兴在全国率先放弃"暂住证"制度。2008 年 5 月，中共嘉兴市委、市政府发布《关于改革户籍管理制度进一步推进城乡一体化的若干意见（试行）》，取消农业、非农业户口划分，实行城乡统一户籍登记制度，剥离附着在户籍制度之上的特殊福利和保障，新老居民享受同等的社会福利待遇②。

嘉兴户籍改革创造了公平的城市社会环境，外来务工人员没有城市歧视感，更愿意在城市打工和稳定居留。这些户籍新政有助于嘉兴市吸纳包括技术技能人才在内的外来人口，为产业集群化发展提供了劳动力和人才资源保障。

7.3.3 京沪深城市农民工居住证管理制度

2004 年，上海市将人才居住证制度推广到普通居住证。2008 年，深圳正式推出居住证管理制度。2010 年国务院提出在全国范围内推行居住证制度，并在 2015 年颁布了《居住证暂行条例》，对居住证申领、公共服务和城市福利以及不同规模城市的落户等做出了详细规定。现行的《居住证暂行条例》内容包括 32 条内容，明确界定了如何申请居住证、申请条件、申请需要的材料，政府及各部门应该承担的相关义务，持证人可以享有的权利，以及对居住证持有人申请居住地户籍的条件等③。北京、上海、深圳居住证申领条件

---

①② 李鹏，王庆华. 农民工市民化过程中户籍政策设计的比较研究：以成都和嘉兴为例 [J]. 中国经贸导刊，2014（9 月中）：37 – 39.

③ 李世美，沈丽. 居住证制度与户籍制度改革：北京、上海、深圳的政策解读与对比 [J]. 山东农业大学学报（社会科学版），2018（1）：66 – 74.

及享有权益如表7.1所示，三地居住证转户口条件如表7.2所示。

表7.1 京、沪、深居住证申领条件及享有权益

项目	北京	上海	深圳
申请条件	1. 在京居住6个月以上的 2. 符合在京有合法稳定就业、合法稳定住所、连续就读条件之一的	1. 在本市合法稳定居住 2. 在本市合法稳定就业，参加本市职工社会保险满6个月；或者因投靠具有本市户籍的亲属、就读、进修等需要在本市居住6个月以上	1. 在特区有合法稳定居所 2. 在特区有合法稳定职业
享有权益	提供《居住证暂行条例》第十二条和第十三条规定的基本公共服务和便利，并积极创造条件，逐步扩大提供公共服务和便利的范围，提高服务标准，定期向社会公布《北京市居住证》持有人享受的公共服务和便利的范围	1. 子女教育 2. 社会保险 3. 证照办理 4. 住房 5. 基本公共卫生 6. 计划生育 7. 资格评定、考试和鉴定 8. 参加评选	1. 申领机动车驾驶证、办理机动车注册登记和检验手续 2. 申办普通护照、往来港澳通行证、往来台湾通行证及签注 3. 申请职业技能培训补贴和职业技能鉴定补贴 4. 申请基本公共医疗卫生服务 5. 申请计划生育基本服务 6. 申请免费婚前健康检查 7. 申请基本殡葬服务补贴 8. 申请开具居住证明及与身份相关的证明 9. 市政府规定的其他权益

资料来源：李世美，沈丽. 居住证制度与户籍制度改革：北京、上海、深圳的政策解读与对比[J]. 山东农业大学学报（社会科学版），2018（1）：66-74.

表7.2 京、沪、深居住证转户籍的条件

城市	转户条件
北京	1. 持有本市居住证 2. 不超过法定退休年龄 3. 在京连续缴纳社会保险7年及以上 4. 无刑事犯罪记录 5. 积分落户指标体系由合法稳定就业、合法稳定住所以及教育背景、创新创业、纳税、年龄、荣誉表彰、守法记录指标组成。总积分为各项指标的累计得分 6. 市政府根据年度人口调控情况，每年向社会公布积分落户分值。市有关部门根据申请人积分情况和落户分值，初步确定年度积分落户人员，并将其积分情况向社会公示。公示通过后，申请人可按相关规定办理本市常住户口

城市	转户条件
上海	1. 持有《上海市居住证》满7年 2. 持证期间按照规定参加本市城镇社会保险满7年 3. 持证期间依法在本市缴纳所得税 4. 在本市被评聘为中级及以上专业技术职务或者具有技师（国家二级以上职业资格证书）以上职业资格，且专业工种与所聘岗位相对应 5. 无违反国家及本市计划生育政策规定行为、治安管理处罚以上违法犯罪记录及其他方面的不良行为记录 6. 实行年度总量控制，排队轮候办理，超人数的下年再办
深圳	1. 年龄在18周岁以上，48周岁以下 2. 身体健康 3. 高中（含中专）以上学历 4. 已办理居住证并在申请单位缴纳社会保险（其中工伤保险最近连续6个月以上） 5. 未违反人口和计划生育法律、法规和有关政策的规定 6. 未参加国家禁止的组织及活动，无劳动教养及犯罪记录。符合以上基本条件的人员，按照《深圳市2012年度外来务工人员积分入户指标及分值表》积分分值达到100分以上（含100分）即可通过单位向市人力资源和社会保障局提出积分入户申请

资料来源：李世美，沈丽. 居住证制度与户籍制度改革：北京、上海、深圳的政策解读与对比［J］. 山东农业大学学报（社会科学版），2018（1）：66－74.

从表7.1和表7.2可以看出，从京沪深居住证改革看，居住证作为一种户籍管理手段，与户籍仍存在一定差距。附着在居住证和户籍的城市权益存在较大差别。如居住证持有者不能享受保障性住房，子女不能参加异地高考等。一线城市人口和人才密集，农民工在这些城市不具有竞争优势，作为一种户籍梯度管理的方式，居住证等更多的是将城市公共服务和福利待遇按照资格划分了等级，不同等级的资格享有不同水平的城市服务和福利待遇。农民工申领居住证的积极性不高，难以实现一线城市的稳定居留。

7.3.4　国家户籍制度的演进趋势

2019年4月，国家发改委印发《2019年新型城镇化建设重点任务》，明确提出：2019年我国将继续加大户籍制度改革力度，在城区常住人口100万以下的中小城市和小城镇取消落户限制基础上，城区常住人口 100 万～300万的大城市要全面取消落户限制，城区常住人口 300 万～500 万的大城市要全面放开放宽落户条件，并全面取消重点群体落户限制。超大特大城市要调整完善积分落户政策，大幅增加落户规模、精简积分项目，确保社保缴纳年限和居住年限分数占主要比例。允许租赁房屋的常住人口在城市公共户口落户①。任务要求，2019 年推进常住人口基本公共服务全覆盖。确保有意愿的未落户常住人口全部持有居住证，鼓励各地逐步扩大居住证附加的公共服务和便利项目。2019 年底所有义务教育学校达到基本办学条件"20 条底线"要求，在随迁子女较多城市加大教育资源供给，实现公办学校普遍向随迁子女开放，完善随迁子女在流入地参加高考的政策②。从政策导向看，为实现2020 年 1 亿农民工城镇落户目标，国家将加大农民工城镇落户的政策支持，推进户籍市民化目标的实现。

7.4　启示与借鉴

2017 年中国农民工的数量达到 2.87 亿。在农民工总量中，外出的有1.72 亿人。在外出农民工中进城的有 1.37 亿人。此外，农民工随迁家属有0.41 亿人，进城农民工及其随迁家属是落户和市民化的对象。其中，1.06 亿人在东部地区，6000 多万人在中西部地区；随迁家属 0～15 岁的有 3089 万人，16 岁以上的是 439 万人③。农民工群体已达到可观的数量规模。农民工市民化问题是事关未来中国经济社会发展的重点问题之一。如何解决 1 亿人进城常住农业转移人口落户城镇，1 亿人口在中西部地区就地就近城镇化，需要从产业培植、就业创造、就业质量、城镇居住、落户政策等方面入手，协同推进。

①②　安蓓. 今年城区常住人口 300 万～500 万大城市将全面放开放宽落户条件［OL］. http：//www. farmer. com. cn/xwpd/rdjj1/201904/t20190408_1439446. htm.

③　刘诗萌. 近 50% 进城农民工不愿在城镇落户，土地是主要阻碍因素［N］. 华夏时报，2018 -09 -29.

7.4.1 产业集群化发展与就业质量提升是农民工城镇稳定居留的基础

（1）确定小城镇主导产业，完善小城镇产业体系。

国家最早放开小城镇落户门槛，但农民工落户小城镇的动力不足。主要原因是小城镇就业机会少，工资收入低。2016年11月，国家发改委发布《国家发展改革委关于加快美丽特色小（城）镇建设的指导意见》，通过特色小镇建设推进新型城镇化。但特色小镇建设水平参差不齐，差异较大，出现一批滥用概念的虚假小镇、缺失投资主体的虚拟小镇，特色小镇主导产业培植不足，创造就业机会不足，不能发挥辐射带动新农村建设的作用。城镇建设，产业先行。地方政府应着力培育产业发展环境，吸纳优势资源要素向小城镇集聚，培植壮大吸纳就业能力强的小城镇主导产业。

（2）引导产业集聚和产业集群化发展，推进产业梯度升级。

对于大中城市而言，城市政府应着力引导产业集群化发展，并推进产业梯度升级。产业升级引导和倒逼农民工进行人力资本投资，通过提升知识技能实现高质量的就业。同时，产业集群化发展对劳动力产生较高依赖，企业会呼吁政府出台有助于农民工稳定居留的政策，提高农民工城市生存质量。如嘉兴市全国最早试行外来务工人员居住证管理制度，给予城乡居民公平的社会服务和福利待遇，消除了城市社会对农民工的歧视。

（3）改善就业条件，促进农民工稳定就业和职业发展。

东部地区如上海市青浦区产业层次较高，吸纳了大批具有一定知识技能的新生代农民工就业。这些农民工就业稳定性较高，获得职业发展机会，摆脱了普通农民工边缘化的组织地位。从国家政策导向看，实现稳定就业和稳定居住的外来人口将是政策惠及的重点群体。从城市产业发展看，产业可持续发展需要稳定用工和高质量用工，掌握一定技能的新生代农民工将是城市产业工人队伍的主体。城市政府应创造产业发展环境和农民工就业环境，引导企业改善农民工就业条件，将新生代农民工纳入核心员工群体，促进农民工职业发展。

（4）农民工从组织边缘走向核心，激发就业动能。

培育发展人力资本动能是新生代农民工城镇稳定就业和稳定居留的抓手。绍兴市钱清镇给予外来务工人员高水平薪酬和免费提供农民工公寓，打工收入和居住便利让农民工产生获得感，吸引农民工稳定打工和稳定居留。上海市青浦区将新生代农民工纳入核心员工，帮助其实现职业发展，农民工几乎感觉不到差别化待遇，没有强烈的社会歧视感。新生代农民工依靠技术技能实现了自身成长，获得成就感和尊严感，产生了城镇稳定就业和稳定居留的内在动力。城市政府和城市社会应将农民工作为新市民对待和管理，通过公平福利待遇和组织地位吸纳和留住城市产业发展亟须的农村劳动力资源和人才资源。

7.4.2　农民工城镇居住问题尚未得到根本解决

（1）农民工自租赁住房成为主流的城镇居住模式。

传统产业转型升级，企业用工性质改变、用工规模缩减的情况下，企业提供集体宿舍的比率不断降低，而员工租赁住房的比率日渐提高。2011～2016年，在全国范围内，由雇主或单位提供免费住宿的农民工比例由49.9%下降至13.4%①。农民工自己租赁住房成为主流的城镇居住模式。针对这一居住模式的改变，政府应及时制定政策，减轻农民工居住负担，促进城镇稳定居留。

（2）在过渡时期，政府和用人单位应提供农民工租房补贴。

在社会化居住模式下，城市财政应对新生代农民工提供租购住房补贴，降低农民工租赁成本，提高购房能力。即农民工在租赁或购买城市住房时给予一定的货币补贴，提高农民工城市居住能力。用人单位也要相应地分担农民工居住成本。有条件的企业可以出资为农民工租赁住房，并提供交通便利条件等。

（3）改善农民工居住环境条件，提高城镇居住质量。

城市政府应为农民工聚居点规划提供社会公共服务，如交通、学校、医

---

①　资料来源于2018年10月香港大学社会学系"城市新移民住房保障"研究团队撰写的《进城农民工住房保障政策及居住现况调研报告》。

院等。用工单位应为农民工集体宿舍或公寓配套基础设施和生活便利条件，如安全保障、菜市场、超市、便民服务机构和设施等。棚户区和城中村改造中，城市政府不应简单驱逐农民工，而应重新规划建设新的外来人员聚居区，以安居为前提推进棚户区和城中村改造。

（4）公租房和廉租房制度向农民工开放。

目前大部分城市的住房保障政策仅限于户籍人口，没有落户城市的农民工被排除在城市住房保障体系之外。一方面，城市应加大保障性住房建设，扩大经适房、廉租房、公租房建设规模。另一方面，向尚未落户但已实现稳定就业和稳定居住的外来人口开放保障性住房。大城市向取得居住证的外来人口开放保障性住房，制定外来人口保障性住房资格条件，有序覆盖所有稳定居住城市的农民工。

（5）完善配套措施，保障政策落地。

香港大学社会学系的社会调查发现，目前外来务工人员申请城市公共服务资格时要求提供"房屋租赁合同备案证明"，但实际居住城镇的农民工，由于政策不明确、出租方不愿意履行租赁备案登记责任，或因住房产权问题无法予以登记等原因，农民工难以取得住房租赁证明，导致不能享受城市公共服务[①]。由此案例看出，任何政策的制定实施都需要完善配套措施，保障政策落地。城市政策制定时应充分考虑相应配套措施，以提高政策的可操作性和实施成效。

7.4.3 住房公积金制度必须覆盖城镇稳定就业的外来务工人员

（1）建立新生代农民工住房公积金制度是城镇稳定居留的必然选择。

传统上，住房公积金制度对农民工而言是可望不可即的体制内的特权。农民工与城市工人一样，为城市发展做出贡献，城市对农民工不应区别对待。已实现就业的农民工居在城镇的最大障碍就是住房问题，无论租赁还是购置，农民工都要承担不菲的成本。在收入约束下，部分扎根城市意愿强的农民工

---

① 资料来源于2018年10月香港大学社会学系"城市新移民住房保障"研究团队撰写的《进城农民工住房保障政策及居住现况调研报告》。

因为住房障碍被迫弃城返乡。农民工城镇稳定居留和市民化必须解决居住问题。尤其是已在城镇实现稳定就业的新生代农民工，迫切需要政府住房公积金制度的庇护。参照城镇职工住房公积金制度，建立适合新生代农民工特点的住房制度体系，既能够降低农民工城镇居住成本，有助于推进农民工稳定居留和市民化，也有助于减轻政府负担，为城市产业发展提供稳定的工人队伍。

从城市发展趋势看，新生代农民工群体成为城市产业发展不可或缺的主体，在农村推力和城市拉力双重作用下，农民工可以忍受权益被剥夺的不公平不公正待遇，而选择进城打工。一旦农村拉力产生并超过城市拉力，农民首选就地就近转移就业，城市将吸引不到足够的农村劳动力，城市产业发展将失去可靠的劳动力资源。乡村振兴战略实施必将重新布局城乡作用力，重新调整农民工流动格局。与其等待农民工群体的流失，不如完善农民工市民化政策，给予城乡均等的公共服务和福利保障，将农民工留在城市，成为稳定居留的城市新居民。这对城市产业发展和农民工生存发展而言都是利好。

（2）非公有制企业住房公积金制度推行不能一蹴而就，而应循序渐进。

经济发展处于新常态，为降低企业税费负担和用工成本，激活企业活力，国家政策导向是减税降费降成本。2019年4月，国务院办公厅印发《降低社会保险费率综合方案》，明确自2019年5月1日起，降低城镇职工基本养老保险单位缴费比例，单位缴费比例高于16%的，可降至16%。在这个大环境下，普遍实施农民工住房公积金制度无疑会增加企业用工成本，企业参与动力不足。绝大部分企业对缴纳住房公积金态度不积极，能不交就不交，能拖就拖，能少交就少交，这种现象在一些外企以及小民营企业表现尤其严重。因此，非公有制企业实行住房公积金制度是一个必然趋势，但制度的推行不能一蹴而就，而应循序渐进。在经济增长趋缓时期，优先在东部地区和中部较发达省份推行农民工公积金制度，条件成熟后再向中西部地区推进，以实现企业负担与农民工权益的均衡匹配，推进经济社会协调和可持续发展。

（3）制定农民工住房公积金法律法规。

农民工住房公积金制度的推行需要法律保障。企业给农民工缴纳住房公积金，确实难度很大；不仅农民工，就是城市的工人，有的企业都没有给缴纳住房公积金。住房公积金制度向非公有制企业推行离不开法律法规保障。需要修订相关劳动合同法规，并严格贯彻劳动合同法规落地，强制保障落实企业农民工住房公积金缴纳责任。

住房公积金制度自身也要不断调整。目前住房公积金用于租赁住房支出尚未普遍放开，只在南方部分城市试行。农民工缴纳住房公积金后，应该用于城市租房、买房或者回老家盖新房。这就需要住房公积金制度自身的创新。

（4）建立全国联网的住房公积金信息系统和公积金转移接续机制。

新生代农民工频繁流动性要求建立便捷高效的住房公积金异地转移接续机制，实行"一站式"服务。这就需要建立全国联网的住房公积金信息系统和完善的住房公积金转移机制。农民工参加社会保险和住房公积金的最大担忧就是一旦离开城市，这些缴纳的保险和公积金将怎样带走？尤其是建筑行业的农民工，不同城市之间或城乡之间的频繁流动给农民工参保带来顾虑，尽快建立完善的转移接续机制，实现异地便捷高效的转移接续，是农民工住房公积金制度推行需要解决的关键问题。

7.4.4 需要统筹推进农民工城镇落户与就地就近转移就业

（1）尊重农民工城镇落户意愿，有序推进外来务工人员城镇落户。

城镇化是基于农民意愿的循序渐进性城镇化。尊重农民工进城居住和落户意愿是城镇化的前提。在新型城镇化战略与乡村振兴战略协同推进过程中，城市和农村的吸纳力正在发生改变，农民不是一定要选择进城落户。农民进城居住落户的意愿因人而异。根据相关调研数据分析，尽管80%的进城农民工表示对城市生活比较适应，但考虑到落户意愿时，只有16.8%的进城农民工愿意把户口迁移到现在居住的城市，27.5%现在没有确定，46%的不愿意在城镇落户，其中包括19%已经在城市买房的人也不愿意落户①。推进户籍城镇化需要尊重农民意愿，赋予有意愿且实现稳定就业的农民工居住证和城市户籍。

---

① 刘诗萌. 近50%进城农民工不愿在城镇落户，土地是主要阻碍因素［N］. 华夏时报，2018 - 09 - 29.

（2）将稳定就业和稳定居留指标作为居住证转户籍的主要条件。

2019 年国家发改委发布的《2019 年新型城镇化建设重点任务》中明确提出，"超大特大城市要调整完善积分落户政策，……，确保社保缴纳年限和居住年限分数占主要比例"。稳定就业和稳定居留将是农民工取得城市户籍的关键指标。这既突出了农民工城市生存发展的可行性和民生权益，也考虑了城市户籍人口管理的便利。

（3）统筹推进农民工城镇落户与就地就近就业。

协同推进新型城镇化与乡村振兴就要统筹推进农民工城镇落户与就地就近转移就业。新型城镇化要求农业转移人口进城就业落户，而乡村振兴战略要求农民就地就业，促进农业农村现代化。尤其中西部地区，西部大开发战略需要吸纳外部人才，更需要留住本地人才。农民就地就近就业，或返乡归田，或就地转移就业，都有助于乡村经济社会发展，促进乡村振兴。因此，协同推进两大国家战略，就要改变单轨模式，实行双轨制或交叉制，农民一定时期内既可以进城打工，也可以返乡创业就业，统筹推进农村劳动力转移就业和返乡归田。

（4）增加附着在居住证上的公共服务和福利待遇。

《2019 年新型城镇化建设重点任务》中提到，"鼓励各地区逐步扩大居住证附加的公共服务和便利项目"。居住证是户口的过渡载体，居住证相关权益应与持有者城市居民资格相对等。如果居住证附着权益太少或没有附着权益，居住证也就失去了意义，外来人口也没有申领居住证的动机。特大城市和大城市实行居住证管理，就要根据持证人对城市的贡献和就业居住稳定状况，增加附着在居住证上的公共服务和福利保障待遇，降低居住证转户籍的门槛，缩小附着在居住证与户籍上的福利待遇差距，更多实现城市社会的公平。

| 8 |

对策建议

8.1 完善城镇产业体系，创造更多就业机会

我国产业层次低，产业体系不完善，第三产业发展缓慢，不利于吸纳更多的劳动力就业。就业岗位的创造是农村转移人口就业实现的必要条件。

8.1.1 加快产业改造升级，推进城镇新型工业化

目前，我国第二、第三产业产值比例相当，都在 45% 左右，产业结构正在由第二产业为主导向第三产业为主导转变，第三产业逐渐占据优势。因此，第二产业面临调整和升级的压力。首先，需要改造或淘汰传统落后产业，推进传统工业兼并重组，通过技术升级与规模化经营，做精做实传统工业，尤其是要继续做强具有优势的劳动密集型产业，从而保障一部分低技能劳动力的就业；其次，要支持高新技术等新兴产业的发展，尽管这些产业吸纳劳动力的能力有限，但是其发展前景好，可持续性强，有助于倒逼农民工技能提升，促进就业质量的提高。

8.1.2 大力发展第三产业，完善产业结构体系

第三产业就业弹性高，比第一、第二产业的就业吸纳能力都要强，尤其

是传统服务业对劳动力的文化、技能要求较低，工作条件相对较好，非常适合新生代农民工就业。但是，我国目前第三产业发展滞后，内部结构还不合理，尤其是生产性服务业发展缓慢，具有较大规模和竞争力的企业较少，多数企业规模较小，还不能充分吸纳第一、第二产业转移出的农村剩余劳动力，新生代农民工在第三产业的就业率偏低，信息、咨询、流通等相当多的行业还存在很大的发展潜力，存在较大的就业增长空间。因此，应加快第三产业的发展，充分挖掘第三产业吸纳农民工就业的潜力，提供更多适合农民工就业的岗位。

首先，要改造传统服务业。在我国服务业中，商贸流通、餐饮、住宿等传统生活服务业发展相对饱和，但是其规模较小，经营管理水平不高，其职工就业稳定性较差，待遇不高。应该用现代化的新技术、新业态和新服务方式改造传统服务业，以信息化建设提升服务业水平，用现代企业制度规范其发展，做大做强一批重点企业，促进传统服务业经营效率和管理水平的提高，从而保障所吸纳的农民工稳定就业。

其次，要大力发展现代服务业，逐步改善非生产性服务业占比过重，第三产业内部结构效率低下和产业关联性弱的问题。重点发展现代物流、金融保险、商品流通、信息咨询、教育培训以及旅游业等生产性现代服务业和家政护理、健康养老等新兴服务业，增强服务业的发展活力，增加劳动力的就业渠道，提升服务业的整体水平。

最后，要注重服务质量的提高，不论是对劳动者文化素质要求较低的传统服务业，还是对劳动者素质要求较高的新兴行业。只有高质量的服务，才能拓展对第三产业服务的更大需求，从而推动第三产业的发展。

8.2 多措并举，推进新生代农民工技能培训和素质提升

当前，我国农村剩余劳动力综合素质较低，高级技术工人非常缺乏，而产业结构升级会对劳动者的素质提出更高要求，他们的文化素质和技能很难适应产业升级后的岗位需求，进而直接影响他们在城市的工作和生活质量。因此要尽快加强对农村剩余劳动力的教育和技术培训力度，使劳动者尽快完成自身知识

结构的调整以适应产业调整的需要，使他们成为符合城镇产业发展所需要的技术工人。做好农民工培训工作需要政府、企业、培训机构、农民工自身共同努力。

8.2.1　政府需要加大教育培训投入，完善农民工教育培训体系

首先，建议打造"技能中国"。建议全国普及职业教育，即每个初、高中毕业未升学人员均需参加职业教育，国家组织未升入高中或中职的初中毕业生和未升入高校或高职的高中毕业生参加 1~2 年的职业教育，取得一定等级的职业技术资格证书才能参加就业。或者要求企业雇佣的初中或高中毕业生必须参加国家组织的职业教育，在 1~2 年内取得一定等级职业技术资格证书，才能正式顶岗。其次，应把农民工技术培训作为一项公共服务，加大培训资金投入，成立专门针对农民工的专业技能培训机构或学校，对农民工推行免费或优惠的专项技能培训，尽快提高他们的职业技能，拓宽就业岗位的选择渠道。再其次，需要建立完善的职业技术培训体系，开办多元化培训机构，开展多样化的职业技能培训。政府部门需认真研究各种教育和培训方式的功能和特点，组织成立相应的培训机构，对各种教育和培训进行明确的职能分工，建立完善的教育培训体系，保证培训持久有序地进行，缩短农民工的待业时间，减少结构性失业。最后，培训内容要依据市场需求、要针对各产业的动态情况对培训计划做适当调整，充分利用与开发各种培训资源，使劳动者的素质提升与产业结构的变化相协调，提高劳动者的就业能力。

8.2.2　企业和培训机构应加强新生代农民工技能培训，构建岗前—岗中—岗后一体化的培训体系

企业往往具有急功近利的短视倾向，希望使用现成的劳动力，而不愿意花时间和费用培养员工。其实，这种做法并不利于企业的长远发展，也很难使企业拥有优秀的员工。因此，企业为了储备人力资源，长远发展，应该构建完善的培训体系。首先，针对准备入职的新生代农民工进行岗前培训，使其学到与职业相关的必要技能以及适应多工种要求的综合素质；其次，对在岗的新生代农民工进行能力再开发培训，充分利用企业实际环境加强实践训

练，尤其是要根据企业的实际发展需要对工人进行技术更新，使其能够更好地适应产业结构调整、技术进步带来的变化，提高就业竞争力；最后，对具备一定技能的工人要采取个性化的强化训练方法，使其掌握自学新技能的能力和一定的创新能力，从而能够主动适应技术更新和产业升级的需求。

8.2.3　统筹政府培训与干中学，逐步提升新生代农民工人力资本水平

调查显示，新生代农民工年参训时间平均不足一个月，农民工培训问题突出。各地政府应尽快建立农民工培训政策法规，规定农民工年参训时间下限，如 2 个月。一是建立农民工定期培训机制，统筹输出地、输入地政府和打工企业，分担新生代农民工培训责任。如农民工外出打工前由输出地县级政府进行前期培训，输入地政府开展定期培训，并要求所在企业每年不少于45 天的在职培训，企业培训费用税前列支。政府相关部门监督检查企业农民工培训状况和培训效果。二是严格监督农民工职业培训经费使用。中央和地方政府农民工培训转移支付严格实行预算管理，受托单位的培训经费要与农民工培训效果挂钩。三是提高中高职院校农民工教育培训参与率和参与度，发挥职业院校专业技术培训的主导作用。职业院校农民工培训可采用政府招标、企业委托、自主培训等多种形式，采用政府费用分担和市场化运作方式。四是新生代农民工应自主自觉地开展学习。面对产业升级，新生代农民工自身应该有危机意识，利用工作之余，补充文化知识和专业技能。这就要求新生代农民工在工作中密切关注宏观经济环境的变化、产业调整的方向、企业的发展规划，综合多方面的信息，把握企业和市场的岗位需求和技能要求，有针对性和计划性的学习相关的知识与技能，提高自身适应岗位变动的能力。

8.3　完善产业基础条件，推进东部产业向中西部地区梯度转移

江苏、浙江等省份新型城镇化实践探索表明，农村城镇化离不开乡村工

业化。在生态环保高压约束下，农村应利用农业积累和打工收入集约发展"两低一高"的生态型工业和农产品加工业，创造非农就业机会，促进剩余劳动力就近转移就业和城镇化。乡村工业发展需要构建完善的产业发展环境。

8.3.1　完善农村基础设施，改善产业发展环境

产业落地离不开完善的基础设施、便利的公共服务和宜人的生活环境。当前乡村人居环境整治（如旱厕改造等）应因地制宜，挖掘特色，建设适合城乡居民居住生活的生态环境和基本条件；地方财政专项应支持乡村尤其是贫困村基础设施建设，加快推进乡村道路交通、网络通信等公共设施完善，通过完善农村基础设施建设，改善交通物流条件，降低交易成本，提高城乡贸易自由度，提高农村要素集聚力，为产业转移提供资源要素支持；教育、医疗、邮政、电信、流通和金融等机构在农村设立分支机构，健全乡村公共服务体系。

8.3.2　引导产业梯度转移，推进中西部地区产业集群化发展

长期以来，长三角、珠三角等东部沿海地区依靠劳动密集型产业实现了高速增长，这些地区的大量企业主要是靠压低工人工资来赚取利润的。而随着我国人口老龄化的加剧，人口结构和就业结构将发生变化，近年来逐渐出现"用工荒"现象，农民工工资面临上涨压力，这些企业将难以生存下去。随着东部地区城镇化水平的提高，低附加值的劳动密集型产业已经不能适应其经济发展的需要，但在中西部地区，农村剩余劳动力较多，现阶段劳动密集型和资源密集型产业仍是其优势产业，也是吸纳农民工就业的重点行业。因此，各级政府应采取相应措施，积极引导劳动密集型产业逐步迁移至中西部地区，以产业转移实现地区间协调发展，促进当地经济发展与产业进步，同时实现农民工就地就业与合理利用。第一，根据国家中长期区域发展和产业布局战略，制定区域发展和产业发展政策，引导中低端产业向中西部转移。如制定中西部地区企业用地优惠政策，地区性综合补贴和行业准入制度等，降低地域转移企业的生产成本和经营成本，吸引企业区域转移。第二，建立

东、中、西部地区企业帮扶制度。国家政策鼓励东部地区企业在中、西部地区设立分支机构，鼓励东、中、西部地区开展项目协作和技术帮扶。第三，鼓励大型企业的业务向农村拓展，促进村镇工业化发展。降低农村企业或农村业务的增值税等，鼓励企业提供更多的农村就业机会。第四，以村镇园区建设为依托发展产业集群。产业集群辐射到每个村庄，吸纳村内劳动力就近转移就业。

8.4 加强支持与保障，促进返乡新生代农民工就地就近创业和城镇化

8.4.1 实行更具吸引力的返乡创业政策，集聚本土人才返乡创业

借鉴重庆市经验，以乡镇为单位，对本乡本土农民工能人和各类人才进行调查摸底，建立本土人才数据库。镇村两级党组织采取电话联络、座谈联谊、登门拜访等方式，进行"点对点"动员，吸纳有一定成就的农民工回乡挂职或创新创业。对回乡挂职的本土人才，参照村干部标准发放报酬和缴纳养老保险。对回乡创业农民工，帮助协调土地流转、融资担保、贷款贴息、税费减免等支持政策，有计划地遴选培育，使他们成为乡村产业带头人。

8.4.2 加强政策支持与保障，提高新生代农民工返乡创业和经营性就业水平

第一，完善新生代农民工创业孵化和帮扶政策。将具有一定人力资本水平的"90后"农民工纳入大学生创业扶持政策，县级以上城市建立市场化、专业化众创空间，政策引导创业导师与农民工结对帮扶创业。第二，降低新生代农民工创业的产业准入门槛。政策支持农民工城镇创业、返乡创业和就地创业，降低准入门槛，鼓励农民工创办农业社会服务组织、创办第一、第

二、第三产业融合经营组织、经营农村公共事业等。第三，加强新生代农民工经营性就业的组织化管理。加强职业经理人和职业经纪人培养和管理，构建工会、协会、群团和社区等参与的社会组织协调工作机制，提高农民工经营性就业的组织化程度。第四，政府为经营性就业农民工提供兜底保障。新常态下就业形态趋于多样化。因用工成本提高，组织内正式雇佣劳动减少，而以任务承包形式的经营性灵活就业增多。互联网＋产业后，非物理空间依赖型的网络就业和灵活就业发展壮大。农村社会保险和工商行政管理等制度应相应调整，优先为创业和经营性就业农民工建立基本养老医疗保险，实行兜底保障。

8.5　加强农民工权益保护，推进城镇就业质量提高

8.5.1　严格监督检查劳动合同签订和履行情况，强化劳动关系的法律保障

2013 年全国农民工检测调查报告显示，签订劳动合同的农民工比重仅为41.3%，本次调查中新生代农民工劳动合同签订率为 65.22%。强资弱劳格局是劳动合同签订率低的主要原因，游离于法律保障之外的农民工劳动权益更难以保障。第一，劳动监察部门应严格监督农民工劳动合同的签订和履行，严格查处虚假劳动合同，建议将企业拒不签订劳动合同行为处罚从经济手段上升到行政和法律手段。第二，劳动争议仲裁部门在各类产业园区设立仲裁委员会，及时受理处理劳动争议仲裁案件。第三，建立农民工法律援助基金。高的诉讼费用将农民工拒于法律保障之外。县级政府指导乡镇部门和各类产业园区建立农民工法律援助中心和援助基金，受理农民工免费诉讼申请。援助基金由企业按照用工人数和劳动争议状况定期缴纳，当年没有发生劳动争议的企业免交下一年度的费用，提高劳动争议频发企业的缴纳比例。

8.5.2 企业畅通农民工职业通道，加强新生代农民工职业管理

农民工社会资本积累能力与其社会身份和工作关系息息相关。传统上，农民工与技术、管理工作岗位无缘，只能从事单一化体力性劳动。从事体力劳动农民工社会交往面狭窄，交往对象层次不高。提升农民工社会资本需要企业帮助农民工建立职业晋升通道，实现职业发展。消除就业歧视是农民工实现职业发展的前提，农民工不是体力劳动的代名词，职业发展权利不仅是城市工人的权利，也是农民工的权利。企业岗位分派不应依据身份而应取决于岗位胜任力。企业应根据农民工工作经验和劳动技能特点安排合适的工作岗位，如具有一定技术技能的农民工可以从事技术工作岗位，具有管理能力的农民工可以进入管理通道，让农民工在职业发展中提升社会资本和人力资本水平。企业应加强农民工职业技能培训，为农民工提供与城市工人一样的岗位轮换、绩效评价和岗位晋升的机会，加强农民工职业管理。

8.5.3 加强城镇农民工权益保护，提高城镇新生代农民工稳定就业的质量

低层次的稳定就业无助于农民工就业质量提高，就业转型要求城镇农民工从低层次稳定就业向高层次稳定就业转变，提高农民工城镇民生权利实现质量。第一，各级政府制定和监督实施农民工工资正常增长制度，明确规定工资梯次晋升的幅度和年限要求，初步将签订中长期劳动合同的农民工纳入制度框架。第二，防范和杜绝职业病风险。各级政府安全生产监管部门和劳动监察部门严格监督监察企业用工、企业职业卫生和安全生产防护措施，防范杜绝职业病风险。入职农民工必须进行安全生产教育，严格执行危险岗位持证上岗制度。第三，尽快实施同工同酬制度。劳动部门制定实施同工同酬细则，督促制度尽快落地实施。第四，将基本实现稳定就业的农民工纳入居住证管理和城镇居民住房保障体系，享受廉租房、共租房、住房公积金或住房补贴等市民待遇。

8.6 完善小城镇城市功能，构建宜业、宜居、宜人的生活环境

8.6.1 构建城市现代化发展理念，引导产城融合、业居融合

城市现代化的核心是公共服务现代化。城市现代化需要构建现代化公共服务体系，促进生活方式现代化，提高城市的人口集聚力，尤其是中小城市和小城镇。新区新城和小城镇建设既需要补上产业短板，也需要拓展城市功能，实现产城融合、业居融合。中西部地区生态环境脆弱，新型城镇化建设需要借鉴东部地区经验，围绕就业、居住和生活，打造宜业、宜居和宜人的城市环境。重点营造城市自然和人文景观，打造绿色生态城市。公共服务现代化是城市功能现代化的主体，完善新城和中小城镇道路交通、通信网络、物流、生态景观、教育医疗养老等公共服务体系，提高城镇宜居宜业水平，将有效激发农业转移人口进城就业、稳定居留和市民化。

8.6.2 培育特色小镇支柱产业，推进农业转移人口城镇化重点下移

加强小城镇建设的政策支持。中央财政向县级以下倾斜，县级政府承担中小城市和小城镇建设的主体责任，加强小城镇公共服务建设。中央和地方各级财政按照比例承担小城镇建设资金，完全放开中小城市和小城镇落户门槛；降低中西部地区大城市落户门槛，增加居住证向户籍转化率；东部地区大城市、特大城市、超级城市仍实行居住证积分管理，但中央各项指标分配仅与户籍挂钩。

培育支柱产业，推动特色小镇建设。城镇培育支柱产业，应该立足本地实际，充分挖掘和利用自身的资源、区位以及产品优势，并结合市场需求对产业发展的市场前景进行科学的分析预测，选准具有地方独特优势和

市场前景的产品和产业进行重点开发和培育，使之逐步发展成为支撑城镇发展的支柱产业。比如，具备特色农副产品优势的城镇可以考虑重点发展特色种植业、养殖业以及农副产品精深加工业，并通过农业产业化的路径来培育支柱产业；交通便利，具有明显区位优势的城镇可以考虑选择商业、贸易、物流等生产生活服务业作为支柱产业，重点发展物流运输、专业市场以及农村生产生活服务产业；具备独特的生态环境、文化、民俗优势城镇可以考虑重点发展观光农业、设施农业、乡村生态旅游、民俗旅游和乡村体验游等产业。

8.6.3 加大乡镇工业园区建设，推进园区城镇化

树立"工业强村、工业强镇"理念，大力发展乡镇工业园区，每个重点镇至少开办一所工业园区。在园区适当通勤距离内建设农民居住社区，在工业园区周边建设农业园区，实现工业园区、农业园区和居住社区的"三区"联动发展。要以工业园区、现代服务业集聚区等产业园区为载体，引导产业集群集聚发展，带动人口集中。产业园区是产业集聚的平台和载体，可以吸引各类企业和生产要素向产业园区集中，逐步形成产业集群，从而可以带动市场的扩张和农村人口向城镇的集中，增强城镇发展的内在动力，形成产业与城镇互动发展的良性循环。产业园区建设不仅要重视增强其产业生产功能，还要不断完善城镇的生活服务设施，增强其宜居功能。因此，要根据产业发展的需要，对生活基础设施以及生产和生活性服务业进行合理规划布局，尤其是加强医疗、教育、商业、娱乐等生活服务配套设施以及公共服务体系的建设，逐步完善与产业发展速度和规模相配套的居住和服务功能，使产业园区具备支撑产业聚集的能力。

8.7 科学规划城市群发展体系，带动中西部地区产业集聚和农民工城镇稳定居留

第一，科学规划和着力培育不同规模城市，构建城市群内部大中小城市

和小城镇协同发展格局。以大城市为中心，在城市周边星罗配置中小城市和小城镇。依靠大城市辐射带动中小城市发展，中小城市和小城镇带动周边农村城镇化，形成梯次配置的城镇化格局。

第二，构建城市群内产业梯次配置和协同发展格局，避免产业同构化和同质化，形成错落互补的产业竞争格局。构建大城市与小城镇产业互动对接机制。政府相关部门引导大城市企业的对外加工项目优先选择小城镇，扶持带动小城镇企业发展；大城市转出产业优先在小城镇落地，促进小城镇产业升级转型；鼓励大城市企业与中小城市产业开展联合技术功关，提升中小城市企业技术水平。鼓励大城市企业到中小城市设立分支机构，把经营业务向下层延伸。

第三，构建城市群统一劳动力市场，优化劳动力资源配置。包括建立统一的最低工资制度，统一的农民工技能培训福利政策，统一的亟须紧缺岗位目录，促进城市群内劳动力资源的自由流动和优化配置。农民工根据自身人力资本禀赋在劳动力市场竞争就业岗位，农民工家庭根据城镇生活成本等选择长期居住地，城市政府协同规划建设城市群内一体化道路交通设施，为就业地与居住地相分离的城镇居留创造条件。

8.8 实行东、中、西部差别化城镇化政策，协同推进城镇农民工稳定居留与农村劳动力就地就近市民化

8.8.1 东部地区推进镇改市，提高镇域政府行政管理权限

东部地区外来人口市民化的重点是提高镇域政府公共资源配置能力。加快推进镇改市步伐，按照产业集群化发展状况、发展前景和常住人口规模确定镇改市的规模，设立独立市。美国地方管理体系设置州、郡（或市）、镇村三级。城市多为不管辖农村地区的独立市，镇村平级。中国城镇管理体制

应根据城镇发展状况适时进行改革。产业集群化水平高的小城镇可以升格为独立市，以提高城镇基础设施建设和公共服务供给能力，满足城镇人口集聚规模需求。

8.8.2 中西部地区建设中心—外围城市体系，充分发挥大城市和中心城市对小城镇发展的辐射带动作用

中西部地区小城镇发展需要中心城市和大城市的辐射带动。大力发展小城镇，促进农村劳动力就地就近转移就业和市民化是中西部地区城镇化可行路径。大城市功能比较完备，而小城镇产业和人口集聚能力水平差，就业吸纳能力不强，需要大城市的带动发展。中西部地区需要构建大、中、小城镇协同发展的中心—外围城市体系。省级以下财政扶持重心下移。中央财政重点支持大城市建设，地方财政重点支持小城镇建设，协同推进新型城镇化与乡村振兴战略。地方政府着力培植小城镇主导产业，完善小城镇基础设施建设，提高小城镇转移就业和人口吸纳力和承载力。

8.8.3 普及住房保障制度，降低农民工城镇居住门槛

住房租购是农民工城镇居留的最大障碍。目前，农民工城镇社会保险参保率低（2014 年，农民工"五险一金"参保率分别为：工伤保险 26.2%，医疗保险 17.6%，养老保险 16.7%，失业保险 10.5%，生育保险 7.8%，住房公积金 5.5%），尤其缺乏住房公积金，城镇住房租购能力较弱[①]。大中城市应将住房保障制度覆盖到农民工，针对农民工特点制定差别化住房保障制度，在财政力量约束下，可以按照城市贡献大小明确界定和划分农民工享受保障性住房的资格等级，优先赋予稳定就业、稳定居留的新生代农民工住房保障权限，逐步降低住房保障门槛，扩大享受住房保障权利的农民工数量。

---

① 国家统计局 2015 年 4 月 29 日发布的《2014 年全国农民工监测调查报告》。

8.9 实行城乡公平的市民化政策，有序推进城镇农民工市民化

8.9.1 实行城乡公平的市民化政策

第一，建议国家制定 2020～2035 年农业转移人口发展战略，统筹谋划布局农业转移人口市民化。制定法律，保障农业转移人口与城市人同工同酬，保障居住证持有者或落户者均等的市民权益。舆论宣传和政策引导城市社会建立包容性文化，促进农业转移人口从边缘向核心转变，成为企业核心员工和城市主流群体。第二，法律赋予输入地政府农业转移人口市民化的主体责任。建议城市政府开展持有居住证农业转移人口技能培训福利计划，培训新市民综合素质和技术技能，培训合格作为落户的必要条件。将住房保障覆盖所有城镇居住证持有者，城市向居住证持有者提供公共服务和福利。

8.9.2 构建农业转移人口市民化的信息化检测体系

大数据、互联网和各种交易平台的应用将改变农业转移人口就业信息获取方式、就业方式和市民化选择地。第一，加快城镇化与信息化融合。加快城市产业向智能化和信息化升级，建立城市现代化产业体系；用信息化、大数据和互联网手段向社会动态披露就业供求信息；采用信息化手段检测农业转移人口流动行为、就业行为和市民化行为。第二，构建农业转移人口市民化研究的信息化和大数据支撑体系。在移动通信运营商协助下，建立农业转移人口全生命周期流动信息数据库，便于流动人口的科学研究和社会管理。

参考文献

［1］安彩英. 促进新生代农民工就业的途径分析：基于社会资本理论视角［J］. 农业经济，2013（1）：69 – 70.

［2］才凤伟，王拓涵. 新生代农民工的城市创业与国家政策［J］. 经济与管理，2012，26（7）：29 – 33.

［3］才凤伟. 乡村社会网络："原生"和"再生"：新生代农民工城市创业的网络构型［J］. 中国青年研究，2014（7）：83 – 88，119.

［4］曹科岩. 新生代农民工就业质量分析及对策［J］. 当代青年研究，2017（5）：59 – 64.

［5］柴海瑞. 浅析农民工城市居住保障问题及原因［J］. 全国商情（经济理论研究），2008（9）：130 – 133.

［6］车若语，高书平，陈琛. 新形势下农民工居住选择与保障性住房研究［J］. 广西社会科学，2017（12）：145 – 150.

［7］陈春，冯长春. 农民工住房状况与留城意愿研究［J］. 经济体制改革，2011（1）：145 – 149.

［8］陈森斌，杨舸. 改革开放后的农民工政策思路变迁［J］. 人口与发展，2013（9）：10 – 17.

［9］陈文哲，朱宇. 流动人口定居意愿的动态变化和内部差异：基于福建省4城市的调查［J］. 南方人口，2008（4）：57 – 64.

［10］陈锡萍. 新生代农民工城市创业的社会支持系统研究［J］. 农业经济，2015（9）：108 – 109.

［11］陈云凡. 新生代农民工住房状况影响因素分析：基于长沙市25个社区调查

[J]. 南方人口研究, 2012 (2): 17-24.

[12] 陈至发, 张玲等. 新生代农民工就业能力及个体差异研究: 基于 1613 个样本数据 [J]. 调研世界, 2014 (6): 36-40.

[13] 陈志光. 居住隔离与社会距离: 以农民工和本地居民为例 [J]. 中共福建省委党校学报, 2018 (3): 87-95.

[14] 陈忠斌, 黄露露. 重购轻租还是租售并重: 居住方式对农民工举家迁移影响的实证研究 [J]. 经济经纬, 2018, 35 (1): 41-46.

[15] 谌新民, 袁建海. 新生代农民工就业稳定性的工资效应研究: 以东莞市为例 [J]. 华南师范大学学报 (社会科学版), 2012 (5): 94-101.

[16] 邓江年, 郭沐蓉. 居住分层与农民工留城意愿: 来自珠三角的证据 [J]. 南方经济, 2016 (9): 122-132.

[17] 丁富军, 吕萍. 转型时期的农民工住房问题: 一种政策过程的视角 [J]. 公共管理校学报, 2010 (1): 58-66, 125-126.

[18] 董伟才. 农民工回乡创业亟需破解五大难题 [J]. 学习月刊, 2007 (18): 55-56.

[19] 董昕, 张翼. 农民工住房消费的影响因素分析 [J]. 中国农村经济, 2012 (10): 37-48.

[20] 段锦云, 韦雪艳. 新生代农民工创业意向现状及其影响因素的质性研究 [J]. 苏州大学学报 (自然科学版), 2012 (1): 83-89.

[21] 樊茜, 金晓彤, 等. 教育培训对新生代农民工就业质量的影响研究 [J]. 基于全国 11 个省 (直辖市) 4030 个样本的实证分析 [J]. 经济纵横, 2018 (3): 39-45.

[22] 高波, 李国正, 陈琛. 新型城镇化过程中农民工居住现状及住房选择: 基于 2013 年中国流动人口动态监测数据 [J]. 甘肃行政学院学报, 2015 (6): 81-91.

[23] 苟畅, 方印. 基于就业保障制度的四川省新生代农民工人力资源开发 [J]. 知识经济, 2014 (8): 82.

[24] 郭正模, 李晓梅. 新生代农民工实现市民化的就业、定居与社会融入: 基于马斯洛需求层次理论和成都市调研的实证分析 [J]. 决策咨询, 2014 (1): 73-79.

[25] 国家统计局上海调查总队课题组. 上海外来农民工住房保障问题研究 [J]. 统计科学与实践, 2013 (11): 33-35.

[26] 韩俊. 中国农民工战略问题研究 [M]. 上海: 上海远东出版社, 2009.

[27] 韩克庆, 林欣蔚. 城市化进程中的农民工住房保障问题研究 [J]. 湘潭大学学报 (哲学社会科学版), 2015 (3): 23-27.

[28] 郝俊英, 张煜洽. 城市农民工住房问题分析 [J]. 中国房地产, 2009 (1):

73 – 74.

［29］何亦名. 成长效用视角下新生代农民工的人力资本投资行为研究［J］. 中国人口科学，2014（4）：58 – 69.

［30］贺小燕，安增军. 新生代农民工居住保障模式探究［J］. 华东经济管理，2014，28（5）：41 – 44.

［31］侯慧丽，朱静. 从隔离到融合：流动人口居住状况研究的现状及发展［J］. 西北人口，2010（4）：27 – 30.

［32］侯力. 劳动力流动对人力资本形成与配置的影响［J］. 人口学刊，2003（6）：34 – 39.

［33］胡平. 简析城市农民工市民化的障碍及实现途径［J］，农村经济，2005（5）：80 – 82.

［34］胡远华，柯慧飞. 区域吸引新生代农民工就业的影响因素研究：基于浙江省杭州市的实证［J］. 中国软科学，2013（9）：60 – 71.

［35］黄莉芳，王芳，等. 新生代农民工服务业就业及其影响因素［J］. 西北人口，2018（2）：16 – 23.

［36］黄乾. 工作转换对城市农民工收入增长的影响［J］. 中国农村经济，2010，（9）：28 – 37.

［37］黄兆信，曾纪瑞，曾尔雷. 新生代农民工城市创业的职业教育初探［J］. 东南学术，2012（6）：317 – 322.

［38］黄卓宁，吕萍. 农民工住房来源及住房水平的实证研究［J］. 区域社会发展，2011（2）：59 – 73.

［39］黄祖辉，钱文荣，毛迎春. 进城农民工在城镇生活的稳定性及市民化意愿［J］. 中国人口科学，2004（2）：68 – 73.

［40］加里·S. 贝克尔. 人力资本理论［M］. 北京：中信出版社，2007.

［41］江立华，谷玉良. 居住空间类型与农民工的城市融合途径：基于空间视角的探讨［J］. 社会科学研究，2013（6）：94 – 99.

［42］蒋长流. 长期雇佣关系对人力资本形成的激励效应［J］. 郑州航空工业管理学院学报，2007（2）：79 – 81.

［43］晋军. 拆分型居住模式：城市外来农民工的购房选择［J］. 社会发展研究，2018（1）.

［44］雷阳阳. 社会资本对农民工城市居留意愿的影响因素分析［J］. 市场研究，2016（9）：17 – 19.

[45] 李东福，汪杰锋．新生代农民工就业能力问题与提升路径分析 [J]．阜阳师范学院学报（社会科学版），2013（11）：40 – 43.

[46] 李健，刘永功．论参与观察的过程与研究问题建构：以农民工装修队个案研究为例 [J]．中国农学通报，2011（2）：436 – 439.

[47] 李宁，廖剑．新生代农民工激励问题研究 [J]．科技经济市场，2010（6）：102 – 110.

[48] 李鹏，王庆华．农民工市民化过程中户籍政策设计的比较研究：以成都和嘉兴为例 [J]．中国经贸导刊，2014，9月中：37 – 39.

[49] 李强，龙文进．农民工留城与返乡意愿的影响因素分析 [J]．中国农村经济，2009（2）：46 – 54.

[50] 李世美，沈丽．居住证制度与户籍制度改革：北京、上海、深圳的政策解读与对比 [J]．山东农业大学学报（社会科学版），2018（1）：66 – 74.

[51] 李树苗，王维博，悦中山．自雇与受雇农民工城市居留意愿差异研究 [J]．人口与经济，2014（2）：12 – 21.

[52] 李晓梅．新型城镇化进程中的农民工稳定就业影响因素研究 [J]．农村经济，2014（12）：100 – 104.

[53] 李振刚．社会融合视角下的新生代农民工居留意愿研究 [J]．社会发展研究，2014（11）：100 – 117.

[54] 林雯，郭红东．新生代农民工回村创业意愿及其影响因素：基于杭州的新生代农民工调查分析 [J]．农村金融研究，2012（5）：20 – 24.

[55] 林竹．新生代农民工就业质量测量与分析 [J]．贵州社会科学，2013（1）：85 – 89.

[56] 刘保奎．居"微"思安：北京外来农民工居住状况调查 [J]．经济研究参考，2014（61）：61 – 76，83.

[57] 刘光明，宋洪远．外出劳动力回乡创业：特征、动因及其影响——对安徽、四川两省四县 71 位回乡创业者的案例分析 [J]．2002（3）：65 – 71.

[58] 刘洪银．城镇新生代农民工稳定就业治理机制：基于全国 3402 个问卷调查数据的实证研究 [J]．中国农村研究，2016（2）：107 – 120.

[59] 刘洪银．从学徒到工匠的蜕变：核心素养与工匠精神的养成 [J]．中国职业技术教育，2017（30）：17 – 21.

[60] 刘洪银．从中国"刘易斯转折点"看产业转型与农民就业转型 [J]．云南财经大学学报，2012（4）：20 – 25.

［61］刘洪银，田翠杰. 稳步城镇化与新生代农民就业转型协同机制研究［M］. 北京：经济科学出版社，2017.

［62］刘洪银. 新生代农民工城镇层级流动对就业改进的梯次影响［J］. 云南财经大学学报，2015（4）：39－46.

［63］刘洪银. 新生代农民工跨城镇流动对劳动权益实现的影响［J］. 兰州学刊，2017（12）：178－188.

［64］刘洪银. 新生代农民工人力资本动能生成和释放机制［J］. 贵州社会科学，2017（5）：110－114.

［65］刘洪银，张洪霞，崔宁. 中国新生代农民工市民化：模式与治理［M］. 天津：南开大学出版社，2014.

［66］刘精明，李路路. 阶层化：居住空间、生活方式、社会交往与阶层认同：我国城镇社会阶层化问题的实证研究［J］. 社会学研究，2005（3）：52－81.

［67］刘磊，朱红根，康兰媛. 农民工留城意愿影响因素分析：基于上海、广州、深圳724份调查数据［J］. 湖南农业大学学报（社会科学版），2014（2）：41－46.

［68］柳建平，孙艳飞. 新生代农民工就业行为、收入水平及其变动趋势［J］. 农村经济，2014（8）：52－57.

［69］娄文龙，高慧. 新生代农民工住房保障问题研究［J］. 农业经济，2013（10）：78－79.

［70］吕凤亚. 新生代农民工就业能力影响因素及对策分析［J］. 经济研究导刊，2013（18）：70－71.

［71］吕效华. 经济欠发达地区新生代农民工就业区域选择研究［J］. 中国青年研究，2014（5）：26－31.

［72］罗丞. 安居方能乐业：居住类型对新生代农民工市民化意愿的影响研究［J］. 西北人口，2017，38（2）：105－110，119.

［73］罗恩立. 就业能力对农民工城市居留意愿的影响：以上海市为例［J］. 城市问题，2012（7）：96－102.

［74］毛丰付. 城市流动人口居住状况与安居意愿调查研究：以杭州市外来务工人员为例［J］. 浙江工商大学学报，2009（6）：90－95.

［75］梅建明，袁玉杰. 农民工市民化意愿及其影响因素的实证分析：基于全国31个省、直辖市和自治区的3375份农民工调研数据［J］. 江西财经大学学报，2016（1）：68－77.

［76］孟凡礼，谢勇，赵霞. 收入水平、收入感知与农民工的留城意愿［J］. 南京农

业大学学报（社会科学版），2015（6）：55 – 62.

[77] 孟颖颖，邓大松 . 农民工城市融合中的"收入悖论"：以湖北省武汉市为例 [J]. 中国人口科学，2011（1）：74 – 82.

[78] 彭国胜 . 青年农民工的就业质量与阶层认同：基于长沙市的实证调查 [J]. 青年研究，2008（1）：18 – 26.

[79] 普蒌喆，郑风田，傅晋华 . 农民工城市扎堆创业成因探析：基于创业自我效能视角 [J]. 南京农业大学学报（社会科学版），2016，16（6）：61 – 76，154.

[80] 戚迪明，张广胜 . 农民工流动与城市定居意愿分析：基于沈阳市农民工的调查 [J]. 农业技术经济，2012（4）：44 – 51.

[81] 钱龙，钱文荣 . "城镇亲近度"、留城定居意愿与新生代农民工城市融入 [J]. 财贸研究，2015（6）：13 – 21.

[82] 秦立建，王震 . 农民工城镇户籍转换意愿的影响因素分析 [J]. 中国人口科学，2014（5）：99 – 106.

[83] 芮正云 . 农民工城市创业生存与成长 [J]. 海南大学学报（人文社会科学版），2017，35（5）：55 – 60.

[84] 芮正云 . 释放创业激情：城市社会网络嵌入对农民工留城创业幸福感的影响 [J]. 当代经济科学，2017，39（6）：25 – 32，123.

[85] 石宏伟，刘润 . 新生代农民工就业保障问题研究 [J]. 边疆经济与文化，2013（9）：7 – 9.

[86] 史学斌 . 外来农民工公租房居住满意度及其影响因素研究：以重庆市为例 [J]. 农村经济，2018（1）：105 – 110.

[87] 宋晓梅 . 政府在人力资本发展中的职能创新 [J]. 内蒙古大学学报，2004（5）：25 – 29.

[88] 宋月萍，陶椰 . 融入与接纳：互动视角下的流动人口社会融合实证研究 [J]. 人口研究，2012（3）：38 – 49.

[89] 孙学涛，李旭，戚迪明 . 就业地、社会融合对农民工城市定居意愿的影响：基于总体、分职业和分收入的回归分析 [J]. 农业技术经济，2016（11）：44 – 55.

[90] 孙友然，江歌，杨淼，焦永纪 . 流动动因对农业转移人口定居意愿的影响研究：基于结构方程模型的研究 [J]. 华中科技大学学报（社会科学版），2015（5）：129 – 136.

[91] 孙友然，焦永纪 . 我国新生代农民工就业能力提升问题及对策研究：以长三角为例 [J]. 江淮论坛，2014（2）：10 – 17.

[92] 孙中伟 . 农民工大城市定居偏好与新型城镇化的推进路径研究 [J]. 人口研究，

2015（5）：72 – 86.

[93] 宛恬伊. 新生代农民工的居住水平与住房消费：基于代际视角的比较分析 [J]. 中国青年研究，2010（5）：47 – 51.

[94] 汪润泉. 子女教育期望与农民工城市定居意愿：基于全国 7 个城市调查数据 [J]. 农林经济研究，2016（3）：75 – 84.

[95] 王超恩，张林. 新生代农民工居住边缘化问题研究 [J]. 农业经济，2010（10）：74 – 76.

[96] 王春超，吴佩勋. 产业结构调整背景下农民工流动就业决策行为的双重决定：珠江三角洲地区农民工流动就业调查研究 [J]，经济社会体制比较，2011（10）：77 – 87.

[97] 王春光. 农村流动人口的"半城市化"问题研究 [J]. 社会学研究，2006（5）：117 – 122.

[98] 王春雷. 我国农民工政策取向的演变历程 [J]. 商业时代，2013（17）：123 – 124.

[99] 王春蕊，杨江澜，刘家强. 禀赋异质、偏好集成与农民工居住的稳定性分析 [J]. 人口研究，2015，39（4）：66 – 77.

[100] 王国猛，黎建新，郑全全. 社会网络特征、工作搜索策略对新生代农民工再就业的影响 [J]. 农业经济问题，2011（10）：76 – 82.

[101] 王进. 后人口红利时代提升新生代农民工就业质量研究 [J]. 农业经济，2014（8）：63 – 64.

[102] 王绍芳，王岚等. 关注就业技能提升对新生代农民工市民化的重要作用 [J]. 经济纵横，2016（8）：47 – 50.

[103] 王小章，冯婷. 从身份壁垒到市场性门槛：农民工政策 40 年 [J]. 浙江社会科学，2018（1）：4 - 9.

[104] 王玉君. 农民工城市定居意愿研究：基于十二个城市问卷调查的实证分析 [J]. 人口研究，2013（4）：19 – 32.

[105] 尉建文，张网成. 农民工留城意愿及影响因素：以北京市为例 [J]. 北京工业大学学报（社会科学版），2008（1）.

[106] 魏婧华，罗湛. 人力资本因素对新生代农民工就业及收入水平的影响：基于 9 省市的调查数据 [J]. 经济研究导刊，2013（9）：151 – 153.

[107] 魏立华，阎小培. 中国经济发达地区城市非正式移民聚居区："城中村"的形成与演进：以珠江三角洲诸城市为例 [J]. 管理世界，2005（8）：48 – 57.

[108] 文军. 从生存理性到社会理性选择：当代中国农民外出就业动因的社会学分

析 [J]. 社会学研究, 2001 (11): 19 – 30.

[109] 翁杰, 等. 发达国家就业稳定性的变迁: 原因和问题 [J]. 浙江工业大学学报 (社会科学版), 2008 (2): 146 – 152.

[110] 西奥多·W. 舒尔茨. 论人力资本投资 [M]. 北京: 商务印书馆, 1990.

[111] 夏静雷, 张娟. 新生代农民工劳动就业权益保障问题探析 [J]. 求实, 2014 (7): 60 – 66.

[112] 肖昕如, 丁金宏. 基于 logit 模型的上海市流动人口居返意愿研究 [J]. 南京人口管理干部学院学报, 2009 (7): 19 – 22.

[113] 谢宝富, 李阳, 肖丽. 广义居住因素对流动人口定居意愿的影响分析: 以京、沪、穗城乡结合部流动人口为例 [J]. 中南大学学报 (社会科学版), 2015 (2): 153 – 161.

[114] 谢东虹. 留守经历对新生代农民工居留意愿的影响 [J]. 广西社会科学, 2016 (7): 158 – 162.

[115] 谢永祥. 身份治理与农民工城市居住权: 以上海为例 [J]. 西北人口, 2018, 39 (2): 74 – 80.

[116] 熊兢. 农民工城市居住方式对社区融入的影响 [J]. 探索, 2018 (3): 152 – 158.

[117] 熊智伟, 王征兵. 基于 AHP 的返乡农民工创业决策影响因子研究 [J]. 江西社会科学, 2011 (6): 246 – 249.

[118] 徐兰. 新生代农民工居住边缘化困境与解决路径 [J]. 人民论坛, 2013, (18): 144 – 145.

[119] 徐增阳, 付守芳. 改革开放 40 年来农民工政策的范式转变: 基于 985 份政策文献的量化分析 [J]. 行政论坛, 2019 (1): 13 – 21.

[120] 许丽英, 王跃华. 新生代农民工劳动就业权益保障与政府责任探析 [J]. 行政论坛, 2014 (2): 74 – 77.

[121] 杨波. 企业投资农民工人力资本动机分析: 基于内生动力的视角 [J]. 经济学家, 2014 (7): 102 – 104.

[122] 杨春华. 关于新生代农民工问题的思考 [J]. 农业经济问题, 2010 (4): 80 – 84, 112.

[123] 杨河清, 肖红梅. 就业稳定性对新生代农民工城镇化的影响: 基于珠三角地区农民工调查数据 [J]. 经济与管理研究, 2014 (6): 44 – 48.

[124] 杨菊华, 朱格. 心仪而行离: 流动人口与本地市民居住隔离研究 [J]. 山东社

会科学，2016（1）：78 - 89.

　　［125］杨龙，白南风，李萌．农民工城镇居住状况及定居能力研究［J］．调研世界，2014（12）：32 - 35.

　　［126］杨巧，李鹏举．新生代农民工家庭发展能力与城市居留意愿：基于2014年"流动人口动态监测调查"数据的实证研究［J］．中国青年研究，2017（10）：49 - 56.

　　［127］杨瑞．新生代农民工的就业管理对策［J］．现代经济信息，2013（14）：60，64.

　　［128］杨守玉．农民工融入城市影响因素的实证分析：基于广州市农民工的研究［J］．农业技术经济，2012（3）：13 - 20.

　　［129］杨肖丽，韩洪云，王秋兵．代际视角下农民工居住环境影响因素研究：基于辽宁省的抽样调查［J］．中南财经政法大学学报，2015（4）：22 - 29.

　　［130］杨肖丽，景再方，王秋兵，等．农民工居住环境与年老后定居方式选择：基于辽宁497名农民工的调查数据［J］．湖南农业大学学报（社会科学版），2014，15（4）：53 - 60.

　　［131］姚月娟．新生代员工的多元化激励［J］．生产力研究，2008（10）：13 - 14.

　　［132］喻名峰，廖文．城市化进程中农民工社会政策的变迁与建构逻辑［J］．湖南社会科学，2012（4）：86 - 89.

　　［133］曾江辉，陆佳萍，等．新生代农民工就业稳定性影响因素的实证分析［J］．统计与决策，2015（14）：97 - 99.

　　［134］张广胜，柳延恒．人力资本、社会资本对新生代农民工创业型就业的影响研究：基于辽宁省三类城市的考察［J］．农业技术经济，2014（6）：4 - 13.

　　［135］张国胜．基于社会成本考虑的农民工市民化：一个转轨中发展大国的视角与政策选择［J］．中国软科学，2009（4）：56 - 69.

　　［136］张海枝．新生代农民工就业质量实证研究［J］．市场论坛，2013（2）：63 - 65.

　　［137］张鹏，郝宇彪，陈卫民．幸福感、社会融合对户籍迁入城市意愿的影响：基于2011年四省市外来人口微观调查数据的经验分析［J］．经济评论，2014（1）：58 - 69.

　　［138］张善余，杨晓勇．民工潮将带来"回乡创业潮"：以安徽省阜阳地区为例［J］．人口与经济，1996（1）：43 - 47.

　　［139］张卫枚．新生代农民工就业质量分析与提升对策：基于长沙市的调查数据［J］．城市问题，2013（3）：60 - 64.

　　［140］张玉鹏．后人口红利时代新生代农民工就业趋势探析［J］．经济研究导刊，2013（5）：8 - 11.

［141］张昱，杨彩云. 社会资本对新生代农民工就业质量的影响分析：基于上海市的调查数据［J］. 华南理工大学学报（社会科学版），2011（9）：9 – 20.

［142］赵浩兴，张巧文. 内地农民工返乡创业与沿海地区外力推动：一个机制框架［J］. 改革，2011（3）：60 – 68.

［143］赵蒙成. 新生代农民工就业质量的调查研究：苏州市新生代农民工的案例研究［J］. 中国职业技术教育，2016（11）：41 – 47.

［144］赵强，段进军. 农民工市民化视域下的居住空间分异到融合［J］. 商业时代，2013，（36）：32 – 34.

［145］赵泽洪，李传香. 就业能力贫困与再造：新生代农民工就业悖论及其破解［J］. 中国人力资源开发，2011（9）：78 – 80.

［146］郑思齐，曹洋. 农民工的住房问题：从经济增长与社会融合角度的研究［J］. 广东社会科学，2009（5）：34 – 41.

［147］郑思齐，廖俊平. 农民工住房政策与经济增长［J］. 经济研究，2011（2）：73 – 86.

［148］郑毅敏，张冉冉. 新生代农民工的教育培训、就业收入相关性分析：基于西北地区新生代农民工市民化问卷调查［J］. 经济师，2014（8）：9 – 12.

［149］周加欢，冯健，唐杰. 新生代农民工居住特征及影响因素分析［J］. 城市发展研究，2017，24（9）：109 – 119.

［150］朱华晟，刘兴. 城市边缘区外来农民工非正规创业动力与地方嵌入：基于苏州市胥口镇的小样本调查［J］. 经济地理，2013，33（12）：135 – 140，153.

［151］朱磊. 农民工的"无根性居住"：概念建构与解释逻辑［J］. 山东社会科学，2014（1）：72 – 77.

［152］朱磊. 走出困境：共同体再造与价值重构：对新生代农民工居住状况的分析［J］. 学习与实践，2013（11）：103 – 108.

［153］朱丽芳. 上海外来务工人员现状居住情况调研及思考［J］. 上海城市规划，2011（3）：45 – 49.

［154］朱明芬. 农民创业行为影响因素分析：以浙江杭州为例［J］. 中国农村经济，2010（3）：25 – 34.

［155］Daron Acemoglu. Technical Change，Inequality and the Labor Market［J］. Journal of Economic Literature，2002，40（1）：7 – 72.

［156］Glaeser E L. Learning in cities［J］. Journal of Urban Economics，1999，46（2）：254 – 277.

｜附录｜
咨询报告

咨询报告一　加快资源要素城乡融合的对策研究*

刘洪银

【摘要】引导资源要素向乡村流动是乡村振兴战略实施的必要途径，乡村振兴需要探索要素回流的实现形式。调查发现，资源要素城乡不平等交换和城市净流入格局没有改变，农村社会资本融资困难，城乡智力融合水平不高，城乡要素对接融合平台建设滞后。本报告建议：实施万企帮扶万村工程，充分发挥企业乡村振兴助推器作用；开展"精英返乡、市民下乡、能人兴乡""三乡"行动，吸纳集聚各类人才资源；区县成立乡村学院，启动紧缺人才培养工程；整合各类帮扶资金和支农资金，支持发展规模化特色产业；盘活农村集体建设用地、闲置宅基地和闲置房屋，促进市民下乡和能人返乡创业。

党的十九大报告提出，坚持农业农村优先发展，实施乡村振兴战略，加

---

* 本报告刊载于中国特色社会主义经济建设协同创新中心《成果要报》2018 年第 34 期；并被民盟中央 2018 年三季度《民盟信息》采用；被中共天津市委统战部 2018 年《海河同舟》采用。本报告核心观点"要素回流促进乡村振兴"刊载于《天津日报》2018 – 08 – 13（009）。

快推进农业农村现代化。2018 年中央一号文件提出，强化资源要素支持和制度供给，优先满足农村需求，加快补齐农业农村短板。"钱、地、人"等资源要素流失导致乡村严重"失血"。乡村振兴必须以城带乡、以工促农，扭转要素乡城单向流动格局，实现城乡要素自由流动和平等交换。当前资源要素乡村回流的趋势已经出现，但城市净流入的基本格局并未改变。引导资源要素向乡村流动，实现城乡资源要素融合，是乡村振兴战略实施的必要途径，乡村振兴需要积极探索城乡资源要素融合的实现形式。

一、乡村振兴离不开各类资源要素的支持

1. 各类人才是乡村振兴的主体

乡村振兴迫切需要吸纳具有深厚乡村渊源的社会精英、本土或农科大学生和志愿服务乡村振兴的各界人士等科技人才、技能人才、创业人才和社会组织带头人，以人才乡村创业带动产业兴旺和农村劳动力就业。曾经上山下乡的知识青年、从乡村出来的退转军人、各界社会精英等不但拥有广泛的社会资本，更具有浓厚的乡村情结，可以成为乡村振兴的推动者。如何吸纳和留住各界人士，需要围绕人才的多元化需求，构建生态宜居的生活环境、便利快捷的服务环境、陶冶人心的文化环境和成就事业的岗位平台。这就需要开展乡村畜禽粪污有机处理，实现乡村工业生态转型，完善道路交通、网络通信、商贸物流、金融服务等基础设施和公共服务，挖掘民俗文化、休闲文化和娱乐文化等文化价值，设立组织、平台和工作岗位，让那些想为家乡做贡献的各界人士找到乡村回流的渠道和载体，让回流乡村的各类人才不降低原有生活质量，在乡村有位有为，成就一番事业。

2. 资本是乡村振兴的实体

乡村振兴初始资本来源于农业剩余价值和农民工打工积累，乡村能人和返乡农民工创业是产业兴旺的催化剂。农民企业家运用地缘优势、血缘亲缘优势、乡村文化优势，能够低成本和便利地雇佣劳动力，能够与当地政府部门建立和谐稳定的关系。当乡村产业初具规模，产生集聚效应和规模效应，才会大量吸引外来资本加入。外来资本稳定回流需要抓"两头"、促中间，培育获益动力源。一头是乡村要素有效供给，另一头是完善产品市场。即政策支持物流、销售企业服务网点向农村延伸，建立农村现代化流通体系，降

低交易成本，提高贸易自由度。抓中间即开展产业组织创新、模式创新、科技创新和管理创新，促进现代农业第一、第二、第三产业融合和农村第二、第三产业协同发展，充分释放产业创新活力。

3. 土地是乡村振兴的载体

土地是农民得天独厚的主要资源，乡村振兴必须遏制圈地现象。除土地资源外，农民几乎一无所有，土地是农民实现就业增收，促进乡村振兴的载体。乡村振兴需要构建新型城乡关系，需要以工促农、以城带乡，而不是釜底抽薪。乡村振兴需要充分发挥土地的载体功能，盘活闲置土地资源，放松宅基地以及农民住房的使用权，促进宅基地及其房屋使用权的流转，让能够引领产业发展，带领农民就业增收的本土能人和返乡下乡社会精英获得宅基地使用权，提高农民宅基地和闲置房屋的经济效率。

二、乡村振兴中资源要素城乡融合存在障碍

1. 资源要素城乡不平等交换和城市净流入格局没有改变

乡村振兴必须扭转要素乡城单向流动格局，实现城乡资源要素自由流动、平等交换和融合发展。由于城乡吸纳力不对等，城市地区资源要素净流入格局没有改变，"钱、地、人"等流失导致乡村严重"失血"。城乡要素价格扭曲、工农产品不平等交换格局没有逆转，农业生产资料价格居高不下，农产品价格提升空间有限。

2. 不完善的融资体制致使社会资本吸纳困难

乡村振兴既需要公共财政支持，也需要运用市场机制撬动社会资本参与。但我国资本市场不完善，政策干预不到位，各类社会资本参与乡村发展的规模较小。

第一，融资门槛高，分散农户融资有效需求不足。现行政策框架内，蔬菜大棚等不能作为抵押物贷款，土地产权证也无法用于质押贷款。分散农户融资有效需求不足，生产经营资金主要来源于自有积累和民间借贷。

第二，农业企业融资需要得不到满足。部分省市财政部门和农业主管部门成立联合担保公司，但担保额度小，担保费用高，农业企业受益不多。

3. 农业农村吸引力低抑制城乡智力融合

乡村振兴迫切需要吸纳具有深厚乡村渊源的社会精英、本土或农科大学

生和志愿服务乡村振兴的各界人士，以各类人才集聚带动产业兴旺，促进农民就业和增收。但城乡智力融合水平不足以支撑农业农村现代化。

第一，农科大学生出现不爱农不务农趋向。当前要素乡村回流的趋势已经出现，但乡村大学生毕业后不愿返乡返农现象仍较突出，乡村人才流失的基本格局并未改变。学农大学生就业率低与农村基层单位招不到人的矛盾长期存在。据某地对1985~2000年农业高校毕业生的跟踪调查，农科类大学生毕业后平均改行率达40%。麦可思数据公司调查发现，2016年天津农学院应届毕业生中从事本专业的比例仅为49%，低于非"211"本科院校（69%）20个百分点。

第二，能人带动作用不强。受创新文化影响，乡村创业水平不高，乡村精英创业带动就业作用不强。与农村能人经济模式不同，部分乡村缺乏引领带动作用强的经济组织和社会组织带头人。

4. 城乡资源要素对接融合平台建设滞后

资源要素向农村流动需要发挥要素组织者和对接平台的桥梁纽带作用，但涉农区县对接平台建设滞后，城乡资源要素吸纳集聚能力不高。

第一，新农村建设中，城市支持农村力度不足，各类企业组织、公共服务组织和社会组织的经营和服务网络向农村延伸不足，农村缺乏有效吸纳城市资源要素的对接平台。

第二，由于制度约束，农村闲置宅基地和房屋难以流转，没有发挥承接城市要素资源的平台作用。

第三，道路交通网络不完善。远郊区县尤其是偏远山区道路交通网络建设滞后，城乡往来不够便捷。需要加快城乡之间、村庄之间、村庄内道路设施建设，加快村村通公交、村村通客车工程。

三、加快城乡资源要素融合发展的对策建议

1. 实施万企帮扶万村工程，充分发挥企业乡村振兴助推器作用

乡村振兴需要充分发挥企业家作用。新农村建设中，武汉等特大城市实施了"市民下乡、能人回乡、企业兴乡""三乡"工程，浙江、江苏等经济发达省份推进工商资本下乡。借鉴天津市经验，建议实施"双万双服"工程，即万家企业帮扶万个乡村，服务乡村产业、服务乡村发展，开展分类帮

扶。为加快推进新"双万双服"工程实施，建议政策鼓励银行、保险、信托、期货等金融机构创新开发农村金融产品；支持物流、销售企业服务网点向农村延伸，建立农村现代化流通体系，降低交易成本；推进"证照分离""照后减证"，进一步降低农村市场准入门槛，为新"双万双服"工程实施营造良好的营商环境。

2. 开展"精英返乡、市民下乡、能人兴乡""三乡"行动，吸纳集聚各类人才资源

第一，建议开展"精英返乡、市民下乡、能人兴乡""三乡"行动，通过强化情感纽带，吸引社会精英返乡振兴乡村，接通城市资源要素向农村流动的通道；强化情感融合，吸引市民下乡带活农民，激活农村消费市场；强化情感联络，吸引能人回乡兴旺产业，以特色产业发展带动农民就业增收。

第二，围绕人才的多元化需求，构建生态宜居的乡村生活环境、便利快捷的服务环境、陶冶人心的文化环境和成就事业的岗位平台。让从农村出来的社会精英和能人贤达找到乡村回流的渠道和载体，让回流乡村的各类人才不降低原有生活质量，在乡村有位有为，成就事业。

第三，针对目前部分村庄高素质干部缺乏现象，建议遴选退休党员干部加入本村或邻村乡村治理组织，壮大乡村社会治理能力。

3. 省市区县成立乡村学院，启动紧缺人才培养工程，为乡村振兴提供智力支持

第一，建议各省市涉农区县成立乡村学院，常态化开展农民学历教育、职业农民培育和技能培训等工作，各重点乡镇设立分院。乡村学院衔接和利用省市广播电视大学教育资源，实现农民远程教育和现场学习的有机结合。

第二，建议省市农业大学与区县乡村学院合作开展一村一名大学生培育工程。农业大学负责师资匹配和教学安排，乡村学院负责场地、设施和学生管理。到2022年，按计划分批次完成所有行政村的大学生培养工程，农民大学生毕业后颁发成人本科学历证书。

第三，建议省市教委引导农业大学设立农业技术推广专业，专门培养农业技术推广人才。农业技术推广专业为四年制本科专业，毕业生可以报考农业推广专业硕士研究生。

第四，改革农业从业人员职称评定制度。设立农技推广专业技术职称序列，鼓励科技人员从事农业技术推广工作。制定职业农民、农业技术人员和农村实用人才职称评定办法，畅通职业技术和专业技术晋升通道。

4. 整合各类帮扶资金和支农资金，支持发展规模化特色产业

根据困难村帮扶工作中出现的问题，建议帮扶工作中改革帮扶资金使用办法。

第一，整合帮扶资金，支持发展规模化特色农业经营。地方各级政府有计划地引进和培养特色农业规模化经营组织创办人，帮扶协调土地流转和融资支持。整合困难村帮扶资金，以入股等形式整体投入特色农业经营组织，以特色农业发展带动困难村农民就业和增收。

第二，农业综合开发资金优先用于农村道路交通、通信网络建设，优先支持设施农业、智慧农业、园区农业和田园综合体发展，提高特色农业规模化、设施化、智慧化经营水平。

第三，构建区域一体化农业融资担保体系，鼓励农业担保公司跨省市开展业务合作。

5. 盘活农村集体建设用地、闲置宅基地和闲置房屋，促进市民下乡和能人返乡创业

第一，按照落实宅基地集体所有权、保障宅基地农户资格权、适度放活宅基地使用权的改革方向，进一步放松农民闲置宅基地和闲置房屋使用限制，允许和引导农民成立房屋合作社，将闲置宅基地和房屋流转给村集体经济组织之外的成员，发展乡村旅游、健康养老、电商网点和其他社会服务事业，或租赁给下乡市民居住使用。

第二，盘活农村集体建设用地，培育村民集体谈判能力，破解"农村建设用地自己用不了、用不好"的困局。通过村庄整治、建设用地整理等节约出来的建设用地，优先支持回流人才创办新产业新业态，或发展壮大农村集体经济。

第三，改革农用地使用政策。细分土地功能用途，年度新增建设用地计划中单独设立田园综合体、特色农业企业等的辅助设施建设用地指标比例及其可硬化道路比例，简化农用地转用办理手续，支持现代农业发展。

咨询报告二　建议实行产城多元化融合模式

刘洪银

【摘要】产城融合是新型城镇化的本质要求。产城融合路径可以分为产业集群发展、城市功能完善，产业功能区主导、城市管理转型，产业转型升级、城市更新改造，城市建设先行、产业植入跟进四种模式。建议将常住人口规模达到中等城市水平、完全城镇化的镇升格为县级市或镇级独立市，以土地功能整合协同推进产业空间布局与城市功能优化，以生态绿色理念建设宜业宜居宜人的田园城镇，以体制改革实现功能区与行政区管理模式融合。

城镇化模式大致有两类：第一类是产业先行，城市跟进。第二类是城建先行，产业植入。其中，第一类模式产城融合较易推进，产城融合程度较高。基于这两种类型，产城融合发展可以进一步细分成多种模式。

一、产城融合发展模式

1. 产业集群发展、城市功能完善模式

模式特点：传统优势产业集群式发展为城镇化提供了产业支撑。产业集群化和持续化发展积累了物质财富，乡镇政府城市建设财政能力较强。产业集群发展还吸纳了大量人口集聚和就业，为城镇化积累了人气。城镇化的重点是城市功能和城市管理体制完善以及公共服务水平的提升，强化城市内涵。这种模式适合产业发展基础较好、人口规模较大的乡镇地区，如广州新塘镇。新塘镇占全国60%的牛仔裤生产加工产业吸纳了大量劳动力就业，镇域常住人口达到80多万人。但城镇功能和管理体制仍沿用镇级模式，镇财政权限和人员编制不能适应人口规模变化。产城融合发展的重点是通过镇改市，强化城市功能，提高城镇财政权限和行政管理权限，提升城镇管理能级和水平。

2. 产业功能区主导、城市管理转型模式

模式特点：功能区先行发展。镇域（乡镇或城关镇）或周边地区通过产业集中集聚已形成经济开发区、高新技术产业园区等产业功能区，就业人口或在园区企业宿舍或在周边居住，功能区实行管委会管理模式。功能区实现了产业和就业的集中，但人口居住相对分散。功能区产业功能完善但城市功能欠缺，经济管理职能较强但社会管理和服务职能较弱。这种模式适合经济功能区发展成熟的城郊地区，如深圳市光明新区。光明新区是深圳北部的功能新区，下辖两个街道，常住人口 49 万。新区采用功能区建制，但实际承担行政区管理职能，实现管理模式从功能区向功能区与行政区融合转变，经济社会管理效率较高。但行政编制没有增加，人手不够。新区没有设置独立的人大、政协和司法机构，社会管理权限仍不健全。

3. 产业转型升级、城市更新改造模式

模式特点：工业化发展占用了大量土地空间，造成土地资源的粗放式利用，城市进一步扩容存在空间约束。城市产业可持续发展要求产业转移和转型，转移出去土地密集型的传统工业，引进吸纳附加值高、土地节约型的现代服务业。为扩张产业落地空间，城市进行三旧改造和再开发，实行存量土地的整理和集约利用。产业转型与城市更新使得产业与城市在更高水平上实现融合。这种模式适合发达城市的城郊地区，城郊地区通过城市更新与中心城区融为一体，蜕变成为名副其实的城市，如上海市徐泾镇。西虹桥商务区开发为徐泾镇提供了新的发展机遇，但新型产业落地受土地空间约束。根据上海市划定的产业类型区，徐泾镇协同推进传统工业转移和新型产业（如商贸物流业、会展产业、总部经济和文化创意产业等）落地。深圳市光明新区通过拆旧建新、功能置换和美容美化，不但为产业扩张腾出了土地空间，城市面貌也焕然一新。

4. 城市建设先行、产业植入跟进模式

模式特点：城市开发超前于产业发展，出现空城、卧城现象。城市房地产业开发推进了城市空间蔓延，土地城市化速度快于人口集聚速度，出现有城市无产业、有城区无就业的城市建设与产业发展相脱节的造城现象。但经过一段时期发展，城市确立主导产业，产业规模扩张吸纳集聚人口与就业，城市人气增强。产业与就业的集聚赋予城市内涵，城市与产业滞后性融合。这种模式适合具有产业集聚潜力、一段时间内出现空城的新城或新区，如天津市滨海新区。滨海新区专业功能区具有产业集聚潜力，但滨海核心区距离天津市中心城区较远，交通设施有待完善，新区产业与人口吸纳集聚能力不断增强。一段时期内新区房地产业超前开发会出现空城现象，但随着城市产业规模、基础设施和公共服务水平提升，空城现象会逐渐缓解。

二、促进产城多元融合发展的对策

1. 探索实行多元化"镇改市"模式

长三角和珠三角地区城镇人口规模与行政级别脱节，出现城镇行政管理权限与辖区人口规模不符合。新型城镇化需因地制宜，探索实行多元化镇改市模式。第一，常住人口规模达到中等城市水平、完全城镇化的镇可以升级为县级市或镇级独立市（不下辖农村地区），常住人口规模达到小城市水平的可以升级为镇级市。第二，将镇级独立市行政级别升格为副县级，参照中等城市水平安排财政预算、行政机构和人员编制。第三，暂不适合升格为城市的镇应根据镇常住人口规模扩大镇政府行政管理权限，依据人口规模安排财政预算支出和行政人员编制，扩大镇政府公共管理权限和能力。

2. 协同推进产业空间布局与城市功能优化

第一，城镇建设中采取"全产业口径、全空间布局"思路，整合产业布局与城市功能，进行产业分区，以此为基础确定城市空间布局和功能优化。第二，以交通为主线整合土地功能，以土地功能混用集约利用土地。按照宜业宜居宜人原则，居住产业区用地可以采用"交通用地＋商业、办公、居住用地"的混合用地模式，生态控制用地可以采用"交通用地＋湿地、公园、景观等用地"互补用地模式，以集约用地实现工作、生活、休闲的统一。第三，在商务区和居住区分散配置文体教卫产业，完善城市社会服务功能。

3. 以生态绿色理念建设宜业宜居宜人的田园城镇

第一，绿色规划先行。遵循绿色理念编制绿色专项规划。绿色理念即发展绿色产业，建设绿色城市，营造绿色生活，做好人的文章。绿色产业即引进低碳节能的高技术产业；绿色城市即划定生态控制线，建设绿色生态城；绿色生活即以山水田园为要素打造城镇景观。第二，以绿色理念开展城镇建设。编制实施绿色建筑专项规划，新建项目中推行绿色建筑标准。第三，制定实施生态建设与环境保护规划，建立生态责任落实和终身追究制度，建设生态宜居城镇。

4. 加快新城镇公共管理体制改革

第一，增强社区社会管理权限和职能。社会管理重心下移，服务资源下沉到社区，增强社区社会管理职能。大力培育社会组织，政府部分职能向有资质有能力的社会组织转移，推行扁平化管理。第二，优化社区治理结构。借鉴深圳社区治理模式，建立以社区综合党委为核心，社区居委会、社区工作站、社区服务中心为依托，物业管理公司、社会组织等多元参与的"1+3+N"三层次社区现代治理结构。第三，功能区管理从单一模式向功能区与行政区融合转变。赋予功能区社会管理职能，增大功能区社会管理权限。县级及以下功能区可以依托基层政府，实行一套班子两个牌子，地级及以上功能区可以视情升级为行政区。

咨询报告三　推进田园综合体高水平发展的建议*

刘洪银

【摘要】田园综合体是加快推进农业供给侧结构性改革，实现乡村现代化和新型城镇化联动发展的新模式。调查发现，田园综合体建设缺乏统一的科学规划布局、镇域基础设施和社区服务不完善、功能单一、主导产业合而不融、规模不强、乡村资源要素供给严重不足等问题。本报告建议：加强顶层设计，完善田园综合体建设规划；加强要素供给保障，支持田园综合体高水平发展；采取镇企合作方式，推进田园综合体高标准建设；强化品牌建设，拓展田园综合体宣传推广渠道。

2017 年中央一号文件首次提出建设田园综合体，同年 6 月，财政部发布了《关于开展田园综合体建设试点工作的通知》，确定河北、山西、内蒙古、江苏、浙江等 18 个省份开展田园综合体建设试点。2018 年，田园综合体培育创建工作在全国展开。田园综合体是集现代农业、休闲旅游、田园社区为

---

　　* 本报告刊载于中国特色社会主义经济建设协同创新中心《成果要报》2019 年第 11 期；本报告核心观点"培育创建高水平田园综合体"刊载于《天津日报》2019 - 03 - 27（009）。

一体的特色小镇和乡村综合发展模式。但我国田园综合体建设尚处于起步阶段，粗放式、单一化、低水平发展问题突出。

一、田园综合体建设问题

1. 缺乏统一的科学规划布局

田园综合体是现代农业、休闲文旅、田园社区的统一。政府相关部门曾引导开展现代农业产业园区、现代农业科技园区、特色小镇建设规划，但没有针对田园综合体建设的专门规划。部分省市制定了田园综合体创建导则，要求镇政府负责编制所在镇田园综合体建设规划。但国家和省市层面应做好顶层设计，统筹规划田园综合体建设，统筹规划空间布局、功能布局和产业布局，统筹布局各类农业科技园、农业产业园、创业园区和农业特色小镇建设。

2. 村镇基础设施和社区服务不完善

基础设施和社区服务是田园综合体建设的主要短板。源于城乡发展水平差距，村镇道路交通、网络通信、电商物流、食宿娱乐、金融服务等基础设施和公共服务供给严重不足，不能满足游客休闲需求。田园综合体创建中省市两级财政应重点支持镇域基础设施和公共服务，并将其建设达标作为田园综合体验收的必要指标。

3. 田园综合体功能单一

田园综合体应该是集产业增收、生态文明、休闲旅游、文化展示、居住生活等多功能于一体的融合体。但农文旅融合仅具备田园综合体的雏形，尚不具有田园综合体的多功能性，尤其缺乏文化渗透功能、休闲康养功能和社区服务功能，不能满足宜业、宜居、宜游和生产、生活、生态等多元化功能需求。

4. 主导产业合而不融，规模不强

第一，特色农业规模不强。受资金、技术约束，特色农业规模化水平不高，每个家庭农场仅有几个蔬菜大棚。调查发现，城市群区域特色农产品需求旺盛，供给不足是现代都市特色农业发展的短板。农业融资困难，新品种、新技术的引进使用是影响特色农产品供给的主要原因之一。第二，三次产业融合不足。农产品深加工业发展滞后，农业产业链、价值链较短。农业与旅

游、教育、文化、康养等产业合而不融，难以充分释放农业的生态价值、休闲价值和文化价值。第三，休闲旅游项目单一，不能实现全天候营业，难以吸引客人长期驻留。游乐设施配套不全，旅游项目深度开发不够，旅游景观缺乏系统化整合，多数游客短暂逗留后离去，难以吸引游客长时间驻留。

5. 乡村资源要素供给严重不足

第一，资金短缺是最大的短板。农民利用农业积累和打工收入难以实现大规模创业，田园综合体建设离不开工商资本的广泛介入，离不开社会资本的积极参与。第二，土地用途管制严格。田园综合体建设势必占用农村集体建设用地和农业辅助设施用地，即使苗木种植也需要申请土地用途变更，严格的土地用途管制给田园综合体建设带来障碍，需要土地政策的创新。第三，乡村各类人才短缺。一方面，农业从业者主要是 50 岁以上人员，缺少懂技术、善经营、拥有互联网思维的青年职业农民，缺乏农业创业带头人；另一方面，村两委干部带头致富、带领群众致富作用不强，部分村庄难以选出"双带"能力强的村干部。

二、推进田园综合体高水平发展的建议

1. 加强顶层设计，完善田园综合体建设规划

建议根据乡村振兴战略和 2018 年中央一号文件要求，按照"三生"一体、"三产"融合和"三宜"要求，各省市高起点、高质量编制《田园综合体建设规划》，合理规划景观吸引核、休闲聚集区、农业生产区、居住发展带和社区服务网等功能区块，建设主导产业强、生态环境美、农耕文化深、农旅结合紧、支撑体系完善的田园综合体。规划布局上应与土地利用总体规划、城乡建设总体规划、现代农业发展规划等相衔接，与农业园区、特色小镇、乡村旅游等规划相融合。

2. 加强要素供给保障，支持田园综合体培育创建

资金、土地和人才是田园综合体建设的核心问题。第一，加大田园综合体建设的融资支持。整合各类涉农扶持资金，建立地方农业投资基金，吸纳社会资本加入。通过 PPP、政府购买服务、贷款贴息等形式，撬动更多金融和社会资本投入田园综合体基础设施建设。第二，加大对田园综合体的土地供给。利用农业农村深化改革之机，深入农村产权制度改革。在农地确权登

记颁证基础上，通过合并调整、互换、租赁、反租倒包、股份制、土地信托服务等开展土地流转。改革农用地使用政策。细分土地功能用途，年度新增建设用地计划中单独设立田园综合体、特色农业企业等辅助设施用地指标以及可硬化道路指标，简化农用地转用途办理手续，支持田园综合体建设。第三，建立常态化职业农民培训政策，加快田园综合体建设紧缺人才培养。建议成立乡村学院，以"一村一名大学生工程"推动田园综合体建设。涉农区成立乡村学院，各重点乡镇设立分院，常态化开展农民学历教育、职业农民培育、职业经理人和经纪人以及村干部培训等工作，优先培养田园综合体创建各类紧缺人才。充分利用地方广播电视大学教育资源，实现农民远程教育和现场学习的有机结合。农业科研院校与乡村学院合作开展"一村一名大学生"培育工程。

3. 采取镇企合作方式，高标准创建田园综合体

第一，借鉴城市综合体营建理念，按照统一规划、统一建设、统一管理、分散经营原则，采取镇企合作方式，与各类专业化企业合作，以旅游为先导、以产业为核心、以文化为灵魂、以交通、物流和通信等为支撑、以乡村复兴为目标，打造产业与社区高度融合的多功能田园综合体。第二，区政府引导鼓励城市金融、教育、医疗、邮政、商贸物流、住宿餐饮企业在田园综合体设立分支机构或代办处。第三，借鉴江苏无锡阳山镇经验，村镇与互联网平台企业合作，打造电商田园综合体，拓宽特色农产品、休闲旅游产品、养老养生产品的销售渠道。

4. 强化品牌建设，拓展田园综合体宣传推广渠道

一是强化田园综合体品牌创建。以农业特色镇或多功能现代农业片区为依托，抓住小镇或片区在自然环境、农业特色、民俗风情、历史文化上的特点，创建一批特色鲜明、功能齐全、吸引力强的田园综合体。二是强化田园综合体主题形象宣介。拓展品牌宣传渠道，打响品牌特色，扩大田园综合体知名度。在利用主流媒体、传统旅游平台进行营销的同时，积极利用在线旅游平台，通过微博、微信以及手机APP等自媒体大力推广旅游景点，促进各旅游平台之间信息链接共享。三是建设城市群田园综合体网络平台。依托网站实现城市群区域田园综合体信息发布、信息共享，广泛吸纳田园综合体客户群。四是加快镇域基础设施建设和社区服务供给。完善交通体系，通镇、

通村公路建设中优先规划建设田园综合体道路，完善田园综合体与城市之间、村镇之间道路交通设施建设，大力发展旅游公交和旅游专线车，加快村村通公交、村村通客车工程。

咨询报告四　加强职业病防治力度提高农民工就业质量

刘洪银

【摘要】传统产业和中小企业是农民工职业病频发的重灾区。传统企业操作车间污染严重，中小企业制度不健全、劳动安全卫生标准缺乏、劳动保护简陋，劳动者更容易患上职业病。本报告建议：建立农民工流动档案管理制度，对农民工实行网络化动态管理；健全农民教育培训法律法规，明确政府教育培训的主体责任；改革职业卫生统计和监督制度，将农民工纳入国家职业安全防护网；加强职业病防治院医疗水平建设，提高农民工职业病防治水平；完善《工伤保险法》，增加政府为农民工购买单位消失职业病保险的相关条款。

2017 年我国农民工数量达到 2.87 亿人，其中外出农民工 1.72 亿人，进城农民工数量已占城市就业人口的半壁江山，但农民工的社会地位没有同步提高，农民工已成为罹患职业病的主要群体。中国职业安全健康协会估算，我国每年由于罹患职业病以及其他工伤事故直接导致经济损失 3000 亿元左右①。因此，加强农民工职业病防治力度，提高农民工就业质量成为亟待解决的问题。

一、农民工职业病高发的现状及原因

从农民工所患职业病的类型来看，患尘肺病的农民工所占比重较大，主要是从事煤炭、有色金属开采的农民工。根据《2017 年我国卫生健康事业发

---

① 李涛. 我国职业病的发病形势及任务 ［C］. 2011 年全国职业病学术交流会论文集，2011：159 – 163.

展统计公报》，2017 年，全国共报告职业病 26756 例，其中职业性尘肺病 22701 例，占职业病总数的 84.8%。此外，建筑行业的农民工患职业病的人数也较多，据某省对从事建筑行业的农民工患职业病情况的调查报告显示，65% 以上的农民工患有上呼吸道感染，80% 以上的患有肠胃病①。传统产业和中小企业是农民工转移就业的集聚地。传统产业一方面生产技术落后，污染物排放严重；另一方面，产品附加值低，利润空间有限。降低成本、增加产量几乎是产业无可选择的生存之道，劳保成本和体检成本自然纳入用工成本压缩空间。调查发现，煤炭、冶金、开采、化工、玻璃、制鞋等传统产业操作车间噪声、飞花、粉尘等污染严重，且劳动保护简陋，劳动者更容易患上职业病。中小企业制度不健全，劳动安全卫生标准缺乏，劳动安全生产和职业病隐患严重，同样是职业病高发的重灾区，确诊的尘肺病例大部分来自中小企业的农民工。

农民工职业病高发的原因是多方面的。从农民工自身看，生活所迫的农民工就业选择权缺失，职业安全需求不足；低教育程度农民工的职业病认知能力较低，职业健康自我防御意识不强。从用工单位看，企业为降低用工成本，劳动卫生安全防护条件简陋，没有安排农民工岗前、岗中、岗后职业病体检，企业用工不规范引致农民工职业病维权艰难。从医疗部门看，职业病确诊难。根据秦克江等对广西壮族自治区 8 市 23 家企业的抽样调查，2011～2013 年，147 例非正式尘肺初诊病例中仅有 35 例取得尘肺病诊断证明书，确诊率仅为 23.8%②。从政府部门看，政府在农民工职业健康维权方面保障力度不够，监管制度不完善。当前，我国经济发展进入增长趋缓期、结构调整期和动能转换期的新常态，新常态下企业降本减负呼声较高，《中华人民共和国劳动合同法》修改诉求也较高，法律保护天平有由劳方向资方倾斜的趋势。供给侧结构性改革中，低技能农民工稳定就业面临挑战，在就业实现和就业转型之间，政府自然选择维持和扩大就业，农民工就业转型遭遇更多困难约束。

---

① 姜佳君. 农民工职业病群体工商保险问题研究 [J]. 中国集体经济，2016（19）：166 – 167.
② 秦克江，等. 广西粉尘作业者职业健康检查尘肺病漏诊分析 [J]. 环境与职业医学，2015（4）：347 – 350.

二、加强职业病防治，提高农民工就业质量的对策建议

1. 建立农民工流动档案管理制度，对农民工实行网络化动态管理

实现稳定就业的农民工不占主流，流动性就业仍是农民工就业的常态。第一，建立农民工流动档案管理制度。国务院农民工工作领导小组指导国家人社部与工商管理总局联合建立农民工就业登记网站，工商管理部门为每个企业设立一个登记账户，人社部门按照属地管理权限为每个农民建立一个流动档案，可以将身份证作为档案号，或者并入社会保障卡。任何单位招纳农民工前必须先在网站办理入职登记手续，农民工去职时也要办理离职登记手续。第二，劳动监察部门通过农民工就业登记网站监督检查企业劳动合同签订情况，按照《中华人民共和国劳动合同法》主动干预农民工劳动合同签订状况，给予不及时签订劳动合同企业相应处罚。

2. 健全农民教育培训法律法规，明确政府教育培训的主体责任

部分省级政府制定实施了地方性农民教育培训条例，但尚未出台国家层面的农民教育培训法规。2017年"两会"上全国人大代表提出制定《农民教育培训法》的建议，结合地方相关法规实施状况，制定国家层面的农民教育培训法规。建议通过农民教育培训法规明确政府为农民教育培训主体责任，明确输出地政府和输入地政府在农民工教育培训中的责任分担，界定政府与用工单位农民工教育培训的责任边界等。建议国务院先行制定《农民教育培训条例》，根据条例实施状况进行修订，适时上升为国家法律。

3. 改革职业卫生统计和监督制度，将农民工纳入国家职业安全防护网

第一，进一步完善职业病统计制度，全面掌握农民工职业病发生状况。建议以全国各地职业病防治机构为主体对全国职工尤其是非公企业农民工定期进行职业病普查，诊断、认定和统计职业病发生状况、致病原因等，定期上报卫生主管部门，为职业病防治提供准确的决策依据。第二，改革职业卫生监督制度，把农民工纳入职业安全防护网。国有企业改革改制后，民营企业成为主要的市场主体，职工队伍主体也由原来的正式工转变为农民工，但是我国职业病防治体制却没有适时转轨，农民工职业病防治没有得到高度重视。职业病体检包括岗前、岗中和离岗三个阶段。根据中铁一局集团西安市中心医院的调查，该医院2015年接受的74个职业病岗中体检单位中仅有

16.2%进行了岗前体检，开展离岗体检的单位仅占4.1%，尚不包括没有进行任何体检的单位。大部分农民工没有完全纳入岗前、岗中、离岗应检对象。第三，严格监督用工单位农民工入职、岗中、离岗职业健康检查制度的落实。按照《职业病防治法》，第三十六条规定，用人单位应当组织从事接触到职业病危害作业的劳动者进行上岗前、在岗期间和离岗时的职业健康检查，并将检查结果书面告知劳动者。但现实中农民工职业健康检查没有得到完全贯彻落实，导致农民工职业病没有得到及时诊断治疗，农民工职业健康得不到保障。

4. 加强职业病防治院医疗水平建设，提高农民工职业病防治水平

国有企业改制后，体制内单位和职工数量减少，各地职业病防治院也日渐萎缩。职业病医师人数大幅减少，职业病防治院主流业务也从职业病防治向一般医院转移。适应市场经济特点，根据遭受职业健康威胁的不同类型单位职工数量决定职业病防治院建设规模，配备不低于一般医疗机构的医疗设施和医师队伍。拓展职业病防治院职能，从职业病诊疗向职业病宣传、预防和职业健康保健拓展。职业病防治院采用半市场化运行，政府为职业病防治院公益性业务提供财政支持。

5. 完善工伤保险法有关法律，增加政府为农民工购买单位消失职业病保险的相关条款

根据《中华人民共和国工伤保险条例》规定，工伤保险费应由用人单位缴纳，职工个人没有缴纳工伤保险的权力和义务。2016年，73.3%的农民工没有参加工伤保险，尘肺农民工工伤保险参保率仅为15.2%。不参保，职业病发生时医疗康复费用将没有着落。虽然，2017年新修订的《职业病防治法》规定，"用人单位没有依法参加工伤保险的，职业病患者医疗和生活保障由该用人单位承担"。但我国90%的劳动者在中小企业就业，4000多万个中小企业中存活5年以上的不到7%，10年以上的不到2%，中小企业具有较高的破产风险。由于职业病形成的累积性和发生的滞后性，农民工职业病发生时，所在企业可能已不存在，农民工无处维权，只能申请医疗救助。鉴于此，建议政府相关部门为农民工购买职业病工伤保险，为单位消失的职业病患者提供医疗康复和生活保障费用。一旦职业病发生时单位已消失，农民工将能够享受到工伤保险待遇。

后记

农业转移人口市民化是新型城镇化战略的重点问题。围绕农村劳动力转移就业问题，研究团队进行了长达 10 年的持续研究，连续出版了《中国农村劳动力非农就业：效应与机制》《中国新生代农民工市民化：模式与治理》《稳步城镇化与新生代农民就业转型协同机制研究》三部著作。研究领域从农村劳动力转移就业向农民工市民化和新型城镇化推演。2017 年，研究团队立项了 2017 年天津市哲学社会科学规划重点课题（TJLJ17－002），本著作是该课题的主要研究成果。本著作聚焦城镇新生代农民工稳定居留问题，从就业、居住和成长视阈研究农民工市民化这个主题，以期为"三个 1 亿人"问题的解决提供理论支撑。

研究过程中，得到南开大学滨海开发研究院原常务副院长周立群教授的鼎力支持；著作得到天津农学院《农业管理与农村发展》特色学科群建设资金的资助。本书在社会调查过程中得到社会各界的广泛支持，在此表示深深的谢意！

本著作由天津农学院人文学院刘洪银教授和经济管理学院田翠杰副教授合著。全书共分八章。田翠杰副教授著写了本书第 1 章中的文献综述部分，其余部分为刘洪银教授撰写。全书的框架结构、研究思路、质量把关、修改定稿由刘洪银教授负责。

由于水平有限，资料不够充分，时间不够充足，书中纰漏之处在所难免，敬请批评指正。

著 者
2019 年 4 月 10 日